U0513087

Their Memories of
Shanghai

他们的
上海记忆

徐静波

著

上海人民出版社

徐静波

| 作　者 |

　　复旦大学日本研究中心教授，中国翻译协会理事。研究领域为中日文化关系、中日文化比较，专著有《梁实秋：传统的复归》（1992年）、《东风从西边吹来——中华文化在日本》（2004年）、《日本饮食文化：历史与现实》（2009年）、《近代日本文化人与上海（1923—1946）》（2013年）、《和食：日本文化的另一种形态》（2017年）、《解读日本：古往今来的文明流脉》（2019年）、《原色京都：古典与摩登的交响》（2021年）、《同域与异乡：近代日本作家笔下的中国图像》（2021年）、《魔都镜像：近代日本人的上海书写》（2021年）、《魔都往事》（2024年）等17种，译著有《蹇蹇录——甲午战争外交秘录》《魔都》等18种，编著有《日本历史与文化研究》等13种。曾在神户大学、京都大学等多所大学任教。

目录

作者前记

近代上海（1843 年开埠之后至 1949 年）的研究，差不多已成了现在学界的一门显学，关于近代上海的内容，也是媒体和大众很感兴趣的一个热门话题。确实，上海在这一百来年的历史进程中，蕴藉了深厚的积淀，呈现出丰富多元的各色面相，需要不断地开掘和发微，每一个面相，都值得加以放大和再现。说一部上海近代史就是大半部中国近代史，似乎也不为过。

我自己留意这一主题，始于 1990 年代初期，当时的焦点，聚集于近代日本，尤其是文化人与上海乃至中国的关系。多年来，利用自己在日本诸大学讲课的机会，陆续收集了一些资料，自己的一点研究心得集成书稿出版的，有《近代日本文化人与上海（1923—1946）》（初版本 2013 年、新版本 2017 年）、《魔都》（初版本 2018 年、新版本 2023 年）、《秦淮之夜》（2018 年）、《中国色彩》（2018 年）、《同域与异乡：日本近代作家笔下的中国图像》（2021 年）、《魔都镜像：近代日本人的上海书写（1862—1945）》（2021 年）、《魔都往事》（2024 年）等著译。

在这本书里，上海依然是最主要的舞台，以 1920—1930 年代为时间的经纬，写了五个人物（四个日本人、一个中国人）和一个稍稍有些云罩雾绕的历史事件。日本人中的第一个人物尾崎秀实，作为《朝日新闻》派驻上海的记者，1928—1932 年在上海虹口居住了将近 4 年，在上海与第三国际的情报员佐尔格相识并在以后卷入佐尔格事件；第二个人物川合贞吉，现在已很少为人所知，他于 1928 年 4 月来到北京，1930 年 7 月初抵达上海，1932 年 7 月回到日本，也积极参与了佐尔格的情报活动，一生以革命家自诩；第三个人物松本重治，作为联合（后改为同盟）通信社上海支局长，1932—1938 年在上海居住了 6 年多，其间参与了诸多有关中日的大事件；第四个人物鹿地亘，曾经的日本共产党的主要负责人，也是一位活跃的左翼作家，为逃避日本军警的控制，1936 年年初来到上海，居住在鲁迅寓所左近的燕山别墅，1937 年年底逃离除租界外已经沦陷的上海，辗转香港、武汉、重庆，积极进行反对日本侵华战争的宣传活动。上述四个人物中，除松本重治基本上是一位自由主义人士外，其他多为左翼人士。我选取这四个人物来作为描述的对象，第一个基准是他们与上海有密切的关系，第二个条件是他们都或多或少留下了相关的文字（松本的《上海时代》是最为卷帙浩繁的大著，《对昭和史的一份证言》、上下两卷的《近卫时代——一个媒体人的回想》也有很充实的补充；鹿地的《在中国的十年》和《在上海战役中》，尤其是后者，对上海生活有详尽的描述；川合的《一个革命家的回忆》中有不少带文学色彩的回忆），没有这些基本文献，我的研究和叙述将无从展开。

叙写对象中有一位中国人曹聚仁。原本我的计划中，还有几位中国人进入视野，比如在上海生活的画家陈抱一和关紫兰等，后来舍弃的原因，一个是他们留下的或有关他们的文字甚少，另一个是国内已有人在介绍，在掌握充分的史料之前，难以有新的有分量的叙说。我之所以选取曹聚仁，第一个理由是他与上海密切相关，他人生中几乎所有重要的篇章都在上海展开；第二个理由是，我个人对他比较喜欢，觉得他是一位比较富有真情和有趣的人物，几乎阅读了他所有的著述，而近来世间对他的关注似乎越来越弱，在这样的背景下，我觉得应该把他叙写一下；第三个理由，则是他留下了丰富的文字，相对容易着手。

此外，我试图根据多年来搜集到的中日文文献，把所谓"和平工作"的来龙去脉梳理一下。而"和平工作"展开的舞台，主要也是在上海。这部分的内容，牵涉了许多中日人物，有不少已经淡出了一般人的视线，或者本来就知晓不多，有点混沌。而不把这一流脉梳理清楚，人们似乎会觉得汪伪的出笼以及后来南京伪政府的亮相，好像是一个很唐突的活剧。尽管已有专门的研究著作问世（比如余子道等所著的两卷本《汪伪政权全史》），但相对叙述有点硬，限于书的体例，很多重要的细节无法铺陈。在这里，我想依据多方面的文献，以非正史的写法（但是所有细节均依据可靠的文献，没有任何"演义"的成分），尽可能把历史的真相清晰地叙述出来。这部分内容，在本书的各章中，我所费的功夫最大，主要是大量文献的搜集和研读。这是一个很严肃的话题，但我努力用笔不滞涩，文辞不枯燥，能有较大的可读性，对这一段历史有兴趣的读者，或许能从中有所收益。

这六章的内容，大概多少也能呈现出近代上海的又一个面相了吧。

最后，我要真情地感谢我在复旦大学的研究生栾楚翘，她后来去东京大学深造，不厌其烦地为我在东大的图书馆和日本国会图书馆复印、拍摄了许多有价值的史料，还为我在日本代购了十来本我所需的书籍。我自 2015 年从京都大学回来后，就未有在日本的大学长期工作的机会，短期在日本的逗留，几乎不可能搜寻到有价值的文献。没有楚翘的帮助，也不可能有这本书的面世。

最后要说明两点，一是书中所引用或依据的日文文献，均由我自己译成中文，译文若有错讹，应该由我自己负责；二是本书不是一本高头讲章式的研究著作，用现在一个比较流行的说法，或许是一本"轻学术"类的书吧，虽然所有的引文，都注明了出处。

徐静波
2025 年 5 月 23 日于上海

第一章

从上海重新出发

从昆山路到山阴路

现在能看到的尾崎秀实（1901—1944）的照片很少，但每一张所显示的，都是头发梳理整齐、身着考究的西装、系着领带的模样，微胖，神情淡定。他的姓名在中国并非家喻户晓，但喜欢历史，尤其是对间谍话题感兴趣的人，大都听说过。确实，他后来卷入了向苏联提供情报的佐尔格间谍案，1941 年 10 月在东京被日本当局逮捕，1944 年 11 月 7 日（苏联十月革命纪念日），他的生命走到了尽头。

这天早上，在东京巢鸭拘留所的尾崎吃完早饭后，写完了给家人的一封短信（这封信几天后送到了他夫人手中，也就成了他的绝笔），正翻开一本书准备阅读时，看守所长叫他出来。他一切都明白了。将牢房收拾整理后，换上了早就准备好的干净衣服，然后心平气静地走了出来。所长严肃地告诉他，奉司法大臣之命，今天执行死刑。尾崎神情不改地轻声答道，知道了。教诲师带尾崎走进一个房间，房间一角供奉着佛坛，尾崎礼拜之后，教诲师示意他可以取食为死刑犯准备的豆沙面包。尾崎微微一笑回答道："即便像我这样的老饕，今天这面包也就免了吧。"但他接受了递上来的一杯茶，一饮而尽。尾崎对他身后的人说了声再见，就稳步走向了绞刑台。就在同一天，佐尔格也被处以了绞刑。[1]

　　不过与佐尔格不同，尾崎秀实并不是一名职业间谍，情报活动也绝不是他人生的全部，他甚至都没有从中获得金钱的利益，事实上，他还是一名杰出的中国问题研究家，撰写了六本有关中国或中日关系的研究著作。他后来之所以会成为佐尔格小组的重要成员，除了因为佐尔格的个人魅力，主要出自他的共产主义信仰。那么，他怎么会产生共产主义信仰的呢？这还要从他踏上上海之前说起。

　　与一般日本人不同，尾崎的整个童年和少年时代是在日本实行殖民统治的中国台湾度过的，这一特殊的经历在他的心灵成长史上烙下了两个明显的印记：对中国的特殊感觉和对民族问题的关注。其父亲具有深湛的汉学修养，后来担任过《台湾日日新报》汉文部的主笔，1923 年就任台湾总督府史料编纂官，著有《台湾四千年史》。尾崎幼年起就受到父亲有关中国文史方面的潜移默化的影响，在台湾的 18 年岁月，也使他对中国有了较多实际的感觉。在台湾度过的少

---

[1]　［日］风间道太郎：《尾崎秀实传》第 26 章，东京法政大学出版社 1977 年版。

年期，还有一个经历对他影响较大，成为影响他日后人生进路的一个重要因素。这就是国家的权力而造成的民族间的不平等。他在被捕入狱后上呈给司法机关的《上申书》中有如下的文字：

在我整个少年期只有一点与一般（日本）人相异的经历。由于台湾的地理政治特点，我经常会接触到台湾人，既有孩童之间的吵架，也有在日常生活中以具体的形态表现出来而让我直接感受到的统治者与被统治者之间的各种关系。这是一直以来唤起我对民族问题异常关切的起因，似乎也成了我对中国问题理解的一个契机。[1]

尾崎还叙述了一件事。某日在报馆任职的父亲乘坐台湾车夫拉的洋车自外归来，在付了车费后，车夫依然跟了上来，咕咕哝哝地恳望再加几个钱，其父亲就一言不语地挥舞起手杖将车夫赶走，少年的尾崎在一旁看不下去，就顶撞起父亲来。父亲在尾崎的眼中，一直是"温厚的君子"，对待本地人尚且如此，其他可想而知。后来尾崎说：

旧时代在台湾的日本人大都比较飞扬跋扈。对待台湾人相当的趾高气扬。我从孩童的同情心和人道主义出发，对这

[1]《尾崎秀实著作集》第四卷，劲草书房1978年版，第293页。

些现象觉得很反感。[1]

1919 年 9 月，尾崎考入了位于东京的第一高等学校（"一高"）文科乙类（以德语为主的外国语专业）。1922 年 3 月，尾崎自一高毕业，进入东京帝国大学法学部德国法学科学习，翌年 4 月转入政治学科。据尾崎自述，1923 年"对我而言是人生发生了重大转机的一年"[2]。这年的夏天，成立不久的日本共产党遭到了第一次大逮捕，一批早稻田出身的日共活动家被捕入狱，而此时尾崎正好居住在早稻田附近的户塚町，"印象尤为深刻"。不久发生了关东大地震，接着发生了迫害朝鲜人的事件。尾崎亲身经历，使他"痛切感受到了民族问题的严重性及与政治之间的复杂关联"。这时又相继发生了南葛工会组织干部和社会主义者大杉荣父子惨遭杀害的事件，尾崎自己目睹了邻家的农民运动社在夜半突遭军警袭击、全家被强行带走的情景，"以这一年为转机，我开始了对社会问题的认真研究"。[3] 不过，按照当时一般精英青年迈向仕途的程序，尾崎还是在 1924 年秋天去参加了高等文官的录用考试，结果名落孙山。也就是在这时候，他开始正式接触到马克思主义的文献。美国加州大学教

[1] 《尾崎秀实著作集》第四卷，劲草书房 1978 年版，第 293—294 页。

[2] 《尾崎秀实著作集》第四卷，劲草书房 1978 年版，第 294 页。

[3] 《尾崎秀实著作集》第四卷，劲草书房 1978 年版，第 294—295 页。

授查尔玛·约翰逊（Chalmers Ashby Johnson）在他的著作《一个叛逆罪的实证研究：尾崎秀实与佐尔格间谍案》中有如下的记述：

首先将马克思主义的文献介绍给尾崎的是 1924 年时还是学生、战后成了有名的哲学研究者的山崎谦。1924 年的秋天，山崎和尾崎经友人的介绍认识，后来成了好友。山崎借给了尾崎《共产党宣言》和其他德文版的左翼文献。到了第二年，他们就开始广泛讨论哲学和政治的问题，山崎尤其对康德和黑格尔已有颇深的研究，尾崎从中学到不少。[1]

此外，1925 年 1 月，尾崎在新人会举办的演讲会上聆听了当年森户事件的主角森户辰男的"思想和斗争"的演讲，大受感动。3 月大学毕业后留在了研究生院，攻读劳动法专业，同时参加了大学内布哈林《历史唯物主义理论》的研究会，又阅读了马克思的《资本论》、列宁的《国家与革命》和《帝国主义论》。入狱以后他在回答检察官的讯问时说："我的思想从人道主义转到了共产主义上来，大正十四

---

[1] ［美］查尔玛·约翰逊（C. A. Johnson）:《一个叛逆罪的实证研究：尾崎秀实与佐尔格间谍案》（*An Instance of Treason: Ozaki Hotsumi and the Sorge Spy Ring*），斯坦福大学出版社 1964 年版。

年（1925年）的时候起，我开始信奉共产主义。"[1]

1926年5月，他考入东京朝日新闻社，翌年10月转入大阪朝日新闻社中国部，希望参与有关中国的报道。在大阪，他遇见了第一高等学校时比他高一年级的已是日共党员的秋野猛夫，参加了部分《马克思恩格斯全集》的翻译。有一次秋野非正式地请他加入日本共产党，但尾崎没有应允。这一时期，尾崎读到了法兰克福学派的德国社会学家维特福格尔（K. A. Wittfogel）的近著《正在觉醒的中国》，这部叙述和分析中国社会问题的著作正式激起了他对中国问题的强烈关注，自己的兴趣点也逐渐转到了革命运动风起云涌的邻国——中国上来了。他试图从与中国的关联中来把握日本的命运。这也是他转入中国部的主要动因。1928年11月底，他终于获得了被报社派往上海担任特派记者的机会。他后来在狱中撰写的《上申书》中这样写道：

我在这一年（1928年）的11月底，被《朝日新闻》派往我多年来所向往的中国担任特派记者，我满怀着激情踏上了前往上海的航程。中国问题对我而言，自我在台湾成长以来就一直与我紧紧连接，无法切断。尤其是1925年以来的所谓大革命时代，重大的事件接连发生，激起了我浓厚的兴

---

[1] 《现代史资料·佐尔格事件》（『現代史資料・ゾルゲ事件』），美铃书房（みすず書房）2022年版。

趣。从左翼的视角来把握中国问题，这一点深深地吸引了我。对我而言，不是对马克思主义的研究激起了我对中国问题的兴趣，而是相反，是对中国问题的研究的深入加深了我对马克思主义理论的关注。[1]

总之，在去上海之前，尾崎在理念上已经是一个共产主义的信奉者，虽然他从未加入过任何共产主义的政党或组织，也没有参加过革命的实践活动。不过在其内心，对实际的革命运动已经萌发了强烈的关切。在中国，革命的风云一直没有停息，1926 年 7 月，北伐由南向北推进，当初的矛头所指是代表旧势力的旧军阀和帝国主义列强，在此过程中国共两党的政治诉求发生了激烈冲突，尔后蒋介石等悍然发动"清党"，强力剔除左翼力量，在南京建立新政府，不久武汉也与共产党决裂，几近绝路的共产党揭竿而起，在于江西等地建立武装根据地的同时，依旧在上海等地开展各种形式的革命运动。中国成了一个风起云涌而又波诡云谲的政治大舞台，而上海，则是各种思潮和力量互相交织、冲突、较量的大漩涡。对于试图在民族运动中寻求东亚新路的尾崎而言，这样的中国和上海，正是"多年来所向往的"。而事实上，上海确实给他展现了一个实践自己共产主义信念的政治舞台。

1928 年 11 月底，尾崎秀实带着新婚妻子，选择了一

---

[1] 《尾崎秀实著作集》第四卷，劲草书房1978 年版，第 296 页。

艘前往欧洲的轮船，乘坐二等船舱，从神户出发，经过了三日两晚的航行，在第三天的下午，进入长江口，溯入了黄浦江。其时的感觉，在当时似乎没有文字留下。16 年之后的 1944 年 3 月，他在狱中写给妻女的信函中从宫崎滔天（1870—1922）的《三十三年之梦》一书想到了当年自己初次目睹中国山河时的感想：

　　《三十三年之梦》真是一本令人愉快的书。文字虽不怎么漂亮，但很有趣。当年他们这些人，虽然有其轻举妄动、狂狷不羁的一面，但充满着梦想和热情，这一点还是很感人的。滔天在书中写道，他第一次溯入扬子江进入上海的时候，一种不知所由的感动突然涌上心头，不觉感极而泣。我也完全是同样的感觉，第一次进入上海时的感动，是我有生以来最大的感动之一。[1]

　　滔天后来一直是孙中山革命的坚定支持者，具有深厚的中国情结，他初次抵达上海的时候是 22 岁。《三十三年之梦》中的原文是：

　　我（自长崎）搭乘西经丸轮船前往上海。航行两日，望

---

[1] 《爱情犹如降落的星星》（『愛情は降る星のごとく』）（下卷），青木书店 1998 年版，第 50 页。

见了吴淞的一角。水天相连，云陆相接，陆地仿佛浮在水上一般，这就是中国！也是我憧憬已久的第二故乡。轮船愈向港口前行，大陆风光愈益鲜明，我的感慨也愈益深切。我站在船头，瞻望低回，不知何故，竟然流下了眼泪。[1]

这两段引文也许有助于人们更具象地体会尾崎当时的心情和感觉。这大概是一种由悠久的历史因缘所形成的文化共同体、在当时也是地缘政治共同体的内在力量催发出来的感动吧。

尾崎携妻子来到人地生疏的上海后，经前任记者森山乔的介绍安排，借住在昆山路义丰里210号（紧靠北四川路［今四川北路］）一家名曰"丸屋"的经营旧衣服店家的二楼，房东是日本人小林琴。一开始《朝日新闻》在上海的特派员仅尾崎一人而已。翌年9月，报社在上海设立支局，派来以前曾在上海任特派记者的太田宇之助担任支局长，记者除尾崎之外另增设了一人。支局设在离北四川路不远的赫司克而路（Haskell Road，今虹口区中州路）52号一幢半新不旧的二层楼房子，底层辟作事务所，二楼便作为支局长的寓所。支局长太田考虑到尾崎通晓德文和英文，又善于社交，就让他担当与外国媒体及与各界交往方面的事务。

---

[1] ［日］宫崎滔天：《三十三年之梦》(『三十三年の夢』)，平凡社1967年版，第40—41页。

1930 年春，经上海日日新闻社船越寿雄的介绍，尾崎一家迁居到了施高塔路（Scott Road，今山阴路）210 弄花园里的一幢公寓里（此公寓现在尚留存），与后来鲁迅在大陆新邨的公寓隔街相望。尾崎夫人英子在回忆中这样描述了他们的居所：

上海花园里的住所是三层楼的里弄房子。一楼是进门处和阿妈的住房以及厨房，二楼是客厅，带一个阳台。三楼是铺设了榻榻米的房间，既是起居室也是卧室。还带有一个浴室。[1]

[1] 《回忆往事》(『おもいで』)，收录于尾崎秀树编《回想的尾崎秀实》(『回想の尾崎秀实』)，劲草书房 1979 年版，第 248 页。

一个"左联"的编外成员

尾崎在上海的活动，除新闻采访等外，还积极参与上海的左翼文学运动。已经信奉共产主义并对中国的革命运动抱有极大关切的尾崎，到了上海后就主动寻找并积极靠近上海的左翼文化团体。他在狱中的《上申书》中说：

从左翼的立场来看，上海也可说是一个帝国主义各种矛盾的巨大的集结点。而且在那儿还完全留存着1927年时的左翼运动高潮的余波。如左翼文艺团体创造社就是其中一例。我处在这样的一个上海，由于自己当时还年轻，怀抱着不成熟的热情，就完全成了这样一个环境中的俘虏，现在回想起来，这也是很自然的事情。[1]

---

[1] 《尾崎秀实著作集》第四卷，劲草书房1978年版，第296页。

1942 年 3 月 5 日，也就是在尾崎被捕入狱的 5 个月之后，他在东京拘留所内回答检察官的讯问时说：

在去了上海不久的昭和三年（1928 年）12 月的时候，我开始进出在北四川路附近的创造社。创造社是郭沫若创建的左翼文化运动的机关，在中国被称为左翼文艺的人士集聚在此。我在与创造社来往的时候，认识了叶沉，逐渐接近了他所属的左翼团体。当时主要交往的左翼文艺人士有郑伯奇、冯乃超、田汉、郁达夫、王独清、成仿吾等人，也应邀出席过他们所发行的杂志《大众文艺》所举办的座谈会，此外，还以白川次郎或欧佐起的笔名为该杂志写过几篇文稿。[1]

尾崎在向检察官的供述中有意无意遗漏了另两个重要人物，这就是陶晶孙（1897—1952）和夏衍。与尾崎有深厚世交之谊的拓植秀臣（1905—1983），1927 年前后在仙台的东北帝国大学动物学科求学，在此期间结识了陶晶孙的弟弟陶烈，陶烈从京都帝国大学医学部毕业后，在东北帝大精神科做脑科研究。拓植回忆说：

我不仅从他那里了解到了脑科研究的相关知识，还听

---

[1] 《现代史资料 2 · 佐尔格事件（二）》（『現代史資料 2 · ゾルゲ事件（二）』），美铃书房 2022 年版。

闻了当时中国可怕的白色恐怖，两人立即成了很好的朋友。恰好，尾崎那时在负责《东京朝日新闻》的学艺栏，我就将他介绍给了尾崎。1927年时，为了赚点零花钱，陶烈通过尾崎在学艺栏和家庭栏上发表过几篇短文。我完全没想到，这样的一个关系竟然给尾崎的人生带来了如此重大的转机。……具体记不清了，大概是在东京的时候，尾崎应该通过陶烈的介绍有见过陶晶孙。在日本的时候，两人的交往并不深。……不过，对于对中国革命已抱有关切的尾崎而言，陶氏兄弟已成了很重要的朋友。……尾崎1929年与陶晶孙在上海再次相逢，经晶孙的引荐，与许多中国的左翼作家和革命家结下了友谊。[1]

尾崎与陶晶孙在上海相逢是在1929年的1月。

陶晶孙1897年出生于无锡。1906年随父亲和姐姐前往日本东京，在日本接受教育，1923年毕业于九州帝国大学医学部。大学期间与郭沫若等相识，参与创造社的文学活动，开始在《创造季刊》上发表作品。陶虽非创造社的主干，但与创造社同人的因缘却不浅，后来曾撰写有《记创造社》《创造社还有几个人》《创造三年》诸文来记述创造社的早期历程。1922年认识佐藤操（郭沫若的夫人佐藤富即安

---

[1] 《作为革命家的尾崎秀实的轨迹》（『革命家としての尾崎秀実のある軌跡』），收录于尾崎秀树编《回想的尾崎秀实》，劲草书房1979年版，第106—107页。

娜的妹妹），1924 年与其成婚，为其取中国名字陶弥丽。在东京帝国大学医学部担任助教等后，于 1929 年年初返回中国，在上海东南医学院担任教授，在此前后在《创造月刊》《洪水》等杂志上发表了不少作品和译作 [1]。在上海期间，尾崎和陶晶孙的关系已发展到十分亲密的程度。由尾崎留存的信函中可知，1930 年 8 月 21 日陶烈患病突然在东京西南面的逗子（属神奈川县）去世，其时尾崎恰好自上海去东京动一个手术，28 日自在上海的妻子英子那里辗转获悉陶烈突然病逝的消息，立即赶往逗子去帮助照料后事，并费了不少周折，帮助将装载陶烈遗体的棺木自日本运抵上海 [2]。陶晶孙对此也曾表示感激说："在移柩手续要感谢《大阪朝日新闻》尾崎秀实氏，伍连德博士 [3]，内山书店主人内山完造氏等。"[4] 由此可见尾崎与陶的交谊之深厚，同时也证明了陶是尾崎与在上海的左翼文坛建立关系的最重要的媒介之一。

　　北四川路上的内山书店也很有可能是尾崎得以与上海的左翼文坛接触的一个重要的媒介。从日后的情形来看，尾崎

---

[1] 主要根据陶坊资的《陶晶孙年谱》，收录于张小红编《陶晶孙百岁诞辰纪念集》，百家出版社 1998 年版。

[2] 《尾崎秀实著作集》第四卷，劲草书房 1978 年版，第 379—381 页。

[3] 尾崎的朋友，时任上海海关检疫处处长，尾崎通过他获得了陶烈灵柩进入上海的许可。——引者注

[4] 陶晶孙：《亡弟陶烈的略传》，原载 1931 年 4 月上海《学艺》月刊第 11 卷第 4 号，此处据丁景唐编选《陶晶孙选集》，人民文学出版社 1995 年版，第 310 页。

与书店老板内山完造十分熟稔。《朝日新闻》的支局长太田曾回忆说：

> 尾崎酷爱读书，每月花在内山书店的金额相当惊人。店主内山完造君与我是相识很久的老朋友，我有空也会到书店去坐一坐，聊聊天，也许因为有这样的一层关系吧，虽然尾崎在书店购买了大量的书籍，拖欠了与他这个靠薪酬度日的年轻记者不相称的大量书款，内山完造好像也完全不以为忤。[1]

在尾崎自己的文字中，并无夏衍名字的出现，但夏衍在 60 年之后所撰写的回忆录中，特别提到了三位外国人对“左联”的帮助：“一位是美国的史沫特莱，她当时是德国《法兰克福日报》驻上海记者；一位是日本《朝日新闻》驻上海特派员尾崎秀实；还有一位是日本联合通讯社驻中国的记者山上正义。”关于尾崎，他进一步叙述说：

> 我在 1928 年就认识了尾崎秀实，他是一个表面上看起来是绅士式的记者，但是，他在当时却是上海的日本共产党和日本进步人士的核心人物，他领导过“同文书院”的进步

---

[1] 《上海时代的尾崎君》（『上海時代の尾崎君』），载《尾崎秀实全集月报 3》，劲草书房 1977 年版，第 3 页。

学生组织，后来参加了第三国际远东情报局，和史沫特莱有经常的联系，并把一些国际上的革命动态告诉我们。特别使我不能忘记的是在 1930 年 5 月下旬，胡也频、冯铿参加了在上海举行的苏维埃区域代表大会之后，"左联"决定向全体盟员作一次传达报告，但在当时，要找一个能容纳四五十人的会场是十分困难的。我把这件事情告诉了尾崎，请他帮忙。当时，在虹口，日本人势力很大，他们的机关连工部局也不敢碰。他很爽快地说：机会很好，这个月驻沪日本记者俱乐部轮到我主管，这个俱乐部除在星期六、日外，一般是空着的，只有一个中国侍者管理，你们决定了日期以后，我可以把这个侍者遣开，但时间不能超过下午六点，过时就可能有人到俱乐部来。就是这样，我们在虹口乍浦路附近的驻沪日本记者俱乐部召开了一次超过五十人的全体盟员大会。尾崎秀实是一个非常精细、考虑问题十分周到的人，当他把俱乐部钥匙交给我时，一再嘱咐，不要大声讲话，散会后收拾干净，不要留下痕迹。[1]

　　据鲁迅日记和相关注释，夏衍所述的会议日期应该是 6 月 29 日，为左联的第二次代表大会，鲁迅亦与会[2]。另，夏衍提到的驻沪日本记者俱乐部，应该是上海日本人俱乐部，

---

[1]　《懒寻旧梦录》(增补本)，生活·读书·新知三联书店 2000 年版，第 102—103 页。

[2]　《鲁迅全集》第 14 卷，人民文学出版社 1981 年版，第 824—825 页。

无"记者"两个字，只要是会员的日本人，都可申请使用。俱乐部初建于 1914 年，在靠近吴淞路的文路（即文监师路，今塘沽路）上，后被拆除，今已不存。

尾崎参加上海左翼文艺活动的主要实绩之一是他在当时由陶晶孙主编的《大众文艺》第二卷第四期（1930 年 5 月刊行）上分别用欧佐起和白川次郎的笔名发表的《英国为何落后了》和《日本左翼文坛之一瞥》，前者主要是对英国社会主义运动的介绍，后者则是对 1927 年年末以来的日本左翼文坛的概况进行全景式描述的重要文章。之所以用笔名发表，是为了避免引起朝日新闻社和日本领事馆的注意。"欧佐起"并无特别的意思，只是其日文发音与日文的"尾崎"相同；"白川次郎"的"白川"，源于尾崎的老家岐阜县白川村，而"次郎"是因为尾崎在家中为次子，故有此名。

另一个实绩是他协同日本新闻联合社上海记者山上正义（1896—1938）共同选编和翻译了包括鲁迅《阿 Q 正传》在内的"左联"作家作品选集《中国小说集阿 Q 正传》和《蜂起》。

山上正义出生于鹿儿岛，早年毕业于鹿儿岛高等农林学校，曾受过基督教的洗礼，年轻时就表现出了左翼倾向，1921 年前往东京，当年即因卷入晓民共产党[1] 在陆军大演

---

[1] 1921 年 8 月受到共产国际远东委员会的资助而在上海成立的日本最初的共产党组织，不久解散。

习中散发反战传单的事件而遭到逮捕，监禁 8 个月后被释放。1925 年来到上海，在当地的日文报纸《上海日报》担任记者，后来转入新闻联合社。为报道南方的革命形势，他于 1926 年 10 月前往当时大革命的策源地广州，在那里认识了在中山大学任教的郁达夫、成仿吾等，与南下的创造社同人展开了频繁的交往，为此山上曾撰写了《中国南方的文学家们》（刊载于《新潮》杂志 1928 年 2 月号）一文，详细记述了这些活动。1927 年 2 月，山上去中山大学大钟楼内狭小的文学部主任室访问了半个多月前自厦门大学迁居至此的鲁迅，对此，鲁迅 1927 年 2 月 11 日的日记中有"下午山上政（应为'正'）义来"。[1] 由此他与鲁迅展开了半年多比较密切的交往，后来撰写了《谈鲁迅》（刊载于《新潮》杂志 1928 年 3 月号）一文对当时的鲁迅作了详细的介绍。1928 年 3 月，山上回到了日本，并在翌年 4 月再度来到了上海。在这里山上不仅与鲁迅以及当年的创造社同人重新接上了关系，而且认识了尾崎，并与尾崎一起积极参与了以"左联"为主体的上海左翼文化活动。顺便说及，在尾崎发表文章的那一期《大众文艺》上，山上也以"林守仁"的笔名发表了《1930 年的日本新兴剧团往何处》一文。有关山上正义，日本的中国现代文学研究家丸山昇写过一本《一个中国的特派员——山上正义与鲁迅》，有兴趣的读者可以找

---

[1] 《鲁迅全集》第 14 卷，人民文学出版社 1981 年版，第 643 页。

来读一下。

山上翻译《阿Q正传》，起始于在广州的1927年，并从鲁迅那里直接获得了许可。据山上的记述，其时鲁迅已知晓《阿Q正传》已有几种外国语译本，但尚未寓目，因此对于山上的译本，鲁迅抱有很大的期待，希望能成为一种定本[1]。不过，山上的中文，似乎也并未达到上佳的程度，对作品中出现的典故或带有绍兴地方色彩的俚语，尚无法完全理解，一直到1931年年初才得以完成。他将译稿寄给鲁迅，希望得到鲁迅的校订。鲁迅的日记中有如此记载："得山上正义信并《阿Q正传》日本文译稿一本。"（1931年2月27日）"午后校山上正义所译《阿Q正传》讫，即以还之，并附一笺。"（1931年3月3日）[2]后经鲁迅研究家丸山昇的寻访，终于获得鲁迅该信函的原件。据此可知，鲁迅对译稿作了85处订正。山上的这一译本，以《中国小说集阿Q正传》的书名，于1931年10月由东京的四六书院作为"国际无产阶级丛书"的一种出版，虽然此前已有几种《阿Q正传》的日译本问世，但由鲁迅亲手校订的山上译本应该是最可靠的一种日译本。事实上，收录在这一集子中的不仅有《阿Q正传》。就在1931年的2月，发生了李伟森、柔石、胡也频、冯铿、殷夫"左联"五烈士遭到国民党上海警

---

[1] 据山上正义《大鲁迅全集》第一卷介绍文，载《中外商业新报》1937年3月1日。

[2] 《鲁迅全集》第14卷，人民文学出版社1981年版，第870—871页。

备司令部残酷枪杀的事件，作为对这一残暴行径的抗议和对左翼文化运动的声援，该书还收录了胡也频的《黑骨头》、柔石的《一个伟大的印象》、冯铿的《女同志马英的日记》和左翼作家戴平万的《村中的早晨》四篇作品的日译本，此书的译者署名为：林守仁（山上正义）、沈端先（夏衍）、田泽清、白川次郎（尾崎秀实）共译，译者代表林守仁。署名白川的尾崎除翻译作品之外，还撰写了序文《中国左翼文艺战线的现状》以及《胡也频小传》和《柔石小传》。

　　尾崎在上海期间，与鲁迅也彼此往来。鲁迅 1931 年 10 月 19 日的日记中有"尾崎君赠林译《阿 Q 正传》一本"[1]的记录，而此书正是尾崎共同参与翻译并有一篇长序的"国际无产阶级丛书"的一种。短期内与鲁迅交往最为密切、翻译出版了鲁迅《中国小说史略》的增田涉曾有这样的回忆：

　　我到上海的时候，虽然山上君已经离开，但《朝日》的尾崎秀实却在那里。因为他还没有作为"中国评论家"而出名，我没有听见过尾崎的名字。只是常听鲁迅说起，有个德语很不错的，叫做尾崎的新闻记者，他知识广博，为人也踏实肯干。因此我特别记住了尾崎的名字。[2]

---

[1] 《鲁迅全集》第 14 卷，人民文学出版社 1981 年版，第 898 页。

[2] 增田涉著，钟敬文译：《鲁迅的印象》，收录于鲁迅博物馆等编《鲁迅回忆录》下册，北京出版社 1999 年版，第 1380 页。

与《阿Q正传》同样作为"国际无产阶级丛书"的一种出版的还有署名欧佐起（即尾崎秀实）、陶晶孙共译的叶沉的《蜂起》(《起义》)，书内收录的作品除与书名同名的作品之外，还有冯乃超的《阿珍》、郑伯奇的《轨道》、陶晶孙的《堪太与熊治》、田汉的《火之跳舞》，都是戏剧作品。书中陶晶孙撰写的序言提到，"畏友白川次郎（即尾崎秀实）对于译文以及与书肆的联络方面给予了异常的帮助"。

收录在该集子中的哪些作品是陶翻译的，哪些是尾崎翻译的，因无具体标示，今日似乎已难以知晓。陶的日文水准，基本上与日本人相同，曾在日本留学多年的郑伯奇曾这样评价陶："他用日文写作恐怕比中国文字还要方便些，他的第一部创作《木犀》就是用日文写的。"[1] 因此就能力而言，将中文作品译成日文对陶而言应该并不费力。至于尾崎的中文水准如何，似乎尚无非常确切的明证。关于尾崎的外语能力，他后在狱中书信中曾有这样的自述：

我在中学时英文学得相当好。写和说（阅读就不用说了）都可以。在高中时就想进一步学会其他的外语，于是选择了德语专业。高中毕业的那一年春天，高考结束后进了一所外语学校夜校的专修科，开始学习法语。虽然不久就停止

---

[1] 《中国新文学大系·小说三集》导言，上海良友图书出版公司1935年版，第5页。

了，但法语大致学到了可以阅读书籍报刊了解其意思的程度。此后到大阪赴任以后，就立即自学俄语，不久便阅读了两三本俄语的小册子。俄语的学习并未持续下去，只是借助词典花很长时间才能读懂一些意思，达不到实用的程度。后来到上海赴任时，跟了三个老师开始学习中文。不过上海这个地方不合适学习北京话（我可以说挺不错的上海话？），但由于我的汉文基础不错，又阅读大量的报纸，阅读没有问题。口语能力在旅行等方面差不多也足够了。[1]

他的汉诗文修养，应该与这方面造诣颇为深湛的父亲的熏陶和学校的教育有关，而他大量阅读本地报纸的方法，主要来自他一高时代的同学羽仁五郎所传授的语言学习的个人体验。他在抵达上海后，每天上午花费数小时，非常认真地阅读在上海出版的各种报纸，分别使用红蓝两种颜色的铅笔，在自己认为重要或意思尚不能十分明了的文字下划线，加以仔细的琢磨和判读，数月之后，在中文的阅读上基本已无障碍。他后来成为著名的中国问题研究家，所获取的都是第一手的文献资料。以此来判断，他应该可以准确地阅读中国的文学作品，他参与该集子中部分作品的翻译，也完全是有可能的。

不过，就像绝大部分日本人的外语口语水平一样，尾崎

---

[1] 《爱情犹如降落的星星》(下卷)，青木书店 1998 年版，第 50 页。

的中文和英文的口语水准似乎也未达到流畅的程度。1936年8月与他一同前往美国参加太平洋研究会议、毕业于牛津大学的西园寺公一（1906—1993）曾回忆说，"英语不怎么样的他经常要借助我的力量"。有一次见到在场外散步的胡适，尾崎鼓动西园寺一起与胡适搭话，"尾崎试着用一点中文与胡适交谈，好像并不怎么成功。……我是不懂中文，尾崎觉得自己比较擅长的中文，也许有不少上海一带的口音吧。"[1] 此外，目前似乎也无他用中文流畅写作的佐证，他发表在《大众文艺》上的文章，是郑伯奇翻译的。

尾崎为《中国小说集阿Q正传》撰写的序文《中国左翼文艺战线的现状》，其写作日期标明为1931年5月23日。在该文中，尾崎一开始就满含悲愤地写道：

随着中国苏维埃政权的扩展，南京的蒋介石政府的弹压政策，自1930年春以来，就显得越加的凶暴。中国无产阶级文艺运动不断遭受的迫害，是中国四千年的封建专制历史中未曾见到过的。焚书坑儒并不是秦始皇时代的陈年故事，而是在当今的中国每天发生着的事实。[2]

---

[1] 《尾崎秀实和我》，收录于尾崎秀树编《回想的尾崎秀实》，劲草书房1979年版，第106—107页。

[2] 《中国左翼文艺战线的现状》（『中国左翼文芸戦線の現状を語る』），引自《尾崎秀实著作集》第三卷，劲草书房1977年版，第269页。

　　随后尾崎具体介绍了各类左翼文艺团体的活动和他们刊行的各种文艺杂志，以及南京政府如何组织各种御用团体打出民族主义文学的旗号，在《前锋月刊》《流露月刊》《橄榄月刊》等御用杂志上对左翼文艺进行讨伐的行为。"但是，在这些跳梁的反动风暴中，1930 年 3 月，作为左翼的作家团体而组织起来的左翼作家联盟，无情地剔除了那些动摇分子，作为一个坚定的斗争的革命团体，在各种苦难中执行着革命的任务。"[1]

　　在这篇序文中，又大篇引录了中国左翼作家联盟为抗议国民党政府屠杀柔石等"左联"作家而发表的宣言，几乎占据了序言的三分之二篇幅。据笔者的文献调查，作为正式宣言，"左联"在五烈士牺牲之后曾在 1931 年 4 月 25 日出版的机关刊物《前哨》第一期上发表了《中国左翼作家联盟为国民党屠杀大批革命作家宣言》和《为国民党屠杀同志致各国革命文学和文化团体及一切为人类进步而工作的著作家思想家书》，但笔者仔细阅读比较了尾崎的译文和上述两份文献的中文原文 [2]，发现内容并不完全吻合。倒也不是翻译得不准确，事实上，尾崎译文的内容更为详尽丰富，篇幅也更长，估计是综合了该期杂志上的诸篇文章而成的。尾崎的序言中还全文引录了殷夫 1930 年发表在《拓荒者》上的一首

---

[1]　《尾崎秀实著作集》第三卷，劲草书房 1977 年版，第 269 页。

[2]　收录于马春良等编：《三十年代左翼文艺资料选编》，四川人民出版社 1983 年版。

诗《让死的死去吧！》，使整篇序文充满了战斗的激情。他在序言中写道："（时代）要求我们将中国左翼作家的作品介绍出来，在中国当前这样的形势下，我们觉得首先应该对在人类文化战线的第一线上倒下来的作家表示我们的敬意。从这样的见地出发，我们首先选择了胡也频的《黑骨头》和柔石的《一个伟大的印象》。"[1] 这时候的尾崎，完全将自己置身于与中国同志并肩斗争的日本左翼阵营中了，他自己也俨然成了一个无产阶级的革命斗士。虽然 1931 年的日本，政治气氛也已相当黑暗，但序言的通篇只是对中国同志的声援，而并未直接抨击日本当局的高压政策，大概还暂时被允许，且尾崎用的是白川次郎的笔名，一般人也无从知晓其真面目。

尾崎虽然具有较深的文学造诣，但他本身并不是一个作家，甚至也不是一个文学评论家，他之所以介入中国的左翼文学运动、参加他们的座谈会、斡旋落实大会的会场、写文章分别向中日两国的人士介绍各自的左翼文学运动，甚至积极参与作品的翻译和出版，实际上都是在实践着自己所信奉的共产主义。他是将所有的这些文学运动看作一种革命的实践活动，也正是在这些实际的革命文学运动中，他完成了从一个共产主义的信奉者向共产主义实践者的嬗变。

---

[1]《尾崎秀实著作集》第三卷，劲草书房 1977 年版，第 272 页。

与史沫特莱的交往

　　艾格尼丝·史沫特莱（Agnes Smedley）与鲁迅以及撰写了《西行漫记》的埃德加·斯诺的关系，中国读者已经比较熟悉了。她 1892 年出生于美国密苏里州的一个贫苦家庭，孩童时代在科罗拉多州东南部的矿区里度过，经历了各种生活的磨难，勉强受完了八年的教育（实际上连中学毕业的文凭也没有），并通过考试幸运地当上了一名小学教师，后来又离开居住地到处游走，尝试过杂志推销员等各种工作。1911 年 9 月，她有幸作为一名特殊生进入了亚利桑那州的坦佩师范学院学习，逐渐崭露头角，当上了校刊《师范生》的主编，后来又参加各种具有社会主义倾向的社会运动，成了左翼的社会党成员，为各种报纸杂志撰稿，充满激情地探讨各种社会问题。1920 年年底，她离开了纽约前往欧洲，到过苏联，之后在德国生活，介入印度和孟加拉的民族独立运动，在此期间还经历了与"革命同志"的失败婚姻而导致的严重精神沮丧。1920 年代的大半时期，她的生活舞台主要在德国，她努力学会了德语，并在柏林大学教授英语口语课。1925 年 6 月，在著名的学术杂志《地缘政治学》上发表了论文《世界政治舞台上的印度》，显示了她学术研究的能力；1925 年年底，她最终完成了她的自传体成名作《大地的女儿》的初稿，在经历了一些曲折之后，该书分别在德国和美国出版。这一时期，她开始将关注的目光投向中国。1928 年 12 月下旬，她拿着美国和德国的护照及德国《法兰克福日报》的特派记者证 [1]，坐火车经过苏联进入了中国，一开始在东北地区活动 [2]。

初入中国时，史沫特莱最关注的是中国的妇女和农民问题，写了几篇相关的报道。1929 年 5 月，她来到了上海，开始时居住在法租界吕班路 85 号的一所房子里，结识了《密勒氏评论报》的记者等几位美国新闻界人士，并与具有左翼倾向的德国人交往。她最初交往的中国人多为受过西方教育、具有自由主义倾向的知识人，如胡适、徐志摩等，但她不久发现在他们身上难以捕捉到中国下层的生活实状，她开始将目光转向左翼方面，与促进民权保障运动的

---

[1] 据现存的史沫特莱在中国印制的名片，其头衔为"德国弗兰福特报记者"，中文名字为"斯美特莲"。以上据尾崎秀树《上海 1930 年》（岩波书店 1989 年版）一书中第 60 页的照片。

[2] 有关史沫特莱的生平，主要参考珍妮丝·麦金农等著的《史沫特莱——一个美国激进分子的生平和时代》（汪杉等译），中华书局 1991 年版。

宋庆龄成了朋友，并在宋的寓所认识了后来与佐尔格、尾崎秀实成为同一阵营的陈翰笙[1]。陈早年曾在芝加哥大学和柏林大学分别获得硕士和博士学位，后经李大钊等介绍为第三国际工作，此时在上海建立社会科学研究所并任所长，着力于中国农村经济的研究，不久成为佐尔格情报体系的重要一员，活跃在上海和东京等地。与尾崎一样，史沫特莱也努力接近上海的左翼文艺人士，与冯乃超、陶晶孙等的艺术剧社来往密切，数次前往北四川路上的上海演艺馆（后改为永安电影院，现已不存），观赏他们根据德国小说家雷马克的《西线无战事》改编的同名戏剧。1930 年 3 月间的一次演出中，史沫特莱使用镁光灯摄影，其发出的巨大声响和烟雾使得观众误以为发生了爆炸而引起了骚乱，也遭到了当局的干涉。这一时期，史沫特莱与鲁迅也有较为频繁的往来。据鲁迅日记，1929 年 12 月 25 日初次接到她的来信，27 日日记有"史沫特列女士……来，……史女士为《弗兰孚德报》通信员，索去照相四枚"。[2] 此后可见彼此的书信往来及应酬交往。

　　从时间上来说，尾崎先抵达上海，史沫特莱大约晚到半年。尾崎在上海支局内主要担当外联业务，需要与各国的新闻界同行交往切磋，凭借他的德语和英语能力，他结识了不

---

[1] 陈翰笙：《四个时代的我》，中国文史出版社 1988 年版，第 52 页。

[2] 《鲁迅全集》第 14 卷，人民文学出版社 1981 年版，第 792 页。

少欧美媒体的记者，同时他也有意识地向具有左翼倾向的人士靠近，希望借此为中国革命和世界革命作出若干的贡献。在这样的背景和动机下，他认识了史沫特莱，并迅速建立起了密切甚至是亲密的关系。关于尾崎与她的初次相见，尾崎自己曾有这样两段稍有不同的回忆：

在上海的时候，曾有一个人给我介绍说："有一个非常不同寻常的报社女记者，我来给你介绍吧。她的一张脸长得有点突兀夸张，你要是听到她是一个女记者就对她产生兴趣的话你可要失望的哟。"这个人就是史沫特莱。当我们在上海的位于外滩和南京路街角的汇中饭店（Palace Hotel，今和平饭店南楼——引译者注）的大堂内等候时，飞快地走出来一个穿着红色休闲服的女士。才刚刚坐下，本想说些初次见面的客套话，可她全然不顾这些，精神十足地跟我说起了话，不时地从雪茄烟盒里拿出香烟抽了起来，还不时地递给我们。……那时我仔细打量了她的相貌。确实她的那张脸与美丽相差甚远。但在以后我与她的数度相见中，我甚至觉得她是长得漂亮的。她的笑容非常的纯真。[1]

上述的回忆写于 1933 年。

---

[1]《艾格尼丝·史沫特莱女士的脸神》(『アグネススメドレー女史の顔』)，初载于《社会及国家》杂志 1933 年 12 月号，署名白川次郎。《尾崎秀实著作集》第三卷，劲草书房 1977 年版，第 381 页。

另一段回忆是 1941 年 10 月 26 日在东京目黑警察署第二次讯问时的回答：

大概在昭和四年（1929 年）年底或是昭和五年的年初吧，我上次已经说了，记不清是陈翰笙，还是当时在苏州河边开着一家左翼书店[1] 的女店主魏德迈尔女士（据说与国际红色救援会也有些关系）介绍的，总之是他们两个中的一个，给我介绍了当时的《法兰克福日报》的上海特派记者、现在跟随着中共的毛泽东和朱德等一起行动的艾格尼丝·史沫特莱女士。第一次见面在上海南京路街角的汇中饭店的大堂，此后也继续交往，与她之间的关系，我此前也有说及，我曾将通过各种途径收集到的有关国民政府的情报，以及我所知道的有关日本的情报传达给了她。[2]

陈翰笙在自己的回忆录中没有说及自己曾将史沫特莱介绍给尾崎，很有可能是书店女店主魏德迈尔介绍的。对于初次见面时的谈话内容，尾崎回忆说：

具体已经记不清了，记得当时她问我，在中国的农业问题上日本人有些怎样的研究，我的回答有些含糊其辞，不大

---

[1] 据珍妮丝·麦金农等著的《史沫特莱——一个美国激进分子的生平和时代》第 179 页的记述，该书店名为"时代精神"。——引者注

[2] 《现代史资料·佐尔格事件》，美铃书房 2022 年版。

有自信，这时她就会立即插进话来，弄得我很尴尬。我以前跟初次见面的人，尤其是女性，从未碰到过这样的情况，这不免屡屡使我大为惊愕。[1]

此后，尾崎与史沫特莱之间的交往就变得非常频繁，这应该是互相欣赏或者说志同道合的结果。尾崎与史沫特莱之间是否有超越同志的关系，似乎不宜轻易作出推测，只是后来在纽约与史沫特莱有亲密交往的日本女子石垣绫子曾这样回忆说："对于与尾崎之间的交友，她只是将他作为一个思想上有共同志向的同志跟我谈起过，不过从她的表情和口吻来看，我暗自思忖，两人之间是不是存在着更为深切的个人交往呢？"[2] 这姑且聊备一说。不过，尾崎欣赏史沫特莱是确实的，他非常钦佩她特立独行的性格、观察问题的敏锐性、对包括中国人民在内的被压迫民族和被压迫人民的赤诚的爱、对邪恶势力的强烈的憎恨和不屈的抗争。史沫特莱也很看重这位日本同行的坚定的革命信念和对中国问题的独到见解。尾崎回忆说：

出于同行的情谊，我就与她亲密地来往了。她身上的特性，与我原先所知晓的女性太过于不同，使我感到非常的惊

---

[1] 《尾崎秀实著作集》第三卷，劲草书房1977年版，第381页。

[2] ［日］石垣绫子：《艾格尼丝·史沫特莱与尾崎秀实》(『A・スメドレーと尾崎秀実』)，载《尾崎秀实全集月报2》，第1页。

异。她写的有关中国的经济或者有关国民政府财政问题的论文，有关鸦片公卖问题和国民党白色恐怖问题的文稿，在她的那份报纸上放射着光彩。她最令人感动的，是对于素材收集的执着和文笔的犀利。[1]

尾崎不仅"在她的脸上看到了超越美丑的斗志的光辉"，也感到"她身上的女性的柔情比常人更为丰富。她对自然的爱相当强烈，有一年夏天的星期天，我们在极司菲尔公园（今中山公园）散步的时候，她听着在盛开的白的茉莉花上飞舞的蜜蜂的嗡嗡声，向我说起了自己故乡春天的情景，那种感情的细腻程度让人觉得这到底是一位女性呀"。[2]

1929 年，史沫特莱的自传体小说《大地的女儿》的德文版和英文版出版（两个版本内容有较大的不同）后，在世界上激起了广泛的反响，被翻译成包括中文在内的 12 种文字出版。史沫特莱非常信任尾崎，她拒绝了其他日本人提出的翻译要求，希望由尾崎来译成日文，尾崎也深为这部著作所感动，同时为这样优秀的作品尚无日文版而感到自责，于是他以英文版为底本，参照德文版，同时请深谙英文的朋友一起帮忙，将这部书译成了日文。1934 年 8 月，日译本

[1] 《中国的命运——艾格尼丝·史沫特莱女士的新著》(『Chinese Destinies—アグネス・スメドレー女史の新著』)，《尾崎秀实著作集》第三卷，劲草书房 1977 年版，第 333 页。

[2] 《尾崎秀实著作集》第三卷，劲草书房 1977 年版，第 382 页。

由当时在日本卓有影响的改造社出版，译者的署名是白川次郎。显然，在当时日本高压的政治气氛下，尾崎不希望以一个左翼人物的形象在日本本土受到关注。在正文前类似于译者序的《艾格尼丝·史沫特莱女士的脸神》一文中，尾崎对此书作出了这样的评价：

首先的一点是，这部书不用任何假借的手法，如此赤裸大胆地将人性的内蕴和社会的罪恶揭露了出来，这在其他书中可说是没有的。容不得丝毫虚假的那种直率和露骨，有时候会令读者感到不快。此外，有时候那把挥舞的手术刀落下的地方也未必准确，也会有偏颇和偏离的地方。还有，其表现出来的世界观，就小说本身的描述而言，尚未脱离那种自然的成长性，这是有些缺憾的。但是，整部作品是如此的充满激情，描写是如此的精细，有时甚至是以仿佛不知羞耻的方式来做出如此彻底的叙述，恐怕是别的作品所没有的吧。作品的形式虽是自传体小说，但由她来展开的叙述，已经不是她一个人的问题了。在书中，她时常使用攻击性的、明晰的、有时显得有些紊乱但总是满含着热情的文字，将动荡的时代的各种问题表露了出来。并进而从女性的立场出发，对性和婚姻提出了近乎峻烈的诅咒式的批判，这一定使得那些潜意识中具有男性优越感的男人们感到惊恐和窘迫。我在这部小说中同时听到了美洲旷野上的呼叫和近代资本主义的怒号，也看到了其中有如像杂草那样被吹歪却又顽强地伫立在那里的女性的身姿。[1]

顺便说及，这一译本在战后的 1951 年又被角川书店以上下两册的形式出版了文库本，1979 年被学习研究社收录到《世界文学全集》出版。

在《大地的女儿》出版之前的 1933 年 11 月，史沫特莱向尾崎赠送了自己的近著《中国的命运》。这是她在中国的几年中所见所闻所感的集结，包含了史沫特莱对中国问题的认真思考。尾崎阅读了此书后，立即在日文的《社会及国家》杂志当年的 12 月号上撰文介绍了这部著作，然后选择了其中的一部分翻译了出来，分九次连载在 1934 年的《社会及国家》上。尾崎在介绍文中说：

（与《大地的女儿》风格不同）这本新著正如其副标题 Sketches of Present-day China 所示，是一本关于今日中国的素描，全书三百余页，由三十篇短篇组成，笔触也极为温润和缓，这一点与方才所述的那本自传体作品的顶真直白的空气非常不同。[2]

可以说，尾崎是史沫特莱所交往的日本人中关系最为密

---

[1]《尾崎秀实著作集》第三卷，劲草书房 1977 年版，第 383—384 页。

[2]《尾崎秀实著作集》第三卷，劲草书房 1977 年版，第 334 页。

切的一位。使得两人之间的关系进入一个新阶段的，是史沫特莱将尾崎介绍给了佐尔格。美国联邦调查局自 1946 年开始怀疑史沫特莱是苏联间谍网的成员并对此进行了秘密调查，1948 年至 1949 年的美国舆论不断指责她为共产党的情报系统服务，但始终未能公布非常确凿的证据。史沫特莱究竟有否正式加入过共产国际或是苏联的情报系统，至今仍是个有待解开的谜，但她在相当程度上参与了相关的活动应该是事实。

邂逅了佐尔格

　　佐尔格（Richard Sorge，1895—1944）的一生，可谓充满了传奇色彩。1895 年 10 月，他出生在阿塞拜疆的巴库，父亲是一位出生于普鲁士萨克森州而被派往巴库的石油钻探工程师，与当地出身富裕的姑娘相爱后结婚。佐尔格的祖父是一位曾与马克思、恩格斯有交往的社会主义者，一度担当过第一国际纽约支部的负责人。佐尔格在俄国生活一段时期后随家庭迁回德国，在柏林的一所实业学校接受教育，毕业成绩单表明，他历史、地理和数理化成绩优良，其他成绩平平 [1]。1914 年第一次世界大战爆发时，他连毕业考

---

[1]　有关佐尔格的生平事迹，主要参考了尤里乌斯·马德尔的《佐尔格的一生》(钟松青等译，群众出版社 1986 年版)、尾崎秀树的《佐尔格事件——尾崎秀实的理想与挫折》(『ゾルゲ事件——尾崎秀実の理想と挫折』)(中央公论新社 1983 年版)、加藤哲郎的《佐尔格事件：被颠覆的神话》(平凡社 2014 年版)、欧文·马修斯的《一个完美无瑕的间谍：理查德·佐尔格》之日译本《佐尔格传——斯大林最重要的间谍》(铃木规夫等译，美铃书房 2023 年版)。

试也未及参加就应征入伍。在战场上他数次受伤，在寇尼斯堡的医院里自护士和她的父亲那里第一次了解到了德国和俄国的革命运动，同时还收到了左翼团体散发的传单，自此他开始阅读列宁和恩格斯等的著作，并思考战争、民族和国家问题。1918 年，他进入柏林的弗里德里希·威廉大学学习，攻读哲学，之后又转入基尔大学，攻读国民经济学和社会学，并加入了左派色彩最浓的独立社会民主党，参加实际的政治运动。1918 年年底，德国共产党成立，翌年10 月，佐尔格在亚琛加入该党，组织工人的罢工，担任工人刊物的编辑等，并在业余大学里担当讲师。1922 年，佐尔格在佐林根出版了他的第一部著作《罗莎·卢森堡的资本积累》。1925 年年初，德共中央同意他移居莫斯科，他在 3 月加入了苏联共产党并取得了苏联国籍。这一时期他出版了好几部有关政治和经济的著作。1928 年，他参加了在苏联召开的第三国际第六次代表大会，此后他被召入苏联红军情报局，接受系统的谍报训练。他会讲德语、俄语、英语和法语。情报局决定派遣他前往中国工作，经过了一系列准备（包括阅读《法兰克福日报》上刊载的史沫特莱有关中国的文章等）后，1929 年 11 月，他前往柏林，与那里的《社会学杂志》社签订了写稿的合同，还担当了《德意志粮食报》的通信记者，然后经由巴黎和马赛，坐船于1930 年 1 月 10 日抵达了各个国家的各种势力犬牙交错的上海，化名"约翰"。在这里，他与尾崎秀实发生了命运的相会。

　　佐尔格已经知晓史沫特莱的政治倾向，并从《法兰克福日报》的编辑部那里获悉了她在上海的地址，抵达上海后他就去寻访她，并试图通过她结识各国左倾人士，从而开展相关的情报工作。陈翰笙回忆说：

　　通过史沫特莱的介绍，我又认识了传奇式的人物里哈尔德[1]·佐尔格。……佐尔格初到上海时，与史沫特莱住同一家旅馆。他很快发现与史沫特莱来往的进步人士很多，不仅有蔡元培、鲁迅等，也有一些日本进步记者，于是他也参加到这个进步圈子中来，我就是在这里认识他的。[2]

　　陈翰笙原本就曾为第三国际服务过，此后就与佐尔格一同开展情报工作。尾崎由史沫特莱介绍的可能性也很大，史沫特莱的传记作者认为：

　　佐尔格[3]是通过史沫特莱找到了在以后的两年里向他提供了重要情报的亚洲联系人的。他们中最重要的，自然是日本新闻工作者尾崎秀实。1931年史沫特莱介绍二人相识时，

---

[1]　现通常译为理查德。——引者注

[2]　《四个时代的我》，中国文史出版社1988年版，第54页。

[3]　中文译本将Sorge译为"索格"。——引者注

他很了解尾崎，他已经把《大地的女儿》译成日文 [1]。[2]

佐尔格本人在日本被捕后向警方供述说：

> 我在上海最早结识的友人是尾崎。然后通过他认识了其他的日本人。现在有些记不清了，我好像是通过史沫特莱的介绍初次见到尾崎的。在此之前，我确实对史沫特莱再三拜托过，请她给我介绍些适当的日本人。[3]

不过，尾崎在被捕后对警方的供述有些不同，他说先是美国共产党日本支部的鬼头银一向他表示，佐尔格（当时用的名字是约翰）想要见他，尾崎觉得鬼头的话有些不可靠，就请史沫特莱去了解一下佐尔格的身份，然后认识了佐尔格。两者何者是事实，现在已难以断明，而且，尾崎的传记作者认为两人相识的时间大概在 1930 年的 10 月或 11 月，地点也许是在史沫特莱的寓所，也许是在南京路上的一家饭馆 [4]。

应该说，尾崎是出于对史沫特莱的信任才信任上佐尔格

---

[1] 事实上该书的日译本是 1934 年出版的。——引者注
[2] 麦金农等著：《史沫特莱——一个美国激进分子的生平和时代》，中华书局 1991 年版，第 186 页。
[3] 小尾俊人编：《现代史资料 2 · 佐尔格事件（二）》，美铃书房 2022 年版。
[4] ［日］尾崎秀树：《佐尔格事件——尾崎秀实的理想与挫折》，中央公论社 1963 年版，第 86—87 页。

的，不过，他很快就被佐尔格的人格魅力和渊博的知识所吸引了。对于上海时期尾崎与佐尔格的组织关系，目前尚未十分明了，事实上，在 1936 年之前，尾崎都不清楚佐尔格的真名和真正的国籍，从其长相他推断佐尔格也许是北欧人或是斯拉夫国家的人。佐尔格也未必明晰地向尾崎说清楚自己隶属的组织。但凭借尾崎的记者阅历和敏锐的感知力，他应该清楚佐尔格受命于哪一方面的指示，从自己的共产主义信仰出发，他对佐尔格方面的要求做出了积极的响应。当然，佐尔格在上海有一个由若干成员组成的情报网，从现在的文献来看，尾崎应该不是这一网络的核心分子，但他实际作出的贡献是很可观的。据逮捕后的尾崎向警方交代，开始时该情报组织主要希望他提供以国民政府为中心的中国政情分析，而这也是莫斯科给予佐尔格的主要任务。这些任务是：逐渐强化的南京政府的社会与政治分析；南京政府的军事力量研究；中国各派阀的社会与政治分析及其军事力量问题；南京政府的内政以及社会政策研究；南京政府对各国，特别是日本和苏联的外交政策；美国、英国、日本对南京政府和各派阀的政策研究；在中国的各国军事力量研究；治外法权以及租界问题研究；中国工农业的发展与工人农民的状况研究[1]。由此可知，佐尔格的情报活动，主要并不是某种特定

---

[1]　据佐尔格《狱中手记》，《现代史资料 2·佐尔格事件（二）》，美铃书房 2022 年版。

情报的获知，事实上更像是对当时中国内外政策和社会政治现状的综合研究，因此才需要像佐尔格这样具有丰富学养和阅历的人来担当。

根据佐尔格的要求，尾崎还向他介绍了他在上海结识的具有强烈左翼倾向的日本人川合贞吉（1901—1981）[1]。出生于岐阜县的川合，早年曾是一个崇拜日俄战争中的日本海军大将乃木希典的军国少年，在东京的明治大学专门部政治经济科读书时，开始热心参与学生社会科学研究会和七日读书会等一些左翼团体的活动，日后又实际参与一些政治活动，与一些右翼大佬也有交往，并开始关注中国问题。大学毕业后进入日本新闻社供职，1928 年，第一次前往中国，在北京目睹了北伐军的入城，会见过国民政府高官张群。短时回国后又来到了北京。1930 年 8 月，经青岛和南京，与自"满铁"南京事务所转往上海事务所的小松重雄一同抵达上海，先在吴淞路上日本人开的"辰巳屋"旅馆下榻。经小松的联系，认识了毕业于山口高等商业学校、从事中国货币制度研究并在北伐时期担任过北伐军政治部秘书处处长的田中忠夫和出生于广东、日本留学归来后在上海以翻译左翼著作谋生的温盛光，两日后在温盛光的斡旋下迁居至施高塔路（今山阴路）上一幢房主为白俄音乐家的房屋的三楼，并

---

[1] 据佐尔格《狱中手记》，引自《现代史资料2·佐尔格事件（二）》，美铃书房 2022 年版。

通过温认识了中共党员王学文（1895—1985）。王早年曾在日本留学 15 年，毕业于京都帝国大学经济学部，是撰写了五卷本的《资本论入门》的京都帝大教授河上肇（1879—1946）的弟子；1928 年回国后在上海加入"左联"，并担任在上海发起成立的社会科学研究会的党团书记；抗战时期在延安担任中共中央马列学院副院长。田中此时在设在北四川路永安里的日文报纸《上海周报》社担任主管，川合也靠为该报纸写稿谋生。此时以中共党员王学文为核心，组织了社会主义研究会，每周一次在温盛光的家里举行活动，以王和田中为主导，研习马克思主义经济学、辩证唯物论和中国农村问题。在研究会上，来自台湾的中共党员杨柳青提出除理论学习之外还应该进行实际的革命活动[1]，获得了王学文等大部分人的同意。根据川合的提议，组织的名称定为"日中斗争同盟"，成员有西里龙夫、手嶋博俊等，但田中和温表示不参加。该组织的主要任务是针对驻扎在上海的日本海军陆战队进行反战宣传，并且动员一部分具有左翼倾向的上海东亚同文书院的学生一起参与，在 11 月 7 日十月革命的纪念日那天，集中散发传单，涂写标语口号等，在当时高压的政治气氛中，一时也产生了些许的轰动效应，但这样的活动

---

[1]　川合后来在《佐尔格事件狱中记》中作过说明，他曾把两个姓杨的人搞错了，提出要把读书会升级为一个实践组织的人并非杨柳青，而是"杨某"，据说本名叫侯朝宗，也是来自台湾的中共党员。

不久就告流产了[1]。

川合与尾崎和佐尔格的认识，缘于1931年爆发的"九一八"事变。佐尔格被捕后在狱中写道：

因1931年秋天发生的满洲事变[2]，日本在远东地区的地位一下子发生了变化。若日本在满洲获得了统治权，日本就会在东亚扮演越来越重要的角色。……作为满洲事变所产生的直接影响，此前苏联在国防上比较松懈的广大的边境地带，就一下子变成与日本直接相对了。换言之，对于苏联而言出现了甚为棘手的事态。[3]

尾崎方面的回忆是这样的：

突然间"满洲事变"爆发了，这让人感到这是日本走向对苏战争的决定性的阶段，我记得人们的注意都集中到了日本的对满政策上。满洲事变发生后，在上海对其具体的情形并不清楚，于是佐尔格就对我说，需要安排适当的人选派往

---

[1] 以上主要根据川合贞吉：《遥远的青年时代——我的前半生》(『遥かなる青年の日々に——私の半生記』) 第五章 "红色革命篇"，谷泽书房1980年版。

[2] 即"九一八"事变。——引译者注

[3] 佐尔格：《狱中手记》，《现代史资料2·佐尔格事件（二）》，美铃书房2022年版。

满洲，在那里进行实况调查。我与杨柳青[1]进行了商量，在上海的共产主义者中选出了年龄也比较合适、能吃苦耐劳的川合。在史沫特莱的万国储蓄会的公寓中将他介绍给了佐尔格，经过了周详的商议后，派川合到满洲去了两次，并向佐尔格作了报告。[2]

彼此的正式见面，是在 1931 年 10 月某日时雨时阴的下午，地点在上海四川路桥边邮政局的街角。川合回忆说：

不一会儿，尾崎出现了。穿着那时上海流行的皮大衣。汽车、电车和行人不停地在街上来往穿梭，熙熙攘攘。在一片喧嚷中，一辆有车篷的汽车停在了我们面前。就在我略感惊讶的时候，车门打开了，一位戴着赛璐珞框眼镜的、长相有点恐怖的外国女性，向我们招手。一双像鹰一般的眼睛，令我印象深刻。[3]

这个女子就是史沫特莱。汽车载着他们驶往四马路上的"杏花楼"，在那里见到了目光锐利、长着栗色头发的佐尔格。

---

[1] 台湾出生的中共党员，其时已与川合认识。据川合的回忆，其本名蒋文来，后遭到逮捕，死于台湾狱中。——引译者注
[2] 《现代史资料 2·佐尔格事件（二）》，美铃书房 2022 年版。
[3] 《回想的尾崎秀实》，劲草书房 1979 年版。

　　四个人互相握了手。一切都在不言之中了。到了此时，已经没有询问对方姓名的必要，也没有告诉的必要了。一切都在于直感和信任。只是要在日益激烈动荡的世界形势中，以生命来守护人类。当然，我不觉得这两个外国人是为英国或是美国服务的。今天共产主义的国际组织，就只有"共产国际"了，我们只要按照共产国际的命令来行动就好了。因此，在这里，我只要了解我的任务就好了。我只要正确有效地行动就好了。[1]

　　川合到了东北后，花了将近两个月的时间，利用他的关系网，探清了事变的整个过程、关东军在那里的兵力和今后的动向，然后返回上海向佐尔格等作了详细汇报。活动的地点，有时会在极司菲尔公园。川合本人，自这一年10月认识以来，就与尾崎结下了深厚的革命情谊。此后，他也曾因佐尔格事件而在日本被捕入狱，他与尾崎的诀别，是在1943年7月的狱中。他对尾崎有着很高的评价：

　　他吸引我的，是那种与教条主义式的马克思主义者不同的现实主义精神。……他不是一个冷彻的共产主义者，而是一个充满温情的人道主义者。同时他也是一个现实主义者，

---

[1] 《回想的尾崎秀实》，劲草书房1979年版。

一个浪漫主义者。现实主义者和浪漫主义者初看起来是矛盾的，但是在尾崎身上并不矛盾。他在努力将这种浪漫变成现实。……他常笑着对我说"我们是堂吉诃德"。……他对世界形势分析的正确，他的人道主义，他的浪漫主义，还有他的现实主义，在在都吸引了我。但他最吸引我的，是他对同志的诚实和他丰富的人情味。他爱美酒，他爱珍味佳肴，他有人的爱憎，他爱女人。他的这种人的真情使我倾倒不已。我想起尾崎的时候，就想起了坊间流传的孙中山的人情味。大胆豪放，乐观通达，充满理想，同时也非常现实主义、无欲无求，在这些方面，我觉得尾崎和孙中山十分相像。[1]

川合在1936年1月遭到警视厅的逮捕，被送到"新京"警察署审问，有关尾崎和佐尔格他没有吐露一个字，最后被判刑十个月，缓刑三年。出狱后为避免牵连他人，他就没有再主动与尾崎等联系。

上海时期的尾崎，除介绍若干志同道合的日本人之外，他与佐尔格的合作主要是向他提供自己对于中国政治经济形势的分析，他凭借自己对中国报刊的深入阅读、与中日各界社会及各国人士的广泛交往和自己敏锐深刻的分析批判力以及良好的德语能力，向佐尔格提交了不少富有真知灼见的形

---

[1] 《追忆尾崎秀实》(『尾崎秀実を想う』)，载《尾崎秀实全集月报1》，劲草书房1977年版，第3页。

势分析报告。这些对于佐尔格及共产国际和苏联来说，无疑是十分宝贵的。

关于上海本身，尾崎留下的文字不多。在一篇记述1929 年夏天去普陀山度假的随笔中，他写道：

上海的夏天相当令人难受。湿度很高，整个城市像是一个硕大的蒸气浴室，被一片湿热的空气所笼罩。到了夜里气温也几乎降不下来。很多中国人从闷热的屋子里走了出来，就睡在街上的水泥地上。几乎从每户人家都会传出哗啦啦的麻将牌理牌声。打牌的人沉浸在输赢之中，暂且忘却了夏日的暑热，到了天将亮时，疲惫不堪的人们才去入睡。[1]

这算是那个时代夏日上海街景的一个素描。不过尾崎对于包括上海在内的中国江南地区，一直留有比较美好的印象。他后来曾在狱中书信中回忆说：

说起春天，日本还是关西为佳。在中国是江南第一，上海郊外龙华寺的桃花，吴淞长江边上青青的原野，南京紫金山一带，更有苏州和杭州（西湖湖畔），只要思想一下，心里就一阵激动。[2]

———————

[1] 《普陀山》(「普陀山のこと」)，《尾崎秀实著作集》第五卷，劲草书房1979 年版，第 79 页。

[2] 《爱情犹如降落的星星》(下卷)，青木书店 1998 年版，第 50 页。

　　1932 年 1 月 28 日，在日本驻上海使馆陆军武官辅佐田中隆一等的策动下，以日本僧侣遭到中国人袭击身亡为借口，日本方面挑起了"一·二八"淞沪事变，尾崎所在的《朝日新闻》上海支局的所在地也受到了炮火的波及，办公地临时转移到了今长治路闵行路口的日本旅馆"万岁馆"。尾崎经常受命与同事前往北四川路一带的日本海军陆战队阵地去采访，在硝烟弥漫中目睹了战争的惨象。在战争白热化的 2 月初，尾崎受东京总部的命令，乘坐当时还在运行的欧洲航线的外国轮船，将前线的报道照片送往神户港，本来他将照片递交以后应该继续返回上海工作的，但总部要求他回日本向各界口头介绍上海战场的实况。尾崎匆忙回到上海后，立即召集川合和佐尔格在史沫特莱的寓所会面，商议他返回日本之后在上海的继任者，他一开始向佐尔格推荐了新闻联合社的山上正义，尾崎曾将山上介绍给佐尔格认识过，但这只是新闻界同行间的见面，彼此并不知晓底里。尾崎的推荐后来遭到了山上的谢绝，尾崎就改推荐曾经参与上海反战宣传的船越寿雄作为自己的后任者。然后，他偕妻子和在上海出生的女儿扬子（为纪念家人与中国的因缘，他为自己的女儿命名为源于扬子江的"扬子"）坐船离开了生活了三年多的上海，回到了日本。

第二章

一个"金华佬"的上海二十年

"金华佬"为何来到上海

从四川北路前的一条巷道的弄堂（溧阳路 1333 弄）进入，就可见到左边有一排石库门的房屋，1 号是女画家关紫兰的旧居，5 号是曹聚仁的旧居。这片房子当年名曰"花园坊"，建于 1928 年，也有将近一百年的历史了。关紫兰旧居的大门是一个由石块或水泥块垒筑起来的拱形门，有点不像石库门。曹聚仁的旧居则是一幢有门楣的典型的石库门建筑，门楣及周边是文艺复兴风的装饰，虽历经岁月的沧桑，有些漫漶剥落，依然很好看。门楣上，已有倚着墙垣生长的藤蔓植物。原本的外墙应该是青砖或红砖，现在一律涂成了白色。大概从 1945 年 9 月一直到 1950 年 8 月，曹聚仁一直居住在这里。他去了香港后，他的家人应该也在此居住。

我之知晓曹聚仁，是在 1972 年，那时传来了居住在香港的他，正在积极斡旋两岸关系的消息。他利用与蒋经国的私谊，力图促成国共之间的和谈。1967年的一场大病之后，他身体逐渐衰弱，尚未等到两岸的斡旋出现具体的眉目，便弃世西行了。由此我才知道，世上还有曹聚仁这样一个人。

之后直到1980年代，他的文字才在大陆出版，我读过他的两本书《我与我的世界》和《万里行记》，爱不释手，喜欢他这个人，也对他那个时代的人物与风情产生了更浓厚的兴趣。后来就陆续收集他的出版物，买到手的，也有近20本了。他的一生，除1950年去了香港，在那里居住了22年直到去世之外，上海大概是他生活了最久的地方。他也许并不很喜欢上海，但对上海的喜欢程度肯定要在香港之上，至少在上海，他的生活是彩色的，他一生中最重要的舞台也是上海，这一点是无疑的。1962年，出于对上海的怀念，他在香港《循环日报》上开辟"上海春秋"专栏，从方方面面记述了他所了解的历史上海，经后人的编订，1990年代在上海出版，由此也可见他与上海的情缘。

曹聚仁的名字前面，很难加一个或几个确切的定语。他在上海教了差不多20年的书，从小学到大学，也做了十几年的教授。他又非常勤于笔耕，一生写过上千万的文字，说是作家也不为过；但他自己说，一生都对文艺没有太大的兴趣，虽然他也写过小说。他年轻时，矢志做文史研究，在这一领域，也有相当深湛的修养，但专门的著作，除晚年结集出版的一本有些真知灼见的《中国学术思想随笔》之外，似乎也没有太显著的建树。他写过一本薄薄的《中国近百年史话》，读起来颇有趣，却缺乏系统性和主脉，学术性不算高；一部《鲁迅年谱》也是如此，连鲁迅是哪一天自广州来到上海的，也没有明记：说起来，他还是没有受过严格的历史研究的训练。在岁月长度上可以与教师生涯相媲美的，是新闻记者和编辑的角色。他一生编过许多杂志和报纸，抗战期间曾深入前线作过出色的报道，后来又在大学里教过新闻专业。但对于实际的政治，除早年曾做过学生领袖和晚年在国共之间做过斡旋之外，他一直敬而远之。他在任何一个领域中，虽都算不得头牌的人物，但都有不浅的涉猎，他在自己曾经介入的世界中，都有不俗的表现。他的文章，文白相间，总体是流利畅达，虽常常失之于散漫，甚至有些絮絮叨叨，但也不乏凝练精彩的警句，臧否人物，常有入木三分的精辟。相对的，他也比较襟怀坦白，述及自己时，不怎么遮遮掩掩，既不自视过高，也不妄自菲薄。所有这些，都是我喜欢他的理由。

1900 年，他出生在浦江县南乡蒋畈村（现划入兰溪市），一个纯然的山乡小村，世代务农，唯有他父亲读过书，到金华府考了第一名的秀才，后来又去杭州应试最后一科的举人，没有中，却因此获得了不少新知，回乡办了一所育才学堂。曹聚仁在父亲的熏陶下，4 岁时开始读《大学》《中庸》，5 岁已读完了《论语》《孟子》；后来，《孟子》对他的影响要远大于《论语》。7 岁，差不多能背诵大部分的《诗经》。后来进入育才学堂，从新课本中接受新知识，同时从事农耕；田间的各种农活，一一都有体验。他的父亲，怀抱理想，意志坚定，敢作敢为，在思想上虽然笃信程朱理学，在实践上却更像是墨子的信徒，对曹聚仁的影响很大；但曹聚仁说，他自己是一个老庄之徒，因此常与他的父亲相忤逆。

从育才学堂毕业后，1913 年春天，他考入金华中学念书，最感困难的课程，是英文。考入的学生，大都已在小学念过英文；因育才学堂在偏远的山间，他从未受过英文教育，直到后来，英文这道坎他也没有真正跨过。离开了父亲的严厉管教，正值他成长中的叛逆期，在学校里就有一些胡闹的行为，受到当局的误解，到了 1914 年夏天，就被学校以"志趣卑下、行为恶劣"的理由除名了。那时北京的清华学校已经开办，在各地招考学生，1915 年夏，曹聚仁到杭州去应考初等科，因英文成绩低劣而落第，后来改考浙江省立第一师范学校，在 120 名新生中考了第 12 名，秋天入学，之后，在杭州度过了他从少年到青年的五度春秋。

省立第一师范学校的前身是浙江两级（初级和优级）师范学堂，1908 年在原来杭州贡院的地域正式建成开学。鲁迅从日本回来后，也曾在这里担任了一年的生理课教员。1913 年，优级部划入北京高等师范学校，初级部改为省立第一师范学校。我最初听闻这所学校的名称，是在 1973 年读人民文学出版社 1957 年版丰子恺的《缘缘堂随笔》中的《怀李叔同先生》一文时。丰子恺似乎比曹聚仁早一年入学，他们也是先后同学。省立第一师范学校的学制为预科一年，本科四年，总共五年，学费和住宿免费，膳食费只需一半，当时是一年 18 元钱。

　　说起这所学校的师资甚至学生，不少都是当时的一时之选，许多人都是在中国现代史上铮铮闪亮的人物。第一任校长经亨颐，诗文书画篆刻俱佳，两度赴日本留学，毕业于东京高等师范学校（也是田汉的大前辈了），专攻教育，强调学校教育必须注重学生的人格培养，而非"贩卖知识之商店"，深得全校师生的尊敬。他后来又在家乡上虞创建著名的春晖中学，并被选为国民政府委员。廖承志的夫人经普椿，是他的小女儿。教师中，有单不庵、陈望道、朱自清、俞平伯、刘大白、李叔同、夏丏尊等，都是在中国近现代文学史上熠熠闪光的人物，曹聚仁后来对他们都有很精彩的描述和评点。相对而言，单不庵对曹聚仁的影响更大一些，"单不庵师是一代通儒，……教我研治桐城派古文，熟读归有光的小品文字，也正是我一生运用文字技术上的基础。先父教我以叙事说理的常规，单师则从文艺风韵上加工，因此单师教我转入治史路子，《史记》和《世说新语》，乃是我所讽诵的枕边书"。[1] 不过，曹聚仁对老师的优缺点都看得一样清楚："单不庵师，他的渊博，那是无话可说了，读书之多，校勘之精，用心之细密，一时无两；……他持论过于谨

---

[1] 《我与我的世界》，人民文学出版社 1983 年版，第 105—106 页。

慎,不敢独持己见,博而未通,却也并不迂拘。"[1]1927 年春季,"分共清党"在上海进出的血腥,让曹聚仁感到实际政治的残酷,心生厌恶,恰好这年秋天,单不庵出任浙江省立图书馆西湖分馆的主任,招曹聚仁到孤山的文澜阁去做了近一年的古籍整理,这是后话。

曹聚仁是经历了五四洗礼的一代人,他的同学施存统[2]在五四热潮的感召下,写了一篇《非"孝"》,引起舆论大哗,引来了当局的严厉查处,累及校长经亨颐,省教育厅决定将其免职,结果激起了全校学生的"留经"运动,曹聚仁也是骁将之一。这次学潮,促成了学生自治会的诞生,曹聚仁因为撰写了文辞畅达犀利的申辩文,加上功课优秀,后来被选为自治会主席,以后的两年,他投入大半精力于学生自治事务,主编《钱江评论》,耽误了功课。1920 年从第一师范学校毕业后,曹聚仁转道上海,到南京去报考东南高等师范学校,结果落第,再转到武汉去投考武昌高等师范学校,不幸考前患病,发烧打颤,第二天的考试实在难以继续,又一次失败了。

从武昌回上海,已是仲秋,我是在轮中过中秋的。那晚阴雨,月色暗淡,游子他乡,又不禁黯然泪落。到了上海黄

---

[1] 《我与我的世界》,人民文学出版社 1983 年版,第 176—177 页。

[2] 后来成了著名的共产党人,1920 年就加入了上海共产党早期组织。

浦滩头，我身边只剩了一块多钱，坐车到法租界三益里陈望道师家中，才在上海住了下来。陈师正和邵力子先生相邻而居，也就是我结识邵老之始。[1]

　　这里说的法租界三益里，应该就是当时的白尔路（今自忠路）163弄的三益里。我按照地址去寻访，地址应该位于今天太平桥公园的东南侧，当年的三益里已荡然无存，很多年前就建起了名曰"翠湖天地御苑"的高级公寓。据曹聚仁所说，陈望道当时"还只住在比亭子间稍大的后楼中编《妇女周刊》"[2]。由此看来，应该也是石库门房子。如今，昔日的风貌已烟消云散，殊觉遗憾。

　　比曹聚仁年长九岁的陈望道，家乡与曹聚仁的老家颇为邻近，同属金华府。陈1915年东渡日本留学，在多所学校学习过，后从日本中央大学法科毕业，1919年回国后在浙江师范学校任教，教的却是国文。曹聚仁对他也有很直白的评论：

　　他说话不十分流利，却一开始就有志于社会改革运动，他是《共产党宣言》的汉译者，又曾继陈仲甫（独秀）先生之后主编过《新青年》。……对于陈师，我是不能不谬托知

---

[1] 《我与我的世界》，人民文学出版社1983年版，第194页。

[2] 《文坛五十年》，东方出版中心1997年版，第3页。

己的。我曾把望道师和（刘）大白、（夏）丏尊诸师作对比：大白深沉，丏尊浑朴，望道师则属于持重一型的人。他虽和邵力子先生相处得那么好，而邵老敢作敢为，他却优柔寡断，还脱不了罗亭[1]的风格。……望道师写稿非常审慎，下笔很慢，修正又修正，轻易不肯付刊的；因为太审慎了，周密固有余，畅达则不足。[2]

陈望道本人对曹聚仁倒是没帮上什么忙；在陈望道家里认识的邵力子，在相当程度上，成了曹聚仁在职业上的引路人。1882年出生于绍兴的邵力子，1906年去日本留学，在东京加入同盟会，不到一年回国，与于右任等一起创办多种报纸，鼓吹革命与共和，还曾担任复旦大学中国文学科主任，在1914年加入后来国民党的前身中华革命党。1916年年初，与国民党的元老叶楚伧共同创办《民国日报》，后来这份报纸成了当时中国国民党的机关报。1919年开始，邵力子担任新辟的副刊《觉悟》的主编，思想上倾向于社会主义，《觉悟》成了当时青年人精神上的一盏明灯。这一年的9月，他加入了国民党。这一时期，有相当一部分的国民党人，在思想上与早期的共产党人同调。1920年5月，邵力子加入了陈独秀等在上海发起成立的马克思主义研究会，

[1] 屠格涅夫同名长篇小说中的主人公。——引者注
[2] 《文坛五十年》，东方出版中心1997年版，第132—133页。

不久成为共产党员。曹聚仁认识的邵力子，就处于这样的政治状态。

邵力子对曹聚仁的提携，体现在这样几件事上。先是邀请曹聚仁为《民国日报》的副刊《觉悟》写稿，曹聚仁就把自己自浙江一师毕业后的一段经历写成了一篇长长的《失望的旅行》，原文有四万五千字，被邵删去了无关主旨的六七千字，自 1921 年 9 月起连载在《觉悟》上。当时的国民党还不是一个执政党，经费短绌，写稿是完全没有稿费的，曹聚仁自己难以维生。于是邵力子又为他介绍了一份到浦东川沙县立小学做班主任的工作，教国文。"只教了半年，第二年春天便离开了。川沙的城市很小，滨海，海风很大，全城都是矮房子，也是鱼米之乡，秋深，肥蟹上场，那真鲜美极了。"[1] 因与校长的主张不合，又觉得川沙地方太小，曹聚仁就辞职离开了。这是曹聚仁正式教书生涯的序曲。于是，邵力子又为他介绍了一份工作，到新闸路上的一家陕西盐商吴怀琛家里去做家庭教师。曹聚仁自己说，由此，他在上海生下了根。

曹聚仁的所有文章和书里都没有说吴家在新闸路的哪里，可他在《万里行记》内的《上海杂拾》中，很详细地说到了两端分别与新闸路和静安寺路（今南京西路）相交的金家巷，应该是南北向的，只有短短的百来丈，我猜想吴家也

---

[1] 《文坛五十年》，东方出版中心 1997 年版，第 195 页。

许就坐落于这一带，因而曹聚仁对此十分熟稔。曹聚仁在这里居住了三年，他自己说，这是一生中很享受的三年。吴怀琛的上代建立了辉煌的家业，到他手里，只是维持的阶段，他只是靠既有产业的收益过活，即便如此，依然非常阔绰。吴怀琛住在一个带花园的大宅子里，白昼大半在睡觉，此外便是抽大烟，到小妾那里消磨时光，平素的生活倒是很安静。曹聚仁的工作，就是教他几个庶出的孩子语文写作，几乎不费精力，余下的时间，他便是自己读书，三年里，系统地读了中国的古典小说，还有世界文学名著的译本，及若干西洋的思想著作。"一点文学常识，就在那一时期充实起来。……那三年的教师生活，就等于进了自修大学，把几种专科都研究过了。……那是我自修研究进步最快的时期，几乎读遍了当时从欧西译介过来的文学名著，旁及社会科学、哲学、史学专著，仿佛是一个通人了。"[1]

这期间，曹聚仁认为自己做了一件很得意的事，那就是为章太炎记录整理了一本《国学概论》。1922年4月到6月，章太炎应江苏教育会的邀请，在上海[2]开讲"国学"，每周一次，共十次，讲题为"国学大概""治国学方法""经学之派别""哲学之派别""文学之派别"和"国学之进步"等，地点在上海西门职业教育社的大礼堂内。第一天盛况空

---

[1] 《我与我的世界》，人民文学出版社1983年版，第197—201页。

[2] 上海那时尚未独立设市，在行政上仍隶属江苏省。

前，有一千两百多人来听讲，后来就骤减为四五十人了。之所以会骤减，曹聚仁分析说："一半由于章师的余杭话，太不容易听懂；他所讲的国学，对一般人实在是太专门了。在场能听懂的，并没有几个人。"[1]曹聚仁对章太炎演讲的内容很有兴趣，也有素养，且同为浙江人，在听演讲时，做了详细的笔记，给邵力子看了，邵十分赞许，就在《觉悟》上连载，结果广受好评。"章师对我记录的高度正确表示惊异。他想不到我这个私淑弟子，只有二十一岁呢！"后来章太炎从钱玄同那里获知曹聚仁是单不庵的弟子，就叫他去拜了门，曹就成为正式的入室弟子，虽然后来章太炎也没有怎么教诲他。这部《国学概论》，后来印了三十几版，还出了两种日文译本。就21岁的年轻人能凭现场听讲完整记录章太炎的讲课，绝非易事，这多多少少也是一个奇迹，也难怪曹聚仁为此得意了一辈子。

---

[1] 《我与我的世界》，人民文学出版社1983年版，第205页。

在市区与真如间的迁徙流离

　　曹聚仁认定了自己的人生舞台，就是上海。为了谋生，他在给吴家做家庭教师的同时，还到一家名曰民国女中的学校去兼课，教国文出了一点名，于是从 1923 年开始，他分别去上海艺术专科学校、上海艺术大学和路矿学院教课。这些学校名义上都算大学（实际上多半也只是在弄堂里借了几幢房子），只有师专毕业的曹聚仁，名头上就算做了大学教授了。

　　1925 年秋天，他到国立暨南学校去做国文教师，又担任了大学部商学院（从最初的商科扩建为大学程度的商学院）的国文教授。暨南是国立的，虽然一开始只是做中学部的教师，曹聚仁的自我感觉，也比那些号称学院、大学的民间学校，好了很多。说起暨南学校，1907 年由两江总督端方奏请清政府所创建，据说端方是听从了曾出使荷兰等国的清末外交家钱恂[1]的建议，主要接纳培育海外侨胞青年。学校初设于南京薛家巷妙相庵，初名暨南学堂，1918年更名为国立暨南学校。1923年，学校迁至上海的近郊真如，并设立大学部，以后扩建为暨南大学。

曹聚仁觉得自己担任国文教师或教授是合格的，理由是，其自幼受其父亲的熏陶，以后又受单不庵老师的指教，在古文上有不浅的造诣，尔后又受了五四新文学的洗礼，对白话文和新文学也相当熟悉，所以上课时从未有左支右绌的尴尬。这是实话，以曹聚仁的学养，担任国文课教授，不仅没有问题，且较一般的冬烘先生和后起的疏于古典的新人，都有相当的优势。

那时，暨南学校及后来的大学，建在真如。今天的真如，正在成为上海的一个副中心，地铁14号、11号线都可直达那里。可那时，真如却还只是一个小镇，大半是乡村，交通极为不便，公路都没有开通，唯有沪宁铁路可以到达。而铁路上的火车，时常脱班，白等几个小时成了家常便饭，因而不得不经常步行，或与同事合乘"羊角车"（一种手推的独轮车）。那时，曹聚仁每周要上五天的课，来回途中的各种折腾，让他苦不堪言，于是他决定从上海市区迁居到真如。先是在靠近杨家桥的一座楼房住下，一开始觉得远离尘嚣，这里很清静，不意突然回到了没有电灯、自来水的乡

---

[1] 曹聚仁的老师单不庵的姐夫、钱玄同父异母的兄长。

村，周边也没有什么商店，生活还是很不方便。暨南学校自己开设了小型电厂，仅向学校供电。让这些暨南的教师很感困窘的是，周边的农民以为他们都是城里的阔佬，常常会盘剥和作弄他们，他们难以与当地的农民融合在一起。1926年下半年，上海市区通往真如的公路修通，有校车来往于两地。1931年，暨南大学的学生增加到了一千余人，在当时算规模很大的了。沪宁线的铁路车站附近，陆续也开出了许多商店和饭馆，热闹了许多。学校在北部建造了暨南新村作为教职员的住宅，曹聚仁与好友曹礼吾住进了东北角上的一幢房子，每户两间正房，另有工人房和厨房，算是有了安居之所。

在暨南新村住了一年多以后，曹聚仁又搬到了学校南面新木桥头的杨姓别墅，"那是一所二层的广式洋楼，房间很宽敞，客厅很大，院落更大，恰好是新木桥的西塄，小桥流水人家，得乡居之胜。院中种种现代化设备，比新村舒适得多"。[1]这大概是曹聚仁在上海住得最惬意的一处住所。不意1932年，日本蓄意挑起了"一·二八"事变，向中国军队进攻，真如一带成了战场。1月28日清晨，曹聚仁与家人就在门前的桃树浦河坐了船逃到市内的梵王渡[2]，经静安寺进入租界。他的住所，先是做了第19路军的司令部，中

---

[1]　《我与我的世界》，人民文学出版社1983年版，第268页。

[2]　昔日苏州河边的一处地名，大抵在上海圣约翰大学、即现在的华东政法大学老校区相近的地区。

国军队退却后，又成了日军一个联队（相当于团）的司令部，他的许多书籍被胡乱放在了后面的堆放柴薪的房间里。曹聚仁还趁战火稍有平息的时候，去取了一部分。战事结束后再去看，已经没有了，他认为是被周边的农民拿去了。

"一·二八"淞沪抗战让曹聚仁感到蛰居乡间的不易，于是他就在 1932 年重新搬回到了上海市内，"住在法租界的金神父路花园坊。一面做暨大的教授，同时也兼了复旦大学、大夏大学的教课。那一年起，我才开始写作，主编了以乌鸦为商标的《涛声》周刊和后来的《芒种》半月刊。也开始替《申报·自由谈》《申报周刊》和《立报·言林》长期作稿，看起来，我已成为左倾的作家了"。[1]

这金神父路上的花园坊，据曹聚仁自述，是住在 107 号的二楼。"这个花园坊，乃是面对三井花园的新里弄。园中一大片樱花，每年春天，都要举行盛大游园会；当然，可望不可即的。……我那住宅的正对面，便是法国医院的太平间，每天总有几具白布包裹着的尸体送进去，抬出来，夹着悲惨叫号哭泣之声。我呢，就在这'死亡'的暗影中，住了五年多。"[2] 我专门到那里去寻访，幸好，整个花园坊都还在。金神父路（Route Pere Robert），即现在的瑞金二路。我是从现在的复兴中路（当年称辣斐德路 [Rue

---

[1] 《我与我的世界》，人民文学出版社 1983 年版，第 270 页。

[2] 《我与我的世界》下（修订版），生活·读书·新知三联书店 2011 年版，第 514 页。

Lafayette]）的一条弄堂里穿过去的。整个花园坊的建筑，建于 1928 年，今天的地址是瑞金二路 129 弄，大抵属于新式里弄的样式，三层，红砖外墙，感觉上与鲁迅居住的大陆新邨的格局很相似，只是花园坊整个都是打通的，连成一片。一楼进去有一个很小的天井，如果不是一户独居，二三楼的住客要从后门进去。二楼有一个铁栅栏的阳台，想必曹聚仁一家当年就住在这里。曹聚仁说到的三井花园，与花园坊隔着一条现在的瑞金二路，位于今天的瑞金宾馆的北侧，所以他说是"可望不可即"了。当时，这里无疑是中产阶级居住的场所，距此很近的辣斐坊（现名复兴坊）里，就住着史良[1]和何香凝[2]；与曹聚仁同住在花园坊里的，当年还有与鲁迅关系密切的徐懋庸和后来做了浙江省文联主席的黄源。后来一直到 1937 年"八一三"抗战爆发之前，似乎曹聚仁就一直居住在这里。

曹聚仁在上海有着十分广泛的朋友圈，国民党人中，有叶楚伧、邵力子、吴稚辉等，共产党人中，有陈独秀等，更多的则是无党无派的文化界、教育界和报界的人士。他与鲁迅也有不浅的交往，且在晚年，花了不少工夫，写了一本《鲁迅评传》，或许，在思想上曹聚仁未必对鲁迅达到了很深刻的理解（恐怕谁也不敢说已深刻地、透彻地了解了鲁迅），

---

[1] 当年的"救国会七君子"之一，1979 年当选全国人大常委会副委员长。

[2] 后来做了民革中央的主席、全国人大常委会副委员长。

在文献史料的考订上，或许也有不够严谨之处，不过我要说，这差不多是现有的鲁迅传记中，最精彩的之一。在与鲁迅有过很多次深入谈话以及几十封书函往来、又仔细阅读了鲁迅原著的曹聚仁的笔下，鲁迅的形象要鲜活、真切乃至准确得多。

曹聚仁虽然写了一本《鲁迅评传》，也写了不少有关鲁迅的文章，但似乎一直没有明言自己是在什么时候、在哪里初识鲁迅的。我估计曹聚仁与鲁迅的相识，是在 1932 年起住在花园坊的时期。查阅鲁迅日记，最早出现曹聚仁名字的，是 1933 年 5 月 7 日："得曹聚仁信，即复。"[1] 全集第 12 卷内收录的鲁迅致曹聚仁的第一封信，也正是这一天写的。曹聚仁致鲁迅的信函，未得见，但从鲁迅的复函来看，内容是来向鲁迅约稿的，请鲁迅为李大钊的《守常全集》写一篇题记。鲁迅不久就写了出来，发表在曹聚仁与朋友一起主编的当年 8 月 19 日的《涛声》周刊上。而鲁迅为《涛声》撰稿，则要更早一些，1933 年 2 月 11 日的《涛声》上，就可见到鲁迅以笔名发表的《论"赴难"和"逃难"》。在以后的鲁迅日记中，就频频可见曹聚仁的名字，《鲁迅全集》的书信集里，收录了他写给曹聚仁的 25 封信，实际上应该更多，曹聚仁致鲁迅的信函应该也远远不止二十几封，彼此都会有一些散佚。两人之间不只是信函往来的关系，见

---

[1] 《鲁迅全集》第 15 卷，人民文学出版社 1981 年版，第 78 页。

面的次数大概也不少。曹聚仁曾多次述及他与鲁迅餐叙的情况，鲁迅 1933 年 9 月 11 日的日记中也有这样的记载："曹聚仁邀晚饭，往其寓，同席六人。"[1] 如果与对方不熟悉，或者对对方没有好感，鲁迅是绝不会到那个人家里吃饭的。鲁迅过了几天写信给他说："前蒙赐盛馔，甚感。"[2] "盛馔"云云，虽多少有些客套话，想必曹聚仁也准备了相当丰盛的佳馔来招待鲁迅。鲁迅曾写了《论翻印木刻》一文投给《申报·自由谈》，20 天后仍不见刊出，后得知是有些言论为当局所不容，便将原稿索回，写信给曹聚仁说："其实此文无关宏旨，但总算写了一通，弃之可惜，故以投《涛声》，未知可用否？倘觉得过于唠叨，不大相合，便请投之纸篓可也。"[3] 后来曹聚仁把这篇文章刊登在了他所主编的《涛声》周刊第 2 卷第 46 期上了。从现存的信函来看，鲁迅一直到去世那年的 1936 年 2 月 21 日，还在给曹聚仁写信。曹聚仁自己说："我和他之间，有一段极机密的交游，我此刻并不想说出来，留待将来。"[4] 我想，这应该不会是杜撰，虽然暂且还无法确定，但他们的关系，一定不会疏淡，甚至还颇为契合，这大概也是可以肯定的。

事实上，在鲁迅生前，曹聚仁就在为撰写鲁迅的传记做

[1]《鲁迅全集》第 15 卷，人民文学出版社 1981 年版，第 98 页。

[2]《鲁迅全集》第 12 卷，人民文学出版社 1981 年版，第 225 页。

[3]《鲁迅全集》第 12 卷，第 279 页。

[4]《鲁迅评传》，东方出版中心 1999 年版，第 2 页。

准备了，鲁迅从曹的资料准备中，也看出了曹打算写一本自己的传记。曹聚仁自己对鲁迅说："我想与其把你写成一个'神'，不如写成一个'人'的好。"[1] "我对鲁迅说：'我相信你并不要希圣希哲，你是一个智者，你是尼采！'"[2] 曹聚仁对于后来出版的几种鲁迅传记，大抵都不怎么认可。到了香港后，生活稍得安定，于是曹聚仁埋首书卷，终于在鲁迅去世的 20 年后推出了自己写的《鲁迅评传》。

曹聚仁写道："我要把真实的事实，鲁迅的真面孔，摆在天下后世的人面前。"[3] "笔者觉得鲁迅一生的最大贡献，乃在剖析中国的社会，他是一个冷静的暴露中国社会黑暗面的思想家。"[4] 曹聚仁认为，鲁迅思想的根底，受尼采、叔本华的影响很深，因而他对整个的社会，持一种深刻的悲观态度。他内心对于中国的将来，其实并无很明确的变革方案和改造手段。他揭示的阿Q，其实也有他自己的影子，或者说，每一个人，在一定的程度上，都是部分的阿Q。这一深刻性，是同时代的中国人很难超越的。但也不必过分抬高鲁迅。曹聚仁认为，鲁迅在很多方面，有许多常人不可及之处，尤其是鲁迅的文章："他文字的异常冷隽，他文字的富于幽默，好像谏果似的愈咀嚼愈有回味，都非平常作家所

---

[1] 《鲁迅评传》，东方出版中心 1997 年版，第 1 页。

[2] 《我与我的世界》，人民文学出版社 1983 年版，第 394 页。

[3] 《我与我的世界》，人民文学出版社 1983 年版，第 157 页。

[4] 《我与我的世界》，人民文学出版社 1983 年版，第 170 页。

能及。他的用字造句，都经过千锤百炼，故具有简洁短峭的优点。"[1] 但在总体上，他也只是一个凡人。"他自幼历经事变，懂得人间辛酸和炎凉的世态，由自卑与自尊两种心理所凝集，变得十分敏感。"[2] 鲁迅在写给许广平的信中说："（有人希望我出头来做领导），但我自己知道，是不行的。凡做领导的人，一须勇猛，而我看事情太仔细，一仔细，即多疑虑，不易勇往直前……"[3] 这自然也有鲁迅的自谦，但他看事情太仔细，多疑虑，大概也是有的。曹聚仁对鲁迅的印象是："鲁迅也和其他文人一样，对外间的种种感觉是很灵敏的，他比别人还灵敏些；这些不快意的情绪，很容易变得很抑郁（自卑与自尊的错综情绪）。"[4] "大体来说，他是一个很寂寞的人。"[5] 我觉得，在相对比较懂鲁迅的人中，曹聚仁应该算一个。

在人物评传上，曹聚仁还写过《蒋百里评传》和《蒋经国论》，两位传主或论主，作者都有交往，也比较熟悉，两本书都写得很有风格，不过与《鲁迅评传》相比，有些粗糙，史料的考订也不够严谨，因内容溢出了上海的范围，在此不述。

―――――――――

[1]《文坛五十年》，东方出版中心 1997 年版，第 183—184 页。

[2]《鲁迅评传》，东方出版中心 1997 年版，第 159 页。

[3]《鲁迅全集》第 11 卷，人民文学出版社 1981 年版，第 32 页。

[4]《鲁迅评传》，东方出版中心 1997 年版，第 161 页。

[5]《我与我的世界》，人民文学出版社 1983 年版，第 392 页。

抗战军兴后的记者生涯

1937 年 8 月 13 日在上海爆发的中日之间的大规模军事冲突，在中国一般被称为"八一三淞沪抗战"，日本称之为"第二次上海事变"。当然，这绝不只是一次"事变"，而是双方共投入了总共将近 100 万兵力的大规模战争。比起一个多月前发生的标志着中日之间进入了全面战争的状态的卢沟桥事变以及此后华北的军事变化，上海的这场战争影响也许更大，它导致了中国首都南京的陷落。"八一三"战争的缘起，此前的卢沟桥事变，自然是一个很大的导火索，但似乎还不是直接的原因。根据淞沪抗战初期直接指挥战斗的时任京沪警备司令、后来改任第三战区第九集团军总司令的张治中将军的回忆，1936 年的 9 月下旬起，中日之间在上海的对立就一度相当紧张，为准备在上海可能发生的再度军事冲突，时任京沪警备司令的张治中就主张积极备战，将军队调至常州一带，并秘密计划扩充上海保安总团，在苏州无锡常州一带构筑防御工事。后来因西安事变和卢沟桥事变的发生，大部分军队又被调往华北。1937 年 7 月 7 日卢沟桥事变爆发后，张治中预计中日在上海的冲突也难以避免，于是再度着手准备对日作战，并主张要先发制人 [1]。参与了战场实际报道的曹聚仁写道：

> 淞沪战争发生之初，我军采取主动攻势，8 月 11 日晚间动员，12 日早晨便到上海闸北及江湾防线。12 日已经可以开始攻击，已经耽搁了一整天，预定一星期到十天内，全部肃清上海敌军 [2]，接着把吴淞海口封锁起来。[3]

日本方面也意识到了卢沟桥事变以后日中之间的紧张局面。1937 年 8 月 6 日，驻上海日本总领事冈本季正下令上海的日本侨民撤退到租界之内，同一天，日本政府命令长江流域的所有日本侨民撤离中国。12 日，华南各地的日侨也开始了撤离，同时海军向驻扎在上海的陆战队小额增兵，长江下游的军舰也陆续向上海集中。也就是说，双方都很清楚，上海或上海附近，一场严重的军事冲突已经迫在眉睫，难以避免。

---

[1] 《张治中回忆录》，华文出版社 2007 年版，第 70—72 页。

[2] 主要指在上海的日本海军陆战队。——引者注

[3] 《采访外记　采访二记》，生活·读书·新知三联书店 2007 年版，第 57 页。

战争终于在 8 月 13 日凌晨爆发。上海各个学校的课，自然也无法正常开展了。于是曹聚仁弃文从戎，最初以《大晚报》记者的身份，接着又接了《立报》的采访任务，再后来，就成了中央社的记者，投身战场，来到了前线。

大约 9 月初，曹聚仁进驻了苏州河北岸的位于新闸桥与泥城桥（今西藏路桥）之间的茂新面粉厂，这里是八十八师的司令部，河对岸是公共租界。曹聚仁与一名《大公报》的记者一起进入，但那名记者当日即回到报社去发稿了，这里后来就只剩下曹聚仁一个人，和参谋处长张柏亭一起住在三楼。就这样，他成了一名战地记者，写完稿之后立即将报道通过电话念给报社的记录员听，然后发稿。曹聚仁在各种军事会议和其他场合，见过张治中及黄琪翔将军、朱绍良将军。他对张治中的印象和评价非常一般，而对黄琪翔则颇为赞誉。黄琪翔早年毕业于保定陆军军官学校，后去德国留学，1922 年回国后追随孙中山，在北伐中屡建军功，是八一三淞沪会战的主要指挥官之一，以后又担任第五第六战区副司令长官。朱绍良，早年毕业于日本陆军士官学校，八一三淞沪会战的后半段，担任第九集团军总司令。曹聚仁对当时的战况，有这样的描述：

张治中，这位总司令，他是一开头，有志雪"一·二八战役"之耻，要第五军的力量来闪击敌军，把在上海的敌军全部消灭的。这情势，到了 8 月 25 日便完全改变了；以敌军的防守阵地来说，我军是无法进攻的。(敌海军司令部的构筑，就耐得住空中鱼雷的轰炸的。)张氏的估计完全错误。而且张氏不懂机械化作战的战术；第一次使用坦克车作战，就不能取得步兵作战的协同，以致汽油用完，陷入敌阵，被俘了十六辆；只有八辆幸免，可说是惨败。到了黄琪翔负责指挥，主要目标防守，已经不容易稳定阵线了。到了朱绍良任总司令时，已作总退却打算。朱氏稳重沉着，与张治中的轻进，正是一个对比呢。[1]

　　这里说的敌海军司令部，应该是指日本在上海的海军陆战队司令部，建于1924年，位于原东江湾路1号(现四川北路2121号)，该建筑物今天仍完整留存(外观有改变)，说起来也有100多年了。这里说的坦克车作战，是当时中国军队唯一一个花重金用德国装备组建起来的机械化师，因贵重和耗油，平素都不舍得充分训练，及至淞沪战役爆发，被匆忙投入战场，参与此前毫无经验的机械化部队的巷战，结果不能有效发挥作用，反被日军击垮，幸存的，后来也无法有效使用，几乎全部覆没。

　　10月6日，我军向日军展开了一场大规模的进攻。

---

[1] 《采访外记　采访二记》，生活·读书·新知三联书店2007年版，第55—56页。

那天晚上，右翼的战斗是猛烈的，而且，我军居然把北四川路上的敌军，从西街逐回到东街，向前推进了两丈多路。这是上海市民从没有看过听过的猛烈场面。大家相信这一场战斗，国军一定获得极大的胜利。我当时也用尽了可以形容的字眼来铺叙这一胜利的场面；但我的心头，恰给"佯攻"的实际情况闷住了，我知道一切是难以乐观。接着便是黄大黑宅之役，那场最惨重的牺牲。那一场主攻的部队，乃是广西部队中的主力精兵，他们的勇敢，以及牺牲的决心，那是可以钦佩的。那二十四小时中，前仆后继的进攻，几乎都给敌军炮灰压住了；我军死亡四万二千多人，却攻不下黄大黑宅那个据点。这一来，证明了现代战争，单靠勇敢是没有用的；付出了这样的代价，所得的后果是相反的。……我当时把黄大黑宅的场面，写得那么悲壮，可是我并不让读者知道这一场战争的真相。[1]

曹聚仁在淞沪战役中最有意义的经历，便是著名的四行仓库保卫战。司令部在茂新面粉厂住了不到半个月，就迁入了四行仓库。

我们在那儿住了四十多天。后来，那么著名的"八百壮

---

[1] 《采访外记　采访二记》，生活·读书·新知三联书店 2007 年版，第 59 页。

士"，在那儿只住了四天呢！从仓库到泥城桥边，走路也不过五分钟。且说，淞沪战事发生后，苏州河东截，禁止船只往来，除了荣家的渡船，水面上什么都停顿了。我们搬进四行仓库以后，临河的大门口便砌实了，西边北边的窗口也用了泥土麻包堆塞了。唯一的北角后门，也堆成小堡垒成 S 形，二楼架了机枪在俯瞰，卫士轮班守卫着。[1]

我军一直在顽强抵抗，终于难挡敌军的猛烈进攻，于 10 月 26 日，全线撤退了。

八十八师便是掩护全军行动的殿后的部队。因此，那天，五二四团延伸防线到了八字桥上，全面向北四川路一线日军发动进攻。到了那晚三更半，八十八师转进工作完成，该团才迅速转移到四行仓库，司令部的旧地，作孤军固守的打算。这便是闻名世界的"八百壮士"，实际上，官兵不及四百人。他们进入四行仓库立即把北边那大门堵塞了。……那晚指挥作战的是杨瑞符营长，那位名闻天下的谢晋元团长，和我们都在青年会七楼商量大计，并不在四行仓库中。到了 27 日清晨，日军追击部队，已经迫近四行仓库，立即封锁前后两大门；前门架起重机枪，面对苏州河面；西边占

---

[1]　《我与我的世界》下（修订版），生活·读书·新知三联书店 2011 年
　　版，第 605 页。

据中国银行仓库，二楼架起重机枪，三楼架起迫击炮向下俯视。北门近处，有两架坦克车监视着，可说是密不透风，连蜜蜂都进不去了。但我们与孤军之间，一直通行无阻。谢团长受了命令和陈参谋长回到仓库去，杨惠敏这位十七岁女童子军，带了一面国旗，和我这个小记者，一同乘了汽车，过了桥，便从那家杂货店后壁，爬了过去，先后不过十来分钟，便到了仓库和孤军相见。[1]

在这四天内，五二四团的官兵，表现出了可歌可泣的英雄行为。29日上海的《申报》，以《八百孤军安全无恙　我壮士高揭国旗》为题，对四行仓库的中国守军给予了高度的赞扬：

孤军奋斗、宁作壮烈牺牲之八十八师谢团长八百壮士，昨仍在谢晋元团长、杨瑞符营长率领之下，死守四行仓库，全军安全无恙。六层高楼之屋顶，昨日傍晚时，并由我忠勇将士，高揭青天白日满地红之国旗，压倒四周之太阳旗，发扬我大中华民族之浩然正气，与国家无上光辉。此八百忠勇壮士之壮烈义举，已博得全沪中外人士无限之钦敬，并引起最热烈之注意，而前线战事之发展反成视线之次要。

---

[1] 《我与我的世界》下（修订版），生活·读书·新知三联书店2011年版，第608页。

然而在三面受敌（南面为苏州河，河南岸为租界）的情况下，孤军毕竟难以长期支撑，在苦守四日之后，仓库内的中国守军不得不撤离，对此，10 月 31 日的《申报》以《我忠勇一营孤军　今晨奉命忍痛退出闸北》为题，又做了长篇报道：

至二时时候，我壮士于敌军重重包围严密戒备之中，以神秘莫测之行动，抖擞精神，整饬队伍安全退出此闸北最后之堡垒。

对此，曹聚仁有更具体的记述：

到了 10 月 29 日晚间，武装齐备的日海军汽艇，已经集齐苏州河口，要冲进苏州河，在四行仓库门前登岸。英军与之相持经日，伦敦方面，迫于情势，经外交关系向南京方面加压力，非即日从仓库撤出不可。英当局命令英军协助撤退，并口头同意孤军和军备分两批撤运，军备运到了南市，孤军也让他们到八十八师归队。哪知，孤军刚运到桥南，日总领事已向英方提出抗议，非把孤军留作俘虏不可；这便扣押到胶州路集中营去过"拘留"生活了。[1]

---

[1] 《我与我的世界》下（修订版），生活·读书·新知三联书店 2011 年版，第 609 页。

八一三淞沪抗战的结局是很悲惨的。最后全军仓皇溃退。据淞沪战事时任中国军队副总参谋长的白崇禧的叙述，中国方面投入兵力约十八个军，加上海军，共约五十四个师，人数在70万左右。日军20余万人[1]。白崇禧认为，淞沪一战中国之所以战败，在于日军具有如下的优势：利用淞沪沿海之形势，发挥陆海空三军种联合作战之威力，以装备之优良，训练之纯熟，予我军创伤甚重。我军虽士气高昂，同仇敌忾，但军队训练和武器装备远逊于日军，因此有这样的结局[2]。白崇禧的分析，大抵还是中肯的。

曹聚仁的记者生涯，在抗战中差不多持续了八年。从上海撤出后，曹聚仁经宁波到了杭州，又沿着钱塘江新安江流落到了屯溪（今黄山市），做了中央社的记者，在浙江中南部一带游弋；之后又北上徐州，参与台儿庄战役的报道，此后又经历了武汉保卫战；武汉失守后又南下到了江西，在赣南和赣北居住了几年，在赣南参与《正气日报》和《前线日报》的编辑，这也是他与蒋经国熟稔的时期；最后来到了重庆，足迹遍布大半个东南和部分北部中国。因这一时期的舞台，已溢出了上海的范围，这里略去不述。

[1]《白崇禧口述自传》上，中国大百科全书出版社2003年版，第79页。

[2]《白崇禧口述自传》上，中国大百科全书出版社2003年版，第81—82页。

战后望平街的政治风云

　　现在一般都把日本的战败日理解为 1945 年 8 月 15 日，这自然是不错的，但在中国，实际获悉日本投降的消息，是在 8 月 10 日。当然那一天日本还没有正式宣布投降，只是通过中立国瑞典等向盟军传达了准备接受《波茨坦公告》的意愿，然而消息一经传出，就在非日本占领区内激起了欢庆的喜悦。当日晚上，曹聚仁正在江西省上饶市西南部的一个偏远的名曰铅山的小县城外，大家如痴如狂地敲锣打鼓欢庆胜利。当时曹聚仁主持的《前线日报》的编辑部，正设在铅山。

　　9 月 15 日，曹聚仁从上饶出发，车船兼行（当时有不少铁路线无法通行），赶往杭州，想参加 21 日在杭州举行的受降仪式，不意艰难地赶到杭州，翌日就恶性疟疾突然发作，病倒了。受降仪式举行的那天，他只能勉强地坐在湖滨旅社的门前，目睹中国军队雄赳赳的整齐队列。病愈之后的

9月底，曹聚仁回到了几乎阔别八年的上海。他奉命，要把《前线日报》办到上海去。《前线日报》是第三战区司令部于1938年10月在皖南屯溪创办的机关报，1939年4月，报社由屯溪迁往上饶，由马树礼任社长，后来加入了共产党阵营的宦乡担任了几年的副社长和总编辑，宦乡离开后，曹聚仁成了骨干。抗战胜利后，报纸继续存在，并想在上海扩展影响力。曹聚仁到了上海，便在本章一开头出现的溧阳路1333弄内的石库门房子里住了下来。

从1945年9月末到1949年（他实际离开上海到香港定居是在1950年10月），曹聚仁经历了一个让他感到不大愉快的时代：从抗战胜利初期的狂欢，到国民党政府的日益堕落；政局的动荡、权力角逐的尖锐和无聊，都让他感到无所适从、无奈和苦恼。他原本想去西北的新疆一带旅行，写一些沿途的调查通讯，又真心实意想到大连的博物馆去做一点有关文史的实务，顺便在东北旅行考察，他对中国的这两个地域一直抱有浓厚的兴趣而实际又是相对陌生的。内战前夕的风云变幻和内战的爆发，都让他的梦想和计划成了泡影。

这一时期，他在上海主要做了几件事，一是编辑《前线日报》，对望平街的报业和出版业，有了更深的实际体验，同时为香港的《星岛日报》写通讯稿；二是在上海法学院报学系和在苏州的国立社会教育学院的新闻学系教书，一为谋生，二来也是把自己抗战期间积累的新闻采访和写作的经验活用起来；三是与舒宗侨合作，撰写出版了《中国抗战画史》及《蒋经国论》。这里主要叙述他的望平街体验。

他最初回到上海时，整个的氛围还是很好的。

曹聚仁认为，蒋介石这个时候就应该急流勇退，就像华盛顿一样，放下政权，退隐泉林，庶几可保得一生的美名。但蒋介石是一个权力欲极强的人，而此时的国民党大批接收官员，如同饿狼扑食一般，吃相难看地纷纷卷入了对沦陷区财产的争夺，一时贪官辈出，恶吏猖獗，人民对"重庆人"的翘首期盼，很快变成了失望的叹息。

南起福州路（时称四马路）、北到南京路（时称大马路）的望平街，现在只是山东路的一段了，昔日一直是近代上海的报业和出版业的荟萃之地，最盛时期，汇聚了五十多家大大小小的报馆。1872 年 4 月 30 日，英商美查等人在望平街汉口路口创办《申报》，这曾经是中国历史最悠久、影响最大的一份综合性中文报纸。1893 年 2 月，美商丹福士在汉口路望平街东创设《新闻报》，与申报馆衡宇相望。这两大报纸的发行量和影响力，在上海乃至中国，可谓共占鳌头。1907 年，于右任又在这里创办的《神州日报》和《民呼日报》，开了报纸言论的真正的先河。1937 年 11 月，上海被日本军占领后，稍有正义感和良知的报纸，不得不或迁往内地，或关门歇业，《申报》等则在沦陷时期被伪政府强行接办，被称为"伪申报"，失去了过去的风采。

胜利后曹聚仁回到上海时，望平街也正处于百废待兴的状态，《大公报》等立即在上海复刊，在望平街站稳了脚跟，还有一份来自杭州的报纸《东南日报》也以强劲的势头挤了进来。《东南日报》最初是创刊于北伐军北上的 1927 年 3 月的《杭州民国日报》，曾是国民党浙江省党部的机关报，最初有多名中共党员参与办报，不久"分共清党"的血雨腥风骤起，中共人士被血腥清除；1934 年改名为《东南日报》，陈立夫、陈果夫兄弟分别担任董事长和监事长，许绍棣和胡健中先后担任社长。胡健中虽身处党营，却是一个很有才华的文人和报人，在他的主导下，《东南日报》一度声震东南，发行量曾跃升至 4 万份，可与《大公报》相媲美。《大公报》原本就有上佳的口碑，复刊后影响力依然如日中天，《东南日报》则凭借了国民党官方的强劲支持，以及不错的内容，稳步打进上海市场，占了三分天下。另外，立场日益左翼的《文汇报》，也是异军突起，在青年学生中很受欢迎。如此，在上海的读者中知名度颇低的《前线日报》，就活得比较艰难了，它虽有国民党的背景，在言论上倒是一度颇为宽松，曹聚仁写的通讯中，居然还可以说"国民党不亡，是无天理"这样的话。将近一年之后，《前线日报》前途越来越暗淡，曹聚仁也就拉开了与它的距离，把主要的精力放在为香港的《星岛日报》写文稿了。

一直不想卷入政治纷争的曹聚仁，实际上也一直在密切注视着当时的政局变化，对于长期以来一直持自由主义立场的他来说，战后国民党政府的表现让他日益失望。他竭力希望避免的内战,最后也越来越激烈了。他没有加入任何的党团和政治组织,只是在民间关注着民盟、青年党等的言论和活动,关注着当时所谓的"国大"的进程和结果。蒋介石是绝不可能放权的,"国大"最后也在北方的解放军的隆隆炮声中匆忙收场了。

解放军终于在 1949 年 5 月下旬进入了上海。

进入市区的中共军队,穿着淡黄色的土布军服,手中提着步枪,不独不住民房,不用民物,连车子都不坐,其纪律之严明,态度之谦和,那是上海市民所不曾看见过的。[1]

蒋介石的政权,本来依靠着上海市民的支持和东南财富的培养,才稳定下来的。"一·二八""八一三"的抗战,也靠着上海市民的输将,才显出国军的力量的。这一回,经过一次巧取豪夺,吸尽上海市民的财富,不让上海人活下去;解放军便受了上海市民的默契,很顺利地进来了。上海之战,国军所使用的力量还不及十分之一,一经接触便告解体。大体说来,还是和民心的向背,有密切关系的。[2]

---

[1] 《采访外记 采访二记》,生活·读书·新知三联书店 2007 年版,第 528 页。

[2] 《采访外记 采访二记》,生活·读书·新知三联书店 2007 年版,第 529—530 页。

5月27日午间，我们吃了午饭，便上街看"解放"去了。这一场"大决战"，雷声大，雨点小，好似湿了的炮仗，一直不曾点响过。街口还有些机枪作战的掩体，在我的眼中，这简直是小孩子的演习战，不像什么巷战。北四川路上，东一辆，西一辆，就是前些日子，游行祝捷的装甲车，一只只死甲鱼似的躺在那儿。走到苏州河边，那才有点打仗的气象。河南那几座高楼的墙壁上，还留着一些大大小小的斑点，就像脸上的麻子一般。……一到了南京路，一切如常，满地都是人，热闹得很。亲戚故旧，大家见了面，彼此就是这么一句话："好了，解放了！"[1]

那望平街上的各家报馆，也逐渐换了门面和人马，结果仔细一看，新旧人马，数年之前，都还是这条街上的同仁，彼此几乎毫不陌生，换了政权，大家还是在一条街上共事，拍拍肩，握握手，相视一笑。"我和范长江、黄源那一行人，也还是桂林、长沙分了手的，算起来也不过四五年的日子。在我的心头，我总算看到'解放'了。共产党朋友，本来不是红眉毛绿眼睛的。"[2]

后来曹聚仁到了香港，先是进了《星岛日报》，后又转

---

[1] 《采访外记　采访二记》，生活·读书·新知三联书店2007年版，第530页。

[2] 《采访外记　采访二记》，生活·读书·新知三联书店2007年版，第531页。

入新加坡的《南洋商报》，1959 年，与林霭民等创办了《循环日报》《循环午报》《循环晚报》，后三报合并为《正午报》。他仍然不断写稿著书，在此期间进入内地巡访多次，受到毛泽东、周恩来等的多次接见，出版了《北行小语》《万里行二记》等，来正面报道新中国的新气象。1967 年，他患了一场大病，动了手术，在医院休养期间，对生命有了很多感悟，于是写了一本《浮过了生命海》，这差不多是他生前写成的最后一本书。1972 年，他在澳门与世长辞。

曹聚仁早年在父亲的影响下熟读古书，在中国古典中浸淫颇久，对程朱的学问尤有研究，年纪很轻的时候，就能把章太炎的讲课记录成书稿，可见功夫不一般。他后来写过一本《中国学术思想史随笔》，也颇见功力，无学究气，纸页间，会有卓见闪现，但终究只是随笔，无法形成体系，最终未能成为一名学者，他在学术界似乎并无地位。他最终，大概还是一个报纸杂志的编辑和记者吧，写了许多直白而有文采的报道文，他在课堂上讲新闻学，大概也很精彩；然而，一部中国新闻史，似乎也没有怎么见到他的大名。他还写了好几本人物传记，然而真正被人认真看待、可以用作学术引用的，好像极少。他是一个文人，应该是毫无争议的，然而名垂青史的大著，好像还未见问世。我自己是一个乱读书的人，性情也是散漫得很，倒是很喜欢读曹聚仁的文字，尤其是他的《我与我的世界》和《万里行记》，隔一段岁月，总要拿出来翻一下。他的文字算不得严谨凝练，有时甚至有些拖沓散漫，却是流利畅达，间或也有点恣肆汪洋，真性直出，时时有文采闪现。他的政见，是比较稳妥的那种，他的身边，出了很多左或右的著名人物，他自己却并不实际卷入，大多数场合，只是在一旁静静地观察着。他似乎不怎么有政治或事业的野心，极少趋势附炎，也不倚靠大人物，保持着一种不卑不亢的姿态，随性率性。这是我很喜欢的。他毕竟不是一个冬烘的书生，他旅行过很多地方，见识过各色人等，阅览过各地的名山大川，出身可谓是"乡巴佬"，眼界却不窄，识见亦不浅，与上海的渊源很深，还会一点点洋文。从年轻时开始，他就一直很有自己的主见，关键的时刻，会作出独立的抉择。我想，他精神的底流，是温和的自由主义。我比较喜欢他，出于私见，在本书中特意为他写了一章。

第三章

一个左翼浪人在上海的波澜岁月

从北京到上海

　　川合贞吉（1901—1980）终其一生，都一直认为自己是一个革命家（他在晚年写过一本回忆录《一个革命家的回忆》），事实上，自青年时代起，他就一直主动靠近劳工阶级、共产主义和共产党，并积极参加了诸多左翼运动和活动，为此他曾多次入狱并被判处长期徒刑，但他从来没有在组织上加入过共产党，也没有明确表示他坚定地信仰共产主义。但他是一个左翼人士，这一点是毫无歧义的。从气性和行为上来看，他依然像一个明治后半期到大正时代（大约1885—1925年间）企图在中国掀起一点风浪、在政治关系波诡云谲的中日之间扮演一个要角的日本"大陆浪人"。大陆浪人真的是一个很复杂的集合体，很难作一个简单的定义，就政治倾向上来说，有偏右翼的（日本国家主义甚至极端的国家主义者），有中翼的（比如宫崎滔天、北一辉等），有少数偏左翼的。我以自己的感觉，暂且把川合贞吉归入左翼浪人一类。

　　川合出生在岐阜县的一个山村，祖上是在神社供职的神官，他的父亲也曾经营过一点生意，没有什么骄人的业绩。他在家乡读到小学三年级，全家迁往名古屋；小学毕业后，又随家人迁居东京；在中学读完二年级时，被他的姑妈姑父叫回名古屋，在他姑父经营的厂商当学徒。一心想要求学的少年川合对此十分失望和愤懑。他目睹了姑父在商场上四面周旋、利用第一次世界大战给日本带来的机遇，迅速成了一个富商，同时又目睹了作为资本家的姑父对于员工的盘剥压榨。

　　姑父虽然也有意把他培养成自己的后继者，但他完全不甘于这样的生活，于是，他带着一点几年来的储蓄，设法逃脱了姑父的羁绊，只身来到了东京。出于少年的叛逆，他也没有回到父母的身边，而是自己租赁一个小屋，靠拉人力车谋生 [1]，并以此赚得的资费，在神田锦町的正则英语学校 [2] 和其他几所预备学校上学，以完成完整的中学教育。

　　1921 年早春的一个傍晚，川合上完课途经神田美土代町上的基督教青年会馆（现在的 WMCA）时，看到黑压压的人群等候在门口，等待参加一个由明治大学某协会举办的"社会思想演讲会"。川合也跟着进去了，见到了不少有

---

[1] 日本应该是近代人力车的发祥地，北京后来的像骆驼祥子拉的"洋车"和上海的"黄包车"，其原型都是日本的人力车。

[2] 1905 年宋教仁来到东京时，也曾在这所学校念过书。

社会主义倾向的演讲者，其中有当时风头颇健的剧作家秋田雨雀（1883—1962）、小说家小川未明（1882—1961）、社会评论家木下尚江（1869—1937）和左翼运动家大杉荣（1885—1923）等，演讲的内容触及了日本诸多的社会问题，言辞尖锐，遭到了在场警察的阻挠，于是彼此发生了乱斗。这差不多是川合第一次经历的社会主义者与宪警发生的冲突。从此，他开始留意社会主义思想和运动。

1921 年前后，差不多也是 1911 年官方炮制的"大逆事件"将左翼运动打入低谷之后，左翼思潮再度崛起的高潮年。荒井邦之介（1899—1928）等在 1920 年秋天发起成立了社会主义的研究团体晓民会（后短暂演变为晓民共产党）；在法国参加了作家巴比塞（Henri Barbusse，1873—1935）发起的光明运动的小牧近江（1894—1978）等在 1921 年 2 月创刊了《播种人》杂志，通过文学鼓吹反战和平、解放被压迫阶级的思想。无政府主义、基督教社会主义、共产主义等左翼思想在日本重新复活。在这样的氛围中，这年春天，川合又去早稻田大学，参加了在那里举行的为期一周的"文化问题讲习会"。在这样的思潮浸润下，经荒井邦之介等的鼓动，川合进入了社会运动颇为兴盛的明治大学专门部学习，兴趣还是在政治运动。

某天，川合在大学的食堂里见到了荒井邦之介，荒井很高兴川合进了明治大学，鼓励他好好努力，当天借给了他日本研究马克思主义经济学最有成就的京都大学教授河上肇的两本著作《近世社会思想史论》和《贫穷物语》。前者是论述18世纪以来欧洲著名的社会思想家和经济学家的著述观点，后者"以统计学的方法列举了资本主义社会的贫困状况，是一本解说马克思《资本论》的书，虽然只是一本入门级的介绍马克思主义的书籍，但这两本书，对于我来说，每一页都是金科玉律，读这样的书，真是如饮甘霖"。[1] 不久，明治大学内也组织起了社会思想研究会。川合以十月革命的发生日11月7日，将这一组织命名为"七日会"。

这一时期，川合还迷上了北一辉（1883—1937）。北一辉的思想相当复杂，他被认为是日本国家主义运动的理论旗手，他1919年写成的著作《日本改造法案大纲》，曾被日本陆军的青年军官奉为革命的《圣经》，后来1936年在日本发生的由青年军官发动的反抗上官的"二二六"事件中，他被控是这一事件的幕后煽动者而被处以死刑。川合迷上的，正是这一本书，书中对日本社会现状的批判以及改造方案，正合青年川合的心意。之后，川合又借来了马克思、恩格斯的《共产党宣言》和北一辉写于1915年的《中国革命外史》。北一辉与孙中山、黄兴领导的旨在推翻清王朝帝政的中国革命有密切的关系，他曾在宫崎滔天的引荐下加入了中国同盟会，辛亥革命爆发后，应黄兴、宋教仁的要求，立

---

[1]　［日］川合贞吉：《遥远的青年时代——我的前半生》（『遥かなる青年の日々に——私の半生記』），谷泽书房1980年版，第86页。

即赶到汉口应援,之后在中国沉潜近三年,研究中国问题,一度被日本当局强令返回日本后,又再度来到中国,写成《中国革命外史》。对于此书,限于篇幅,这里无法展开,但川合对于中国的兴趣却是由这本书点燃的,他后来自己说:"(读了这本书之后),我第一次对中国问题产生了兴趣。"[1]

1922年,日本成立了共产党,老资格的左翼运动家山川均(1880—1958)、堺利彦(1871—1933)、佐野学(1892—1953),还有川合的引路人之一荒井邦之介,都成了日本共产党的核心成员,并派了代表去参加这一年11月7日在苏联举行的第三共产国际代表大会。川合从好友的口中获知了这一消息,但他自己好像一直没有加入共产党。倒是在同一时期,他认识了后来出任日本首相的犬养毅(1855—1932)、右翼大佬头山满(1855—1944)、右翼活动家萨摩雄次(1897—1966)等,所以,川合的政治色彩,其实一直有些斑驳迷离。

1923年6月5日,日本当局撒开了大网,逮捕了堺利彦等30名共产党核心成员,与川合关系亲近的荒井邦之介也遭到逮捕,在他那里搜出的联络地址本上,发现了川合的住所,于是川合遭遇了人生第一次的住宅搜查,好在没有发现违禁品(《共产党宣言》等刚好被一位机灵的女子拿走),

---

[1] 〔日〕川合贞吉:《遥远的青年时代——我的前半生》,谷泽书房1980年版,第94页。

幸免于难。

1925 年春天，川合从明治大学专门部毕业了，几经辗转，经萨摩雄次的介绍，终于在银座日吉町上的《日本新闻》社谋到了一份做发送的工作，月薪 45 日元。这时，日本的革命运动，一方面由于官方的强烈镇压，另一方面由于内部的分裂，重新陷入了低谷。倒是在大海西面的中国，北伐军一路呼啸北上，攻克了长江沿岸的诸多城市，最后在 1927 年 4 月占领了上海。川合觉得日本的改造或革命都已希望渺茫，不如转换一个更大的舞台，到中国去施展拳脚，这也差不多是很多日本浪人来到中国的主要动机。他自己说："在劳工运动上失败了的我，对日本一切的运动都已心灰意冷，我终于下定决心，将自己投身到硝烟升起的中国革命中去。"[1] 但到中国去，没有一定的旅费经费是难以挪动脚步的。这时正值日本大选，为了筹集费用，川合就自告奋勇地到政友会的竞选总部去报名，愿意为政友会到全国各地去做竞选宣讲。这份差事待遇出奇的优厚，每日可得 15 日元，各地演讲的差旅待遇也从优。选举结束后，川合去中国的旅费就有了着落。这时，他在中国几乎举目无亲，又是萨摩雄次伸出援手，为他介绍了居住在东京惠比寿的鹫泽与四二（1883—1956）。鹫泽很有资产，办了一份英文报纸

---

[1]　［日］川合贞吉：《遥远的青年时代——我的前半生》，谷泽书房1980年版，第192页。

《北华正报》(*North China Standard*)以及日文的《北京新闻》和《北京周报》。鹫泽的政治背景也有些复杂，但他对中国心怀崇敬和敬佩。他对川合说："汉民族是一个伟大的民族。""你到了中国，要学习这个伟大民族的特质！""送你去中国，我要特别给你提出两点忠告，一是你要胸怀大志，二是要学习中国人站在悠久的历史的观点上来观察事物的态度。"[1]鹫泽告诉川合，他在北京有一个名曰"燕尘社"的出版社，出版他所创办的报纸和杂志，具体的负责人是里见甫，还给他开具了介绍函。

1928年2月下旬，川合辞别了老母家人，从东京出发，坐上了西去的列车，中途在静冈县的清水住了一晚，那里的朋友见他行囊并不饱满，又给了他一笔资费。他最后在神户的三宫下了车，登上了开往大连的"贝加尔丸"。几天后，轮船在寒风瑟瑟中靠上了大连的码头。这是他第一次踏上中国的土地，当地的朋友带他游览了大连市区和海滨。大连本是一个名曰"青泥洼"的渔村，紧邻良港旅顺，俄国人对此地觊觎已久，1898年以租借的方式在这里建立起了自己的势力范围，俄国以巴黎为范本，"设计"了大连的未来蓝图，并开始着手建设。不久，俄国在1905年的日俄战争中败下阵来，不得不把大连的权益拱手"转让"给了日本，退出东

---

[1] ［日］川合贞吉：《遥远的青年时代——我的前半生》，谷泽书房1980年版，第210页。

北地区的南部（当时称为"南满"）。日本人接手后，按照俄国人绘制的蓝图，继续推进大连的城市建设。到川合抵达时，大连的整个城市，已经格局初定，以中央广场为中心，多条大街呈辐射状展开，市区内整洁、干净，日本人的关东都督府、关东军司令部，当时都设在这里。但川合却对大连没有什么感觉，觉得这里不像真正的中国，日本话在这里畅通无阻。当地的日本朋友见他意兴阑珊，就对他说，你要了解中国，看来还是必须要去北京呀。

于是，1928 年的 4 月初，川合就登上了大连汽船公司的"济通丸"，穿过渤海，来到了天津塘沽港。"济通丸"是一艘主要运送中国季节工的小海轮，川合在船上第一次接触到了中国的底层阶级，污迹斑斑的藏蓝色的棉袄，营养不良的黑黄脸色，以及身上散发出来的气味。船到了天津沿海以后，继续沿白河（现名海河）向西溯行，"从船上望出去，黄色的宽广的平原上，身着藏蓝色衣服的极度贫困的农民们，在轮船行驶的两岸，正默默地劳动着，还有人奔到岸边，向我们伸出手来，似乎是在说，给我们一些东西吧。我想，这难道就是中国四亿农民的形象？"[1]

川合在塘沽港换乘火车，一小时后到达天津市，然后又坐了三小时的火车，沐浴着昏黄的夕阳，驶抵了被暗幽幽的

---

[1] ［日］川合贞吉：《遥远的青年时代——我的前半生》，谷泽书房 1980 年版，第 222 页。

城墙围起来的北京城，在正阳门车站下了车。四顾茫然，川合坐上了一辆洋车，来到了东城的一家日本人经营的旅馆"扶桑馆"，卸下了行囊。问了旅馆的侍者，了解到鹫泽与四二在北京的公馆位于东总布胡同，电话联系后，4月中旬末，《北京新闻》的总编辑里见甫把他接到了公馆内，于是他就在这里安下身来，认识了好几个在这里当食客的带有浪人气味的日本人，几人聚在一起，就天下大势高谈阔论，宛如胡同内的一个梁山泊。

川合在北京经历的最大一件事，就是1928年6月，张作霖被日本关东军炸死，7月，北伐军攻占了北京城，一夜之间，五色旗变成了青天白日旗。川合也兴奋地跑到街上，拉了一个叫饭森的日本人做翻译，到天安门前去听国民党要人的演讲会，他见到了先后演讲的邵力子、李宗仁。通过翻译，川合表示要代表日本人说几句话，表达对北伐军胜利的祝贺和喜悦，但遭到了礼貌的拒绝。同行的一个日本人中村得到了与孙中山、蒋介石都很熟稔的头山满的介绍函，想要去觐见蒋介石，几经周折，还是未能成功，但北伐军总司令部的总参议、日本陆军士官学校毕业的张群（翌年当了上海市长）接见了他们，用日文向他们说了一大通话。

这一年在北平[1]与中国人的比较深入的一次交往，在很

---

[1] 1928年北伐战争胜利后，国民政府定都南京，将北京改为北平特别市。

大程度上改变了他对当时中国的认识。他所居住的鹫泽公馆的附近，有一座四合院的大宅第，曰王家大院。通过英文和笔谈，他与浙江出身的王家大公子渐渐熟稔起来，某天进入大院，还结识了住在院内的衣服上别着国民党党徽的其他几名青年。通过英文和笔谈，这几名青年都对现在的国民党表示了失望和批判，并向他介绍了中国共产党的现状，表示真正在中国展开革命的，只有中国共产党。川合从中了解到，他们几个人当年是以中国共产党党员的身份加入国民党的。听了他们一席话之后，川合写道：

　　在这之前，我对于中国的革命，只有一点粗浅的知识。……现在，从这些中国的青年革命家的口中，我第一次知晓了中国共产党，以及国民党内部的情形，我更进一步地认识到了自己的无知。我对自己迄今为止只是凭借了一些观念性的思想和单纯的热情而对中国革命产生憧憬，感到十分羞愧。由此我了解到了中国革命根本还没有完成，我今后在革命中还可以发挥很大的作用，我对后一点暗中感到窃喜。[1]

　　他对这几个青年表示：

---

[1] ［日］川合贞吉：《遥远的青年时代——我的前半生》，谷泽书房1980年版，第276页。

我认为日本的革命，与中国的革命是密不可分的，从这样的信念出发，我对贵国的革命感到羡慕，我想要通过参加贵国的革命，来为日本的革命引出一些经验教训来，从这样的想法出发，我来到了中国。如今，我在北京捕捉到了革命的幻影，了解到了这一革命的本质。今天，我十分感谢诸位仁兄告诉我诸多情况。我今后要留在北京，学习贵国的语言，今后的一两年中，好好学习了解贵国的情况，参加贵国真正的革命。[1]

这一年的 8 月，川合一度回到日本，12 月又来到北平，在北平三条胡同的一家日本人专用的图书馆供职，薪酬很微薄，每月 15 日元，但每天只需工作 3 小时，这样，他住进了一处距离北京大学（非后来迁徙的燕京大学校园）很近的种满了杨树的银闸儿公寓，房钱每月 5 元（那时日元与银元的汇率差不多），包每日两顿的饭钱 7 元，还有 3 元的零花钱，关键是，川合有了很多时间学习。图书馆的旁边，有一家华语同学会，川合成了这所学校夜校部的学生，同时他在图书馆内通读了河上肇翻译的《资本论》5 遍，并找来了所有有关中国的书籍阅读。他觉得还不能光从书本上来了解中

---

[1] ［日］川合贞吉：《遥远的青年时代——我的前半生》，谷泽书房 1980 年版，第 276—277 页。

国，就尽量接触实际的中国：周一去日本人墓地，与管理墓地的中国农民一起干农活；周日晚上，去前门外的天桥、东安市场与一般平民一起听京韵大鼓、说书，一方面学习中国话，另一方面实际了解普通民众的娱乐生活，有时候甚至忘记了自己是一个日本人。

这期间，他认识了来自美国波士顿博物馆的海伦，她是专门到北平来研究东洋美术的，中文很不错。东洋美术，当然与日本也有关，于是川合就成了她的日文教师，报酬很不错，每天两小时，一个月 40 元。这样，川合在经济上就很充裕了，从银闸儿公寓搬到了西单子胡同的中华公寓，他认识了同一公寓内的日本人滨嶋庆一，滨嶋出生在大连，自幼在中国长大，中文很好；此外，还认识了小松、大高、手嶋、副岛等日本人，几人结成了一个小组。虽然各自的成长背景不同，但这时都带有左翼的倾向，一致认为，要最终解决日本、中国、朝鲜的问题，还是要依靠共产主义，而且要努力把这一认识付诸实践。

为了当好海伦的日文老师，川合自己也努力学习中国的佛教和哲学，两人一起踏访了北平的不少寺院古迹，谈论佛教、艺术，一同做菜吃饭，度过了愉快的一年时光。

但最终，川合还是决定南下去上海。他动念去上海，主要有两个理由。一是自从国民党政府定南京为首都、将北京改名为北平之后，此地失去了它首都的意义，所有的外交机构都随之南下，政治上纵横捭阖的舞台移到了南京、主要是上海去了。对于诸国，尤其是日本而言，北京本来就没有多大的商业价值，它的吸引力，就在于它作为一个首都的政治魅力。如今这些光环渐渐暗淡，许多重要的人物也先后离开了这座古色苍然的旧都。二是川合周边的人也纷纷南下，其中比较重要的是小松重雄。小松毕业于陆军士官学校，原本在陆军担任一个少尉，大正天皇葬礼的那一天，他召集了部下在自己的房间里喝酒，未在葬礼上露脸，被视为大不敬而被要求离开军队，于是流浪到了中国东北（当时称"满洲"），历经困顿颠仆，在日本内务省派驻在北京的一个调查机关里落了脚。他受北一辉的影响，对中国革命产生了兴趣，关注的畛域从三民主义逐渐转到了马克思主义，并自称信奉了马克思主义。他在东北的时候，与长期在这里研究中国的橘朴（1881—1945）关系不错，此时橘朴正在上海从事对中国社会的研究，身边也需要一个助手，便召唤小松到上海来。小松在 1929 年年底踏上了前往上海的行程。1930年 6 月，川合接到了小松的来信，鼓动他到上海来，理由是上海才是中国革命各种问题的聚焦点。此时，川合也觉得目前自己与海伦两个人如此优哉游哉的生活，距自己来中国的初衷相去甚远，甚至都有点罪恶感，于是在 1930 年 6 月30 日，启程前往上海。

　　川合先到了天津，然后乘坐大连汽船公司的一艘很小的只有七八百吨的小轮船"天津丸"，三等舱。在青岛停留后，又继续南下。翌日黎明，船进入了长江口，从崇明岛的左侧

驶入注入长江的黄浦江:

翌晨拂晓,船已进入了扬子江,但目光无论投向哪一方,都见不到陆地的只相片影。只是海水的浑浊度越来越浓,海水变成了微波,滔滔奔流。见到周边驶过的帆船和翩翩飞舞的群鸥,才终于意识到,已经驶入了江面。

自古以来,在中国,扬子江只称为"江",黄河只称为"河"。扬子江,以前主要称为"大江"或是"长江",扬子江的名称,起源于唐代以后。也就是在唐代的时候,从现在的江苏省江都县前往对岸的镇江县的渡口地,是当时的扬州郡杨子县,因而这一渡口被称为扬子渡,这一段的江名,也就被称为扬子江了。

此时,我想起了唐代朱放的七言绝句《送温台》:

眇眇天涯君去时,浮云流水自相随。

人生一世长如客,何必今朝是别离。

长江之水,实在是浩浩淼淼与天相连,天与陆地相连,水陆空合成一体,将在江上行驶的轮船包裹了起来。在这一片大自然中,"天津丸"也成了一个点,朦朦胧胧地在一片烟雾中幻化了。我口中吟诵着朱放的诗句,对于自己颠沛流离的生涯,不免升起了几许哀愁。当年宫崎滔天在初次进入上海时,涕泗横流,恐怕也是因为见到了这滔滔的长江之水而感慨万分的缘故吧。轮船不久进入了黄浦江。这里是人口四百万的现代都市,大上海的高楼大厦吐露着烟霭,在云表中高高耸立。就这样，一艘从华北驶来的小小的轮船"天津丸"，在这位于中国一角的现代都市、帝国主义列国的牙城的码头上，静静地靠了岸。[1]

当时小松还在南京的"满铁"[2]事务所供职，他安排了川合在上海的下榻地、日本人经营的旅馆"辰巳屋"，这是一家"满铁"在上海的指定旅馆。于是，川合终于踏上了上海这块由冲积平原造成的大地。

由于小松在南京的缘故，川合甫抵上海，便去了一趟南京，游览了名胜古迹，也观察了一下新首都的政治气象，了解到了国民党新政府对共产党革命的高压态势乃至血腥镇压的现状。"我听了小松的介绍后，深切地感到了紧迫感。我心想，1930 年，不仅是中国革命，也是世界革命的年份。"[3]

小松接到了调令，到上海的"满铁"事务所工作，于是川合就立即与小松一起，在南京的下关乘上了开往上海的列车。

---

[1]　［日］川合贞吉：《遥远的青年时代——我的前半生》，谷泽书房1980年版，第319—320页。

[2]　日本人于1906年在中国东北南部创建的"南满洲铁道株式会社"，简称"满铁"。

[3]　［日］川合贞吉：《遥远的青年时代——我的前半生》，谷泽书房1980年版，第338页。

　　上海租界完全是一个西洋的城区。几十层的大楼，在那里工作的成百上千的人，工厂的烟囱林立，在那里汇聚了劳动的成千上万的工人，另外，街上的餐厅，电影院，有乐队伴奏舞女伴舞的娱乐场、舞厅等鳞次栉比，夜晚就成了一片霓虹的海洋。那里有美国的、英国的、法国的布尔乔亚。这里真的完全是一个西洋的世界。[1]

　　同时，他也看到了劳动阶级对这样社会的反抗，不时地会有反帝反国民党的标语出现。

---

[1]　[日]川合贞吉:《遥远的青年时代——我的前半生》，谷泽书房1980年版，第339页。

"日中斗争同盟"

　　川合与小松一起到了上海，首先下榻在吴淞路上的日本旅馆"辰巳屋"，然后，小松打电话把专门研究中国问题的田中忠夫和左翼翻译家、广东人温盛光叫了过来。

　　田中据说曾在 1927 年的武汉政府中担任过国民政府军事委员会总政治部的秘书处处长，那时，总政治部主任是国民党左派邓演达，田中等于是邓的秘书的角色，因此在中国共产党内也有不少朋友。田中那个时候三十七八岁，毕业于山口高等商科学校[1]。1923 年前，他在母校教书，同时研究货币制度，从货币制度的研究生发了对中国农村问题的兴趣，后来进入了"满铁"的东京调查部，专门研究中国的货币制度。1925 年，他为了研究，辞去了"满铁"调查部的工作，自费来到了汉口。1926 年夏天，北伐军开始攻打汉

---

[1]　2005 年我曾在该校演变而成的国立山口大学教过三个月的书。

口。一天，田中在汉口的一家日本书店内偶然认识了担任北伐军总司令秘书的李汉俊[1]。李汉俊 14 岁时就随兄长李书诚东渡日本留学，后毕业于东京帝国大学土木工程专业，获得工学士学位，1918 年回国后投身于社会主义思想的传播，1920 年与陈独秀共同发起组织马克思主义研究会和上海共产党早期组织，是中共一大代表。中共一大就是在他与兄长李书诚居住的寓所内召开的，他是中共二大、三大的候补中央执行委员。1921 年初夏，来到上海的作家芥川龙之介在后来成为中共一大会址的寓所访问了李汉俊，在他后来撰写的《上海游记》中，专门有一节"李人杰"，"人杰"是李汉俊的字。后来因为与共产国际和陈独秀的意见相左，李汉俊脱离共产党，加入了国民党。北伐军攻入汉口后成立了湖北政务委员会，李汉俊是委员之一，在武汉政府转"右"后，他营救了大量中共人士。1927 年 12 月，他被视为"赤色分子"而被武汉卫戍司令部逮捕并杀害。李汉俊的日语极好，想必田中也受到了李汉俊的不少影响。经李汉俊等的介绍，田中又认识了九州帝国大学医科毕业的郭沫若、东京帝国大学理科毕业的张资平、京都帝国大学法科毕业的殷德洋。田中与当时在武汉政府国际翻译局做日文翻译的殷德洋关系尤为密切，殷就把他介绍给了总政治部主任邓演达，后

---

[1] 川合的回忆录上印成"李漢俊"，估计是作者本人或是印刷工误将繁体字的"漢"写成或看成了"漢"。

来田中就担任了总政治部的秘书处处长。1927年4月，蒋介石公开举起了反共的旗帜，并对中共人士大开杀戒；7月，武汉政府也公开转向。不久武汉政府瓦解，田中从武汉逃了出来，来到了上海，寄寓在妻子是日本人的温盛光的家里，同时为上海的日文报纸《上海周报》写稿，以支撑生计。

小松从1929年开始，与田中成了关系亲密的朋友。而日本留学归来的温盛光，则把那时大量的日本左翼书籍翻译成中文出版，以此来谋生。田中把这两个人介绍给了川合，当晚，四人一起吃了晚饭。晚饭是川合睽违已久的日本料理，这似乎也说明，不同于上海，在当时的北平和南京，好像还没有像样的日本料理店。这天四个人围坐在一起，以田中为主，大谈中国的农村问题。喝了不少酒，四个人都有点醉意朦胧了。

田中踉踉跄跄地站了起来。喜欢跳舞的温盛光，在微醺中踏起了舞步，然后，拉着酩酊大醉的田中，合着舞步的节奏，走出了房间。小松和我，也无可奈何地站了起来，走到了街上。

外面天已经完全黑了。上海北四川路的夜晚，霓虹闪烁，流淌着音乐的旋律，宛如东京的银座一般。温以双脚调节着音律，有点摇晃地走着。华北的讲究规矩礼仪的中国人，在性格上与广东人有这么大的区别啊。我觉得，广东人在直情径行这一点上，跟日本人是完全一样的。

我们四个人，在温的引领下，从吴淞路来到了北四川路上，向右拐，沿着大街向北走。人行道上，充溢着红色蓝色的光。不久，温走进了自己的情人在里边的一家名曰"月宫"的中国人经营的舞厅。[1]

这家舞厅里有一个西洋舞女，黑发碧眼，是温盛光情人的朋友，住在施高塔路临街的一个白俄音乐家房子的三楼上。由温的斡旋，到达上海的第三天，川合和小松从"辰巳屋"搬到了这所房子内，与舞女的房间隔走廊相望。内山完造经营的内山书店，距他们的住所几步之遥。川合几乎每天到书店里去，购买了马克思作品的日译本。他说："我学校毕业时，已通读过一遍列宁全集，这一年，第一次系统地学习了马克思主义的认识论。"[2] 这一年的9月初，川合为了一点琐事与白俄音乐家房东发生了一点争执，于是就与小松一起搬了出来，迁居到温盛光的家里，田中也住在那里。

几天以后，川合在田中的书桌上，看到了一份《湖南农民运动考察报告》的印刷品。此后，川合与小松又在这里读到了已成了日报的用桃红色纸印刷的中国共产党机关报《红旗》，川合密切注意着这一时期中国共产党的动向。到上海

---

[1]　［日］川合贞吉：《遥远的青年时代——我的前半生》，谷泽书房1980年版，第347—348页。

[2]　［日］川合贞吉：《遥远的青年时代——我的前半生》，谷泽书房1980年版，第352页。

后不久，川合就给在北平的副岛、手嶋和大高写信，告诉他们上海的情况已经非常紧急，叫他们立即南下上海。8月下旬，副岛、手嶋首先来到了上海。于是他们就在温的家里组织了一个研究会，由温的朋友、共产党员王学文担任指导。后来，王就成了他们在上海的左翼活动的主心骨。成员除川合之外，还有田中忠夫、小松重雄、副岛龙起、手嶋博俊、船越寿雄、西里龙夫等，田中主讲农村问题，王学文主讲"经济学"和"辩证唯物论"。

这里说一下中共党员王学文（1895—1985）。王是徐州人，川合一直把他称为山东人，那个时候，徐州确实曾隶属于山东省。他1910年去日本留学，先在东京同文书院学习日文，1913年考入地位很高的（东京）第一高等学校预科，1921年考入京都帝国大学经济学部，师从日本著名的马克思主义经济学家河上肇教授，从本科到研究生。1927年学成回国，在国民党中央海外部任《海外周刊》编辑，同年加入中国共产党，不久就与中央特科建立了工作联系，开展情报和调查工作。大革命失败后，一度转往日本和中国台湾，1928年回到上海，加入创造社，同时在上海的几所大学授课，1930年加入左翼作家联盟，参与发起组织中国社会科学家联盟，任中共党团成员。不久他发起成立社会科学研究会，任中共党团书记。川合他们与王学文认识的时候，王正处于这样的地位。这年9月，北京的大高岩和日高为雄也来到了上海，加入了他们的组织。

　　温盛光的家有三个楼面，川合、田中和小松租借了三楼，二楼是温一家自己住，一楼有一个大房间和厨房，那时有广东来的三四个学生借住在这里。田中那时在主持日文的《上海周报》，报社位于今天四川北路多伦路北部的永安里，他同时还给日本的《中央公论》和《改造》写稿，以谋得生活费。川合和小松也为《上海周报》写稿，获得一点零花钱。《上海周报》是曾任东亚同文书院教授的西本白川在1913年创办的，西本在思想上与康有为等一样，是属于保皇派的。西本去世后，田中来接办《上海周报》，把它的基调一下子从保皇主义转到了共产主义上。从北平过来的日高，16岁的时候就来到中国东北，此后的七年里，努力学习中文，因而中文相当好，到了上海后就进入了《上海周报》，主要从事翻译工作。川合觉得自己也不能一直做食客，就在这年的9月底搬进了《上海周报》社，主要为周报写稿，每周一次到温盛光的家里，去参加研究会的活动。

　　1930年10月中旬的某个星期日，在研究会结束时，研究会的成员之一杨某（后来知道真名叫侯朝宗），以激越的声调提议说，比起理论研究，我们现在更需要作为一个实践团体来付诸实际的行动。大家就立即围绕这个建议展开了讨论，王学文第一个站起来对此表示了赞同，于是大家达成了统一的看法。川合建议把这个团体的名称定为"日中斗争同盟"，以后，研究会就成为一个开展实际活动的组织。研究会成员田中忠夫、温盛光、船越寿夫对实践活动抱消极的态度，他们后来就离开了这一组织。后来实际参加实践活动的有王学文、杨某（侯朝宗）、蒋文来（杨柳青）、小松重雄、手嶋博俊、副岛龙起、西里龙夫、岩桥竹二、川合贞吉和一个姓嘉久的日本人。此外，在东亚同文书院内，还有左翼学生安斋库治、水野成、滨津良胜、河村好雄、中西功等另外组成的社会科学研究会，也会在一定程度上参与他们的实践活动。

这里的中国人侯朝宗，当时都把他叫作"杨某"，他还有好几个临时的姓，这大概是出于地下工作的需要吧。另一个被误作"杨柳青"的蒋文来（在《遥远的青年时代——我的前半生》所附的川合年谱中，这一名字又被写作"蒋文正"），也来自台湾。王学文负责反帝同盟。据川合的叙述，侯朝宗和蒋文来都是王学文介绍进来的[1]。后来研究会或读书会演变成一个革命的实践团体，主要的活动，一是策动当时在上海的东亚同文书院的部分日本学生转向左倾，二是在上海的日本海军陆战队中宣传反战。根据川合的提议，这一组织就被称为"日中斗争同盟"，成员主要是在上海的日本人，也有少数中国人。川合后来在《一个革命家的回忆》中，用文学的笔触描写了这一组织的一次活动，译述如下：

---

[1]　［日］川合贞吉：《佐尔格事件狱中记》(『ゾルゲ事件狱中记』)，新人物往来社1980年版，第138—139页。

上海北四川路的北端，在通往日本海军陆战队道路的一个丁字路口的尽头，有一条沥青路面的狄思威路（现溧阳路），在黑暗中蜿蜒伸展，闪烁出黑色的幽光。这条路上，刚才有一辆巡逻的卡车开过，车上是戴着头盔、佩着枪弹夹子、带着手枪的工部局的英国人和印度人巡捕。日期是1930年11月7日（11月7日是十月革命的纪念日）。沿街是日本料亭[1]"月廼家"庭园深沉而长长的墙垣。为了演习，每天早上都会有日本陆战队的士兵们被运送到墙垣前来。现在，这面墙上，有两个人影，就宛如壁虎一般紧紧地贴在上面。过了一会儿，街对面的树荫间，有一支点燃的香烟，以烟头的光亮，在空中划出了弧线，然后被丢弃了。与此同时，在墙垣左右两端的人影，同样用烟头的火向左右晃动。就在这一瞬间，贴在墙面上的两个人就迅速动了起来。墙面上被迅速地用煤焦油写上了半身大的字体。

打倒日本帝国主义

与中国的苏维埃人握手

把枪头转过来，推翻资本家和地主的国家

中国共产党万岁

工农兵万岁

日中斗争同盟

把这些文字写完后松了一口气的，是同志手嶋博俊和西

---

[1] 比较高级的日本料理店。——引译者注

里龙夫。……整个活动约持续了十分钟。之后，大家迅速散去，手嶋和西里，立即把手套和煤焦油、毛刷子扔进了墙内，就这样快速地消失在了黑暗中。

而在这之前的一天晚上，西里与自己的恋人在陆战队大门前慢慢走过，在岗哨面前装出很亲热的样子，以吸引他的注意，就在这一瞬间，川合与小松趁机闪到里面，散发了反战的传单。

"日中斗争同盟"的这些活动，多少也是有点受到当时"立三路线"[1]的影响，后来"立三路线"在中共党内和共产国际中都得到了一定程度的清算，"日中斗争同盟"的活动也就没有再进一步展开；该同盟的活动虽然营造了一定的声势，但毕竟，这是要冒很大风险的，而真正的实际收效恐怕也没有期望的那么大。在"月廼家"的围墙上涂刷标语的事情发生后，上海日本领事馆的警察（那时有一支相当规模的警察队驻扎在上海）立即表现了高压的态势，他们首先盯上了东亚同文书院。恰好，进入1930年12月的某一天，有450名日本海军士官的候补生到同文书院来参观，站在校门口的几名该校的学生把一个写着"礼品屋"的大信封递给他们，里面都是反战的传单。这件事立即惊动了上海的日本警察当局。他们立即突击搜索了学生的宿舍，抓捕了三十余名

---

[1]　即通过城市暴动尽快夺取全国革命的胜利。

学生，并且查出了在该校图书馆供职的嘉久与街头分子联合，做出了上述的行为。同文书院毕业的、已在《上海每日新闻》《上海日报》这些日文报纸供职的诸如岩桥、西里等也被卷入其中。于是相关人员，一部分被逮捕，一部分立即逃离上海或隐蔽起来，原先的组织功能受到了严重破坏。

　　川合本人则紧急离开了上海，到北平去暂避。这一年的12月25日，在距离日本海军陆战队司令部不远的副岛的秘密住处，幸存的同志为他举行了壮行会。这是华界的一间中国人石库门房子的幽暗的厢房。酒过半巡，锅岛藩[1]武士的后代、个子瘦小精悍的副岛，站了起来，面带微笑地朗诵起了当年揭起反对袁世凯大旗的蔡锷，在12月25日与小凤仙离别时吟的一首诗：

　　　　志士椎心泣血多，醇酒妇人聊寄托。
　　　　西南起义动兵戈，凤翼鹏搏出网罗。

　　而这一天晚上，恰好也是12月25日。所谓华界，是上海市内中国人管辖的区域，是租界的警察，即便是日本领事馆的警察，也无法闯入的地区。仗着这一点，在座的几个日本人不免慷慨激昂起来，吟诗作歌，如果手头有一把剑，真想持剑起舞了。26日夜里，副岛送川合在黄浦江边上了

---

[1]　现属佐贺县，武士道的经典《叶隐闻书》就诞生于此地。

一条不满千吨的外国货船"定生号",27 日早上,船驶离了上海。30 日黄昏,川合独自一人来到了北平正阳门车站。翌年 1 月 7 日,上海的日文报纸才报道了上述的事件,川合、小松、副岛等人的名字赫然在内。

与尾崎秀实、史沫特莱和佐尔格的交往

1931 年春天的一天，迁居到北京大学附近的京兆公寓的川合的住所，突然有一个二十七八岁的青年人翩然来访，说是来传达上海的姜同志的话，请他回上海重新活动。经对姜的相貌特征的描述核实，可证明此人确实是联络的同志。于是，在丁香花的芬芳在街上弥漫的 5 月中旬，川合离开了北平又回到了上海。

回到上海后，川合继续为《上海周报》写稿，对当时的中国政治形势进行分析和评论，同时等待中共组织的联系。这一时期，他住在宝山路的一处民宅内，房东是宁波人，三层的房子内，他住在三楼，似乎是个亭子间。周边住的都是中国人，三楼的前楼是一位老年妇人和两个年轻的女子，二楼亭子间住着一个丈夫在武汉工作的独身女子，二楼前楼是房东一家。川合经常与几位同伴在北四川路中段（宝山路和

虹江路之间）的一家名曰"新雅"的广东餐馆 [1] 相聚，买五
分钱一个的广东叉烧包和一毛钱的茶水，在那里可以谈上几
个小时。

1931 年，日本关东军在日本当局的默许下，策动了
"九一八"事变，攻占了沈阳（当时称为奉天），试图占领中
国整个东北地区。此事使得本来就已很紧张的中日关系，陡
然更加险恶了。此时，川合通过街头联系，已与中共成员姜
某取得了联系，姜在北四川路上的永安小学 [2] 安排了一个房
间。10 月 10 日左右，川合去那里见了他，上海东亚同文书
院中西功也在。据川合的描述，身材有些瘦长的姜，穿着中
山装，坐在一张竹椅（应该是藤椅吧）上，说了一阵轻松的
话题后，姜对川合说，党有重大的任务交给你，党对你很信
任，但今天在这里说话不方便，你明天再来吧。要向你介绍
一个日本人。一切你与那个人商议了以后再决定吧。姜说完
这些话后，出现了一阵有些紧张的沉默。然后姜从桌子的
抽屉里取出香烟，有滋有味地吸了起来，尽量说些轻松的话
题，以缓和突然紧张起来的气氛。

翌日川合如约而去。坐在一把快要坏了的椅子上，用锐
利的目光盯着门口，看进来的是谁。这时，一个身穿法兰绒
长裤、藏青色上衣的男子笑眯眯地进来了，手里拿着一罐罕

---

[1] 后来在南京路上开出了新店，如今老店早已消失。

[2] 此建筑现在仍然存在，为现在虹口区实验小学的所在地。

见的英国香烟。这就是本书第一章的主角尾崎秀实。他见到川合，便说，不好意思，向你提出了冒昧的要求。说着把罐装的英国香烟作为礼物送给了姜。之前，川合在《朝日新闻》的上海记者大西安排的餐叙会上曾见过尾崎，当时川合还以为尾崎不过是一个八面玲珑的左翼的同情者而已。此时，川合心里想，昨天说得神神秘秘的日本人，原来就是尾崎啊！

　　他用一双细小的、充满知性的、目光锐利的眼睛瞥了我一眼后，脸上出现了可爱的笑容。

　　我对他简单地说了一句：

　　"不知道我能为你做点什么。"

　　这时，他省去了客套冗言，简单地对我说了一句：

　　"你的情况我已听说很多了。那么，明天下午一点，我们在邮局旁边见面吧。"

　　然后与姜简单地说了几句话，就离开了。

　　…………

　　我那时做梦也没有想到，我与尾崎的这一瞬间，竟然决定了我与他一路成了漫长命运中的同伴，直到他死去。人的命运真是不可思议。[1]

　　这里的邮局，应该是 1924 年建成的位于四川路桥北堍

---

[1] ［日］川合贞吉：《一个革命家的回忆》，德间书房 1987 年版，第 78 页。

的上海市邮政局，该大楼至今仍然巍然耸立着。继续译述川合本人的回忆：

翌日，从半夜起下了一点雨，乳白色的天空，阴阴的。我按照指定的时间和指定的地点，站在邮局入口的旁边。

不一会儿，尾崎出现了。穿着那时上海流行的皮大衣。汽车、电车和行人不停地在街上来往穿梭，熙熙攘攘。在一片喧嚷中，一辆有车篷的汽车停在了我们面前。就在我略感惊讶的时候，车门打开了，一位戴着赛璐珞框眼镜的、长相有点恐怖的外国女性，向我们招手。一双像鹰一般的眼睛，令我印象深刻。

尾崎用眼神催促我上车。汽车驶过了苏州河，来到了南京路。然后来到了一家很大的中国菜馆前停了下来。那个外国女性先下了车，一个人走在前。是一个个头很高的女人。手里拿着一根短短的手杖。穿了一套有点咖啡色的上下套装，手里甩动着手杖，走进了饭店。[1]

这家餐馆店名叫"杏花楼"。史沫特莱走到众多包房的里面的一间，推开只有中间一段的门，走进了狭小的房间。房间内暗暗的，虽是白昼，依然点着灯。

---

[1] ［日］川合贞吉：《一个革命家的回忆》，德间书房1987年版，第79页。

　　在电灯的映照下，对着外面的左侧，坐着一个男人。有点长长的面孔，脸上有深深的皱纹，茶褐色的头发，锐利的眼睛……初看上去，年龄大概有五十左右。（我事后知道，女的叫史沫特莱，男的叫佐尔格。那时，我都不知道有史沫特莱这个人的存在。）

　　四个人互相握了手。一切都在不言之中了。到了此时，已经没有询问对方姓名的必要，也没有告诉的必要了。一切都在于直感和信任。只是要在日益激烈动荡的世界形势中，以生命来守护人类。当然，我不觉得这两个外国人是为英国或是美国服务的。今天共产主义的国际组织，就只有"共产国际"了，我们只要按照共产国际的命令来行动就好了。因此，在这里，我只要了解我的任务就好了。我只要正确有效地行动就好了。我抑制住内心的激动，静静地与尾崎一起并排坐在那个男子的面前。房间很小，四个人面对面坐的时候，连侍者进来的空间也没有了。与房间的狭小不相称的很大的大理石的桌子上，不一会儿端上来了几种广东菜，象牙筷。史沫特莱拿起了葫芦状的老酒酒壶，给我们一一斟酒。

　　佐尔格开始用英文问我说。

　　"你在华北、东北，有很多熟人和朋友吗？"

　　"也不是很多。在北平，有我组织起来的同志，也有熟人。在东北，有我的一些北京时代的朋友散在各处。"

　　"你现在可以立即出发到华北和东北去吗？"

　　"可以。"

"情报与新闻记者一样，一般的情报就可以了。我特别希望你留意一下日军进攻西伯利亚的动向。"

"联络方法是？"

"请你具体与尾崎商量一下。"

"我不知道我能做得怎么样，但我试试看。"

"预定时间最多两个月，到时候就请你回来，直接向你面询情况。但请你每周务要给我们一次书面报告。"

他讲得不够清楚的地方，尾崎就进行了补充说明。

佐尔格和史沫特莱好几次用德文进行了交谈。然后尾崎用英文说了对于"九一八"事变的情况判断，也说到了上海事态的发展。好像还说到了停泊在上海的英国军舰及其性能等。我对英文对话还不能完全听懂，一半是自己推测的。那时，我得到了一张一百美元纸币的旅费。

佐尔格以严肃的口吻用英文对我说：

"一步一步，走向未来。"

他紧紧地握住我的手，握得我手都发麻了。我异常紧张，都忘了菜和酒的滋味。

我和尾崎怀着兴奋的心情，走在南京路上。远远的从黄浦江上吹来的风，使人脸颊上感到一阵快意。两个人走进了一家巧克力店，紧张的心弦才松了下来。

这时天渐渐黑了，店堂里只有两三个客人。面前是侍者端来的柠檬茶，我们俩互相对视了一下。

尾崎说："他们应该不是为帝国主义服务的。"

我回答说："无论从行为动作上来看，还是判断情况的方式来看，我觉得是自己的同志啊。"

"那个英语，既不是英国口音，也不是美国口音。"

"那么，是俄国人的英语吗？"

"怎么说呢……"

从尾崎的这番话来看，好像他也不很清楚这两个怪怪的外国人的真面目。只是相信，他们来自一个正确的组织，与我们是相同的组织。这个组织，想要通过这次行动来考验一下自己的能力。我说了一句：

"他们是共产国际么？"

尾崎笑道："就没有必要如此的追根问底了。你就相信我吧，好好干！"

尾崎的眼睛里充满了热情。

"好！"

我紧紧握住了尾崎伸出来的手。[1]

两人去了北四川路附近的一家尾崎常去的日本料理屋"东乡"，坐定后，尾崎给川合开具了两封介绍函，一封是给《朝日新闻》的"奉天"支局长武内文彬，一封是给关东军顾问松本侠，并且商定了两人之间的通信联络方法。情报寄

---

[1]　［日］川合贞吉：《一个革命家的回忆》，德间书房1987年版，第80—83页。

到他们共同的朋友船越寿雄那里，套在大信封里的信封才是给尾崎的。与此同时，川合再给尾崎寄一张普通的旅行明信片，如果明信片收到了而船越没有收到信，那就意味着出问题了。另外，如果信和明信片抵达的日期有明显的间隔，可以认为信有可能在中途被人偷看了。

要事谈完后，尾崎叫来了一个他熟悉的艺伎，陪坐在身边。他看着川合的脸说：

"相处才一日，宛如百年知己。"

川合应答说："士为知己者死。"

尾崎吩咐艺伎弹一点三弦曲，他自己突然耸起了双肩朗声吟唱了起来：

风萧萧兮易水寒，壮士一去不复返。

川合也站了起来吟唱了一曲骆宾王的《于易水送人》：

此地别燕丹，壮士发冲冠。
昔时人已殁，今日水犹寒。[1]

川合没想到，十年后，尾崎真的成了一位壮志未酬身先死的荆轲。

---

[1] ［日］川合贞吉：《一个革命家的回忆》，德间书房1987年版，第84—85页。

在中国东北的谍报工作

川合接下了这一任务，内心也有过小小的波澜。他知道，他为一个外国机构（他心里明白，那是以苏联为核心的共产国际）去收集有关日本的情报，在某种意义上是出卖自己的国家。但他又立即说服了自己：日本已不是日本人民的国家，而是以天皇为金字塔顶的军阀和资本家的国家，这样的国家应该早日推翻，像苏联一样，建立起一个人民当家作主的国家。因此，自己是在为和平、为正义工作。他也清楚自己有可能为此失去生命，但他希望自己能成为一个像壮士荆轲一样的人物，即便死了，也壮烈。

川合在日本的旅行社买了一张前往天津的船票，离开了上海。从天津到了北平。北平的朋友热情地接待了他，带他到"东来顺"去吃涮羊肉，对着秋天的星空，高谈阔论，大快朵颐。在闲谈中，川合了解了日军发动"九一八"事变后的华北和东北的情况。

川合然后再从天津，换乘"长平丸"来到了大连。在川合的眼里，日俄战争 25 年后，大连的街面上响着木屐的声音，穿着和服的女子娉娉婷婷地在街上走过。俄国人控制时期（只有短短的 1898—1905 年的不到七年的时光）留下来的有篷马车响着清脆的马蹄声在路上驶过。让川合大为惊讶的是，沈阳一带差不多早已是烽火连天了，而大连及其周边，俨然像是两个世界，还是一片歌舞升平的气氛，感受不到一点烽火的气息。日俄战争以后，日本的势力就迅速进入中国东北的南部，在山海关以东的辽东半岛的部分地区自说自话地设置了一个"关东州"，其行政机关为"关东都督府"，1919 年新设了"关东厅"以取代原来的都督府，它的管辖范围向北一直到金州一带。因此这里算是"关东厅"管辖的领地，在"九一八"事变之前几乎就已被日本霸占，"九一八"事变的骚乱和战火并未波及大连周围。到了大连，川合先去泡了一个澡，然后走进了一家很大的咖啡馆，与那边的侍女搭讪聊天，感到一般人都并不很关心在北边发生的巨大事变，在这里也听不到什么重要消息。于是在 10 月底的一个阴沉沉的清晨，他坐火车来到了"奉天"（沈阳）车站。后来的一段日子，川合主要以沈阳为据点，探测了解"九一八"事变后的最新动态。

沈阳的地名，起始于元朝。明代时，也曾对东北的部分地区施行管辖和治理，在现在的沈阳，设置了"沈阳中卫"。17 世纪时，那一带女真人崛起，创建了"后金"；

1636 年改国号为"清"，将首都迁址沈阳，改沈阳为"盛京"；1644 年入关消灭了明，便将都城迁至北京，盛京为陪都；1657 年在盛京设置奉天府（奉天一名来自"奉天承运皇帝诏曰"），最高长官为奉天大将军。1907 年这一区域被首次设置了奉天省；中华民国建立以后，改奉天省为辽宁省；1923 年，张作霖设立奉天市政公所，沈阳一般就被称为奉天市；张学良易帜的翌年，即 1929 年，改奉天市为沈阳市。1931 年"九一八"事变后，日本人在沈阳成立所谓的"奉天市政府"；1945 年 8 月日本战败后，重新改为沈阳。本书对沈阳的称谓，按照以上的历史脉络。

1905 年开始，日本在中国的东北南部着手建立起自己的势力范围，以"南满洲铁道株式会社"（简称"满铁"）为核心机构，推动这一区域的铁路建设，后来在沈阳老城的西边偏南的地方，以"满铁"奉天车站为核心，规划设计建造了一个新的市区（日本人称其为"满铁附属区"或"新市街"），在沈阳老城与奉天新区之间，是一片较小的商埠区。1931 年晚秋，川合到达"奉天"时，"新市区"或是新的"奉天市"，已经相当成熟了。

川合抵达"奉天"车站后，去访问了居住在"满铁"单身宿舍的北京时代的旧友滨嶋庆一，经滨嶋的安排，住进了商埠区内的松岛公寓。他制定了一个周密的计划。首先是走访观察城市的方方面面，其次是与"满铁"和新闻界保持联络，再次是由街上的咖啡馆、饮食店等通过与各色人等的交往谈话，从一般市民的口中收集了解相关情报。此外，他还想在关东军参谋部内建立自己的人脉。而需要探测的情报的焦点，是军队的移动、兵力、师团名，装备、辎重、武器的性能，机场的所在地，日军的作战计划、政治谋略，军队的种类及其指挥军官的姓名、士兵的士气，对蒙古人的对策、对白俄的施策、与中国军阀的关系等。

经过一段时间的探访，川合清楚地了解到了以下几点，一是"九一八"事变的目的不是进攻苏联；二是对柳条湖铁路的破坏，是日本人自己所为；三是对北大营的占领，一开始就是独立守备队的有计划的行动。川合的结论是军队内的法西斯分子通过挑衅性的行为来逼使中国军队开枪，从而诱导关东军全面出动，将事件扩大到整个满洲（事实上，整个事变的策划和推进，一开始就是关东军参谋石原莞尔和板垣征四郎等与关东军司令合谋进行的，不存在对关东军的诱导）。川合就自己探测到的情报以及对于大连的感想，写了第一份报告，通过中国的邮局，发送到了上海。而旅行的明信片，则是通过日本的邮局发出的。

川合拿了尾崎的介绍函去一处名曰"沈阳馆"的旅馆访问关东军顾问松木侠，沈阳馆现在成了关东军的临时司令部。松木正去别处出差，但川合看到了一批军官穿着和式的宽袖棉袍，一边喝着酒，一边接听电话，指挥前方的战斗。想到前方的士兵正在浴血奋战，而指挥部的军官却是如此模样，川合心里不禁骂了一声"畜生"。川合也去了朝日新闻社的"奉天"支局，向武内支局长了解了一些情况。11月上旬，有一个《每日新闻》的推销员来劝诱他订阅报纸，川合看他见多识广，就主动搭讪他，与他一起坐了马车去北大营察访，实地掌握了很多情况。在兵营里，他看见仍然有一些中国士兵的尸体横七竖八地躺在那里，甚至有野狗在啃食尸体，惨不忍睹。

川合每周至少两次向上海发出信函。为了避免引起别人的注意，他有的时候就尽可能去一些咖啡馆、饭店，装出游玩的样子，尽量不要让人感到他是一个秘密情报人员。"九一八"事变发生后，他的一些在东北各地的朋友都陆续汇集到了"奉天"，他从他们口中也获得了一些情报。距他住处不远，街上有一家日本人开的名曰"埃及"的咖啡馆，他常到那里去，结识了几个女侍应生，都是从日本本土过来的。从她们的口中，川合也设法获得了有价值的情报。

11月中旬，原来认识的副岛从北京来到了"奉天"，与川合接上了头。这时川合正想要一个助手，帮他一起做点事。副岛是比较可靠的，于是川合就把收集到的情报装在一个纸袋里，请副岛带到北平，再从北平的邮局寄往上海。随着日军在东北的侵略行径的日益加剧，对于各种邮件的检查也变得严格起来。出于这样的担忧，川合便委托副岛带往北平寄出。

某个星期日，一名穿着西服的贵公子模样的中国青年来到他的住处，在确认了是他本人之后，那人从怀中取出一个很大的信封交给他，然后就离去了。川合打开一看，是一封信和一笔钱。信里说，你的表现很出色，叔叔对你很满意，现在请你立即回上海。看字迹，是尾崎写的。不久，副岛也从北平回到了"奉天"，告诉他，寄邮件的任务已经完成，并告诉他，目前溥仪潜伏在旅顺。川合认为，这是日本军方想要利用溥仪为建"国"出力。于是川合把搜集到的情报用小字写在薄薄的纸上，把它卷起来，藏在装"太田胃散"药粉的罐头里。他从"奉天"出发前往大连，再从大连乘坐"奉天丸"，在相隔两个月之后，于1931年12月上旬回到了上海。

下了船，川合立即去了施高塔路上的尾崎家里。尾崎微笑着与他握了手，说了几句慰问的话后，关照他立即写一份报告，报告的要求有三点：第一，这一条情报是哪里获得的，写清楚；第二，获得的情报如实写出，不要夹带私见；第三，在最后写上自己的分析和评论。于是，川合就在尾崎家里的二楼（他妻子在三楼），写了一份几十页的报告。尾崎收取了报告书后，对他说，之前所有的邮件都收到了，上海方面对你很感谢，你现在可以离开了，明天傍晚再到我家里来一次。

出了尾崎家，川合来到了咫尺之遥的永安里内的《上海周报》社，从还在主持周报的日高那里，了解了这两个月来上海的情况。由于"九一八"事变激怒了广大的中国人，现在上海抵制日本的气氛很浓烈。当晚，川合住在了周报社。

翌日傍晚，川合又去了尾崎家。然后一同外出，在路上叫了一辆汽车。

感到上海抵制日本的浪潮，达到了一个顶点。街上、路口，到处都是反日的标语和宣传画。汽车在喧喧嚷嚷的夜晚的街上行驶，从北四川路越过了苏州河，从南京路来到了法租界的街区，开到了静安寺路外的某条路上的一幢七八层楼公寓的附近，尾崎舍弃了汽车。夜色渐浓，霓虹灯很美丽。尾崎一边走一边说：

"是在这幢公寓的四楼。如果有玫瑰花的红色的窗帘拉起来，就说明遇到了危险。如果窗帘是拉开的，就说明是安全的。"[1]

尾崎望了一会儿楼上。然后催促着川合进了公寓，坐电梯达到了四楼。川合在回忆录中写明，这里是上海万国储蓄会公寓。地点在静安寺路（今南京西路）外的法租界。

这里就引出了史沫特莱在上海居所的问题。今天吕班公寓的大门旁，有一块上海市人民政府1999年所立的铭牌，说明该公寓竣工于1931年，史沫特莱曾在此居住，但没有说明居住的具体年月。吕班公寓1931年才竣工，许多资料称史沫特莱1929年5月初抵沪，这一时间，她如何能够租

---

[1]　［日］川合贞吉:《一个革命家的回忆》，德间书房1987年版，第123页。

得这所公寓呢?

    川合自述,他与尾崎会见史沫特莱的日期是 1931 年 12 月上旬。他所说的地点万国储蓄会公寓,资料显示,是今天的淮海公寓,是由著名的法国赉安(A. Leonard)洋行设计、中法营造厂建造的,由沿街的五层楼建筑和靠后的十三层楼建筑组成,当初以万国储蓄会的大班盖司康(Gascogne)的名字命名为盖司康公寓(Gascogne Apartments)。Apartments 用复数,就可以理解建筑本身不止一幢。这两幢楼,今天仍然得以完好保存,1994 年被上海市政府定为优秀历史建筑。川合对此的描述是:"静安寺路外的某条路上的一幢七八层楼的大公寓,是一幢设施完备的公寓,即便到了夜晚,(有人开动的)电梯仍在运作。"[1] 这与盖司康公寓大致也是相吻合的。把五层楼的房子看作七八层楼,在夜间也是有可能的;地点在法租界,也可以对起来。吕班公寓最初只有四层楼,且没有电梯,这里应该不是吕班公寓。川合还加了一句:"霓虹灯很美丽。"这似乎有点画蛇添足,无论是储蓄会公寓还是吕班公寓,都位于当时相对幽静的地域,应该没有什么霓虹灯吧。但最大的问题是,储蓄会公寓是 1935 年竣工的,1931 年 12 月的史沫特莱也不可能住在这里。川合当时去的地点,究竟在哪里,

---

[1] [日]川合贞吉:《一个革命家的回忆》,德间书房 1987 年版,第 123—124 页。

尚待考究。

据川合的叙述，史沫特莱就住在里面四楼的一个单元里。

电梯到了四楼，我们下来，在某一个房间的门前，敲了门。

门马上打开了，出现了史沫特莱女士。除进门的一个房间外，还有三个房间。一进门的右边有一个房间，尽头面对窗户的一边，排列着两间房间。她神情喜悦地热情欢迎了我们，伸出手来与我和尾崎握手。她立即端上来一套咖啡具，给我们倒上了热热的咖啡。

不知为何，我至今还清晰地记得，是东方图案的咖啡杯和银的咖啡匙。当杯子里倒满了褐色的咖啡后，史沫特莱倒入了一点牛奶。乳白色的牛奶混在褐色的咖啡中，变成了奶褐色。柔软的低垂下来的红色的窗帘，立地灯散发出来的柔和的光亮，仿佛陷入沉思的一对瞳子，总让人觉得，这是一双忧郁的眼睛，掩藏了理智的眼睛，也是一双充满着战斗精神的眼睛。她掏出了有过滤嘴的美国香烟，自己一支，还递给了我们俩。不一会儿，佐尔格走了进来。[1]

在紧紧握手之后，四个人围着桌子坐了下来。尾崎已把

---

[1]　［日］川合贞吉：《一个革命家的回忆》，德间书房1987年版，第124页。

川合的报告书翻译成了英文，并且用英文做了概说。佐尔格非常认真地倾听着，史沫特莱则把包括内蒙古东部在内的中国东北地图摊开在桌子上，并根据话题，一一点出来进行了说明。随着话题的深入，佐尔格的神情也越发严肃紧张起来。川合根据自己的调查，估测日本出动的各路兵力，总数在三万左右。当佐尔格问到日本策动"九一八"事变的目的时，川合回答说："目的在于将中国东北从南京政府的管辖下完全分离出来，建立一个由日本统治的新政权吧。溥仪目前潜伏在旅顺，以后恐怕会推戴他，成立一个帝制的国家吧，详情请见我的报告书。"

以上是川合事后的回忆。他的英文不怎么样，当时是否能完整地作出表述，也存疑。应该是有尾崎在一旁补充和翻译。佐尔格又对许多细节一一进行了询问。最后，史沫特莱坐在打字机前，立即将当晚的谈话制作成了英文的报告，一直到了夜深人静。

后来，四个人又在极司菲尔公园[1]内进行了一次会谈。川合在上海期间，又会见了中共人员王学文、姜和日本人手嶋，把"九一八"事变后的中国东北概况进行了叙述，并互相勉励。然后，他又踏上了北上的行程。

之后在东北的情报活动，限于篇幅，就不展开了。

---

[1] 汪伪时期的 1943 年 8 月改名为中山公园。

"一·二八"事变后的上海

日本阴谋策动了"九一八"事变，随即在几个月之内将势力扩展到整个东北，还试图炮制一个由日本控制的伪国家，此事激起了中国人民的极大愤慨，人们以抵制日货等方式来进行反抗。与此同时，中国政府也向当时的国际联盟起诉，控告日本的侵略的行为。1932 年 1 月以英国人李顿爵士为团长的调查团组成了，计划在日本、中国，尤其是中国的东北地区展开调查。这一年的 1 月 18 日，位于上海江湾路上的妙法寺的两名日本和尚，穿着黑色的上衣，戴着头巾，手里敲动着背在身上的打鼓，口中诵念着《法华经》，当他们行走到引翔港路上中国人经营的三友实业公司门前时，突然，受到了几个中国人的袭击。殴打者出手过重，竟然把一个打死，一个打成重伤。此事当然被看作手无寸铁的日本僧人受到中国人无端攻击的重大事件。然而，据当时在上海的日本公使馆担任副武官的田中隆吉（1893—1972）

中佐 1946 年 7 月 5 日在东京远东国际军事法庭上的证词，这一年 1 月，关东军与他联系，希望他在上海策动一场重大的中日冲突事件，以转移国际社会对"九一八"事变后中国东北局势变化的视线，并拨付给他两万日元的经费。于是他与在上海的川岛芳子（中国名金璧辉）谋划，买通了几个上海的无赖，策动了这次日本僧人遭到殴打事件。但当时的人们（包括一般的日本人）对此事的内幕自然完全不知晓，此事立即引起了轩然大波，上海日侨中的狂热分子也对三友实业社进行了血腥的报复，而日本驻上海总领事代表日本向上海市政府提出了苛刻的最后通牒。就在这一年的 1 月刚刚出任上海市长兼淞沪警备司令的吴铁城，为了息事宁人，在踌躇了几天之后，还是接受了日方的要求，但最后仍未能避免战争。1932 年 1 月 28 日午夜，日方向中国守军发起挑衅，战火燃烧起来了。这就是后人所称的"一·二八"淞沪抗战。

顺便说及，当时日本的驻华公使馆设在上海，公使（1935 年升级为大使）官邸在恩利和路（今桃江路）与毕勋路（今汾阳路）交叉口的普希金铜像北侧，同时另有一个在黄浦路上面临黄浦江的日本总领事馆，发挥着各自的功能。

就在这两军对垒、短兵相接的险恶氛围中，川合于战争爆发的第三天，即 1 月 30 日凌晨，乘坐"奉天丸"从东北抵达了上海杨树浦码头。

天亮了以后一看，江面上笼罩着异常的气氛。各国的军舰都各自戒备森严，从日本的驱逐舰上，戴着钢盔、枪上配着刺刀的武装人员，正满脸严峻地下到小艇上，向江岸驶去。日本的飞机在上空盘旋，发出震耳欲聋的声音。不时传来"啪啪啪""嘚嘚嘚"的宛若豆子爆裂一般的声响。一会儿又变成"咣——""咣——"的声音。

"奉天丸"上的乘客还不足百人。总之，大家都先下了船。来到了杨树浦的街上，四周一片死寂，连个猫影也不见。天空阴沉沉的，好不容易叫到了一辆出租车。

"北四川路还能去吗？"

"不清楚呀，吴淞路还可以开过去。"

"那，能到哪里就开到哪里。"

汽车沿着杳无人迹、气氛怪异的道路行驶，来到了吴淞路。果然如司机所说的，北四川路已经成了战场。从吴淞路再也不能往前一步了。中国兵射出的子弹在天空中横飞，迫击炮弹落在了地面上。距北四川路很近的吴淞路上，挤着一大堆武装的日本侨民。其间不时听到"咣——、咣——"的炮弹声。

……穿过这波武装的人群，来到北四川路上时，沙袋枪座里边，戴着钢盔的陆战队士兵，表情僵硬地注视着敌方。遥远的前方，不时升起了白烟，耳边响起了"咻咻"的子弹声。无法再向前走了。不穿过北四川路的话，就无法前往尾崎所在的施高塔路。如何与同志接上联系呢？[1]

　　无奈之下，川合只能退回来，在吴淞路上的一家日本小旅馆"横滨馆"内住了下来。翌日早上，川合还是想要与同志接上关系，遂冒着枪林弹雨，小心翼翼地来到了永安里122号的《上海周报》社。周边杳无人迹。他对着《上海周报》社的二楼大声叫道："嗨，有人吗?"手嶋从窗口探出了头。上去一看，除了手嶋，还有日高和鹫山，正一边喝着酒，一边还在写稿。川合问了一下他们的情况，还是想要前往施高塔路上尾崎的寓所。他们告诉他，尾崎现在临时居住在日本旅馆"万岁馆"里。他抵挡不住酒的诱惑，也和他们一起喝了起来，喝得醉醺醺的。醉意朦胧中，不时响起的枪炮声也就变得一点也不可怕了，就宛若音乐声一般。川合吟诵起了李白《月下独酌》中的第二首：

　　天若不爱酒，酒星不在天。
　　地若不爱酒，地应无酒泉。
　　天地既爱酒，爱酒不愧天。
　　已闻清比圣，复道浊如贤。
　　贤圣既已饮，何必求神仙。

---

[1] ［日］川合贞吉：《一个革命家的回忆》，德间书房1987年版，第143—144页。

三杯通大道，一斗合自然。

但得酒中趣，勿为醒者传。

　　在探照灯映射的夜色中，川合离开了周报社，回到了吴淞路上，夜深之后，又去万岁馆访问了尾崎。尾崎告诉他，他已接到了报社的调令，过两天就要回日本了。川合对他说，他明天一天在横滨馆等他的消息。

　　翌日晚上，川合与尾崎一起，从北四川路的日本人守卫区，突破了一道一道的各种防线，来到了联络点外滩。川合的手臂上戴着《满洲日报》的臂章，尾崎戴着《朝日新闻》的臂章，像是战地记者的模样，口袋里却藏着重要的报告。从外滩大厦鳞次栉比的这一边向江边望去，有一个高个子，在淅淅沥沥的雨点中向他们扬起了手。川合认出了是佐尔格。他大步流星地穿过马路走到了他们这一边，彼此不说话。佐尔格走在前，他们跟在后边，无言地拐进了北京路，街角上，一辆汽车正等着他们。他们上了车，汽车在深夜的雨中向法租界驶去，来到了史沫特莱居住的公寓。史沫特莱从打字机前飞奔过来握住了川合的手。佐尔格也拍拍川合的肩膀，与他紧紧握手。四个人围在地图前，就川合报告的情况，热议到了夜阑人静。佐尔格赶在天亮前回去了。川合与尾崎就和衣在史沫特莱的床上小睡了一会儿。睁开眼睛时，史沫特莱为他们做了早餐，说是德国乡村风的食物，也许是由于疲乏或是紧张，川合都不记得那天早上具体吃了点什么。

　　暂时先回去的佐尔格，在八点左右又过来了，几人就今后的行动进行了商议。佐尔格希望尾崎能继续留在上海，哪怕辞去《朝日新闻》的工作。尾崎没有答应，理由是，若是离开了《朝日新闻》，情报工作就很难做下去了。他推荐了联合通信社上海支局长山上正义，说他曾因晓民共产党事件而受到牵连，一度被捕入狱，为人很可靠。佐尔格点头表示同意。然后要求川合再次前往中国东北，在 3 月 25 日前回到上海，具体会面的时间是 25 日下午 1 点，地点在福建路附近的一家名曰 Yellow Jacket（原文是日语片假名）的餐馆；在山上的人选决定之前，彼此之间就直接联系，川合可将报告直接寄到佐尔格的私人信箱，并告诉了他信箱的号码。

　　在尾崎回国的前一天，川合与他一起察看了战场。川合原来居住的日本海军陆战队所在地西侧的宝山路，已经化为一片灰烬，废墟上还冒着几缕白烟。施高塔路上的日本女子学校前，凄惨地竖立着日本战死者的墓牌。他们既为死去的日本士兵的家人感到心痛，又为中国军队和人民的浴血抗战的英勇精神大为感动。尾崎给川合讲述了昨天见到的十分惨烈的一幕，最后他充满力量地对川合说："你要记住，重要的是，即使到了最后一刻，也不要放弃希望！"

　　他后来身陷囹圄，受到了死刑的宣判，但直到最后的瞬间，都一直没有放弃希望，忍受了所有的耻辱，竭力想要活下去。

后来，我把他的这句话，记在笔记本上，当作自己的座右铭。……尾崎的这句话，在我后来三次遭到逮捕的时候，在我与官宪的斗争中，给予了我多么大的勇气，让我在生死之际得以活了过来。[1]

走了一天，临近晚上时，两人走进了北四川路上一家还在营业的酒馆。饮酒叙谈之际，尾崎从皮包中取出了信纸，写了一封信，装在白信封里，在信封上写了山上正义的名字。然后对川合说，我曾经介绍山上见过一次佐尔格，他们两人认识，但这只是作为新闻记者的交往，你与他具体谈一下，希望他能接替我的工作。之后，两人在断断续续的枪炮声中握手道别。之后，尾崎离开了上海。

翌日，川合拿着尾崎的信函，到临时迁到日本俱乐部前的联合通信社上海支局拜访山上正义。川合自己也要再度去东北，就说具体事宜等他从东北回来后再商议。川合再去东北前，叮嘱手嶋尽快与王学文取得组织联系。

在东北的工作告一段落后，川合在3月24日中午坐船回到了上海，暂时住宿在《上海周报》社。与佐尔格约好的

---

[1]　［日］川合贞吉：《一个革命家的回忆》，德间书房1987年版，第157—158页。

25 日下午 1 点，川合准时去了那家餐馆，等了好久，并在那里用了餐，结果佐尔格没有出现。川合沮丧地回来后，发现要带给佐尔格的文件资料竟然丢失了，他惊出一身冷汗，翌日再去那家餐馆，奇迹般地，那包材料竟然还在，侍者奉还给他，似乎也没有被人查看过。第三天的下午，川合再度去了那家餐馆，刚推开玻璃门，就见到了佐尔格。川合内心一阵激动，两人紧紧握手。佐尔格告诉他，所有从北平、天津及东北寄给他的信件，都收到了。佐尔格希望尽快确定尾崎离开之后的上海联系人，并希望川合以后就在华北或东北定居下来，经商或是就职，定时提供情报。他对川合说，倘若尾崎的后任者定不下来的话，就请你留在上海。

山上正义后来谢绝了尾崎和川合的推荐；但他介绍了联合通信社上海支局的记者船越寿雄。而船越，对于川合并不是生人，之前他们曾一起是研究会的成员，后来研究会要变成一个实践团体时，他打了退堂鼓。这样的人会胜任么？川合头脑中闪过了一丝狐疑。

船越是一个三十出头、看上去比较文弱、有些儒雅气的人。他最后答应了承担这一使命。

船越从二楼走下来，透过眼镜片瞥了我一眼，来到山上的前面坐了下来。我也好，他也好，做梦也不会想到，这一瞬间，竟然是把他引向死亡命运的第一步。

看上去，船越已从山上那里听说了一切。他只是很诚恳地听我在说话。以船越的心境来说，这已超越了意识形态的问题，倒不如说，是他对尾崎的爱，他被尾崎的人格魅力所吸引，被尾崎的介绍所感动，这一切成了使他作出这一决定的原动力。[1]

后来川合带船越去见了佐尔格，此后的一段日子里，在 Yellow Jacket，或是南京路上的 YMCA，或是在外白渡桥附近的一家餐馆里，三个人以至少一周一次的频率见面，交换各种消息，交流对时局的看法。船越英文不好，他有些担心，但佐尔格安慰他说，报告用日文写没关系，他们可以请人译成英文。但没有了尾崎之后，川合和船越都觉得必须要好好学习英文，川合请了一个印度人来教他英语会话。

1932 年 5 月的某一个傍晚，川合去朝日食堂吃晚饭，日本领事馆的警察也常来吃饭，这里甚至被称为领事馆警察的御用食堂。结果这一天，川合突然被特高课的几个警察夹住，然后被带到了领事馆警察署，几次审讯之后，被关押在五号牢房里。25 天之后，6 月上旬，他被放了出来。应该是内奸告发了他，但是警方缺乏确凿的证据，川合又善于狡辩，最后仍是获得了自由。在他被逮捕之前，上海发生了韩国义士尹奉吉在新公园（今鲁迅公园）炸死白川义则大将的事件。在他被拘押期间，日本发生了少壮派军人叛乱的

---

[1] ［日］川合贞吉：《一个革命家的回忆》，德间书房 1987 年版，第 185 页。

"五一五"事件。

他在上海显然是无法再待下去了。他肯定已被监视起来了。他一时也无法与组织取得联系。7 月上旬的某个夜晚，大雨滂沱。川合觉得这是一个绝好的逃逸的机会。等到天蒙蒙亮，他就在大雨中跑到施高塔路上的船越的家里，请船越转告佐尔格，他暂时先回日本，再伺机前往东北或华北。船越说这样也好，下周的今天，晚上 8 点，在虹口影戏院见面吧。于是川合又在大雨中跑回了自己的住所。

一周后，船越在虹口影戏院向川合转达了佐尔格的指示。可以回日本去，到了日本后，与尾崎取得联系。佐尔格本人在不久之后也将回莫斯科。佐尔格对你十分感谢，也十分感谢尾崎，他说，尾崎若想来莫斯科，可以告诉他。随后，船越给了川合一个信封，里面是一笔送别的钱。

北京时代以来的好友手嶋和日高，在北四川路上的"新雅"举行了饯别宴会。三村哲之助也赶来送行，赠给他一笔川资。四个人喝着老酒，三村吟诵起了王维的四言绝句：

渭城朝雨浥轻尘，客舍青青柳色新。
劝君更尽一杯酒，西出阳关无故人。

1932 年 7 月下旬，川合贞吉登上了驶往神户的"长崎丸"，他在甲板上，对着渐行渐远的黄浦江两岸，深情地说了一声："再见啦，上海！"

　　川合回到日本后，与尾崎又接上了联系，两人既是革命的同志，又是私交甚厚的密友。而佐尔格本人也在 1933 年以《法兰克福日报》特派撰稿人的身份来到了东京，结识了当时的德国驻日本大使奥托，并作为他的私人情报员频频出入大使馆。不过，这一时期，川合好像并未直接与佐尔格发生关系。1936 年 1 月，他被警视厅逮捕，是因为他之前在中国东北的活动引起了当地警方的注意，或者是有什么人告了密，他被引渡到了"新京"（即长春，当时是伪满洲国的"首都"）接受审讯。幸好他与佐尔格的关联没有暴露，他在被关押了一个时期后放了出来。1941 年，佐尔格的间谍案东窗事发，10 月 15 日，尾崎最先被逮捕，佐尔格在稍后的 18 日遭到抓捕。川合则在 10 月 22 日也遭到逮捕，被判刑十年。被此案牵连而先后被捕入狱的总共有 24 人。佐尔格和尾崎于 1944 年 11 月 7 日同一天被处以绞刑，曾经接替尾崎在上海为佐尔格当联络员的船越寿雄等许多人则死于监狱。川合本人在日本战败后的 1945 年 10 月 10 日，根据占领日本的盟军总司令部的指令，作为政治犯获得了释放。

　　之后川合与尾崎同父异母的兄弟尾崎秀树一起发起成立了"尾崎佐尔格事件真相究明会"，试图将这一事件的来龙去脉弄清楚。除此之外，他埋头著述，《一个革命家的回忆》《遥远的青年时代》《佐尔格事件狱中记》三本书，记录了他波澜壮阔而富于传奇的一生，但围绕他的质疑声一直存在。

他还出版了《中国的民族性与社会》(最初撰写于1936年,战后重版)、《北一辉》等好几本书。川合后来的言论一直是反对帝国主义、反对资本家的社会主义论调,他自己也一直以革命家自居。

但是,2007年,美国国立档案记录管理局根据2000年制定的《日本帝国政府情报公开法》,对相关文献进行了解密。根据解密的文件,川合在战后不久曾经为占领日本的盟军总司令部(GHQ)参谋第二部(G2)服务过,有人甚至认为他是美军的间谍。当时还是一桥大学大学院社会学研究科教授的加藤哲郎对解密的文件进行了挖掘和解读,并在2014年出版了一部著作《佐尔格事件——被颠覆的神话》,揭露川合曾是美军间谍。

事实是,由于冷战格局的逐渐形成,参谋第二部(G2)和美国民间情报局(CIS)对佐尔格—尾崎事件抱有浓厚的兴趣,组成了以威洛比(C. A. Willoughby)为首的调查团,依据文献和证人口述,在1949年出版了《红色谍报团的全貌:佐尔格事件》(日译本出版于1953年)。在进行这项调查时,美国占领军注意到了川合贞吉,在1947年9月开始了对他的暗中调查。《红色谍报团的全貌:佐尔格事件》这份报告涉及史沫特莱与佐尔格的关系。史沫特莱对此提出了抗议,说是无端的诬告。于是美国占领军当局就史沫特莱与佐尔格的关系,在1949年2月16日对川合进行了讯问,从川合的口中获知了翔实的证据。在强烈反共的麦卡锡主义兴起的 1950 年，史沫特莱陷入了颇为窘迫的境地。川合一直认为是日本共产党的叛徒伊藤律出卖了尾崎和佐尔格，他发起成立"尾崎佐尔格事件真相究明会"后，日本共产党对此也很冷漠，他因而对日共也颇不满意，据说川合也对美国方面供述了一些日共的内部情况。美国方面因此先后给了他总共两万日元的酬劳，并在一个时期，由美军和日本警察对川合提供了暗中保护。

加藤哲郎教授根据他所挖掘出来的内情，认定川合曾是美国占领军的间谍。川合对美军所说的那些内容，在他 1953 年出版的《一个革命家的回忆》中，都有很详细的展开，他还在书中公开表示了他对于伊藤律的不满和怀疑。他向美军所供述的，并无任何杜撰，也不存在告密，他也并没有因此而成为美军的情报人员；但他收取了美军的报酬，这总是有些不光彩的。当然，他之前为佐尔格工作，也都有收取经费和报酬。也许，鉴于此，川合认为自己为美军提供了服务，收取一点报酬也是应该的，毕竟他并无固定的收入来源。

日本辞书类的文献，大抵都称川合为社会运动家和著述家，事实上，他总共出版了十来本书。我觉得，在川合的身上，更多地散发着一种大陆浪人的气息，只是，他的左翼倾向，也几乎是一以贯之的，因而，我称他是左翼浪人。

第四章

一个自由主义者的光亮与阴影

住进山阴路寓所之前的松本重治

被列入上海历史文化风貌区的山阴路上，1920—1940年代建造的房屋，大都被成片地保存下来，外貌也得到了修缮。据日本学者木之内诚2011年出版的《上海历史导览地图》(2011年修订增补本)，松本重治(1899—1989)在上海的大半岁月，就居住在山阴路^[1]上邻近四达路的一幢西式里弄住宅内，这一地址若无误，如今就是山阴路229弄的某号，弄内共有六幢独门独院(但在建筑上彼此毗连，类似于今天所谓的连体别墅，即英文中所称的 town house)。弄口的一块石牌标明，这里属于上海优秀历史建筑，建于1930年代，为砖木结构的花园里弄住宅。门窗的上端，外观皆呈拱形，底层每户一门两窗，二楼有三个宽大的窗户，

---

[1]　公共租界时期，曰施高塔路(Scott Road)，以上海工部局的总董 Scott 的名字命名。

假三层上还有上海常见的老虎窗。屋外有一个不小的花园，树影婆娑。最初应该是一户独居，如今则是多户杂居，庭院里晾晒着各种衣物，进门处堆满了各色杂物，失去了昔日的清雅。

松本重治这个人物，今人已很陌生了。然而有一条新闻，佐证了这个人的不凡。1979 年 10 月 23 日，中国的新华社和日本的共同社都发布了一条新闻：中国国务院邓小平副总理在人民大会堂接见了日本国际文化会馆的理事长松本重治。那时候，邓小平已是中国实际的最高领导人，而松本重治，以中国人的眼光来看，只是一个区区公益财团法人国际文化会馆的理事长，能获得邓小平的接见，真是荣莫大焉。

诚然，松本重治不算一个很大的人物，但在昔日的中日关系史上，却也曾扮演过非常重要的角色。他战后在日本长期担任了美国学会会长，1952 年参与发起成立了公益财团法人国际文化会馆，在洛克菲勒财团和日本国内多个团体与个人的支持下，会馆的建筑于 1955 年落成。松本重治最初担任专务理事，不久长期担任理事长，同时积极推动日本与中国的邦交正常化。松本一生著述不少，最为人著称的，就是由中央公论社出版的文库本三卷本、合订本煌煌一厚册（789 页）的《上海时代》，其中详细记录了他作为同盟通信社（最初曰社团法人新闻联合社，简称"联合新闻"）上海支局长（后为华中支社社长），于 1932 年至 1938 年在上海的整整六年的岁月。

　　说起来，1899 年出生于大阪的松本重治，也是一个出身优裕的富家子弟。父亲做实业，在福冈创建了一家"九州电气轨道会社"，算是一个不小的资产家了；母亲更是名门望族出身。松本重治的外公松方正义曾两次出任日本首相，是明治时期日本著名的财政专家。松本后来娶的妻子，是他舅舅的女儿、松方正义的孙女，在婚姻前，他们俩是表兄妹关系。

　　由于父亲长期生活在九州，松本的童年和少年时代，是跟他母亲一起在神户度过的。神户在 1867 年正式对外开埠，以后作为一座现代的城市迅速崛起，西洋人多在此居住和发展，是一座洋风浓郁的港口都市。松本的中学时代，是在这里的神户第一中学度过的。神户一中也是一所名家辈出的学校，中国人所熟悉的中国文学的研究大家吉川幸次郎（1904—1980）比他低两年，后来进了京都帝国大学文学部的文学科。松本从神户一中毕业后，于 1917 年考入在东京的第一高等学校。

　　那时的所谓高等学校，日本全国只有八所，分设在八个城市里（分别简称为"一高"到"八高"），其教育水准大致相当于今天的高二开始到大学的预科，是升入当时的帝国大学（至 1939 年，日本在全国本土的七座城市分别建立了七所帝国大学）的必经跳板。尤其是第一高等学校的学生，都是日后社会的精英，志向往往都在东京帝国大学。当时松本在"一高"的同学中，有本书另外讲述的尾崎秀实，还有一位中国人很熟悉的、后半生为中日邦交正常化竭力奔走并作出了重大贡献、与周恩来关系相当密切的冈崎嘉平太（1897—1989），他们后来都考入了东京帝国大学。松本本人在 1920 年考入了东京帝大法学部。顺便说及，创造社发起人之一、作家张资平，1914 年考入第一高等学校，1919 年考入东京帝国大学理学部地质学科；郁达夫是第八高等学校（1939 年充实后扩建为名古屋帝国大学）毕业的，1919 年考入了东京帝国大学经济学部。在政治思想研究上卓有成就的萨孟武，1917 年进入第一高等学校预科，然后转往位于京都的第三高等学校求学，之后考入京都帝国大学法学部。

本科毕业后，松本重治又进入大学院（即研究生院）继续念书。在法学部的研究室中，有一个供年轻学生学习的地方，是一个类似走廊的开放型空间，放着书架和书桌。松本回忆说，在这里，他读了英文版的《资本论》和恩格斯的一些著作，认真研读了在京都帝国大学担任教授的河上肇的《社会问题研究》（河上肇在稍后的 1932 年出版了五卷本的《资本论入门》），还读过左翼学者、后来担任过日本共产党中央执行委员会委员长和第三国际常务执行委员的佐野学（1892—1953）的《俄罗斯经济史》等，随后开始关注社会问题和劳工问题。在东京帝大时代，有一个时期，经人介绍，他几乎每个星期天都去神田的基督教青年会馆，聆听创建了日本无教会主义基督教的内村鉴三（1861—1930）的《圣经》讲课。由此可知，他在青年时代，接触到了各种思想，包括左翼和基督教的思想，后来欧美的留学经历，逐渐使他在政治上成了一个温和的自由主义者。

1924 年开始，他去欧美留学了三年半，先后在美国的耶鲁大学、威斯康星大学，瑞士的日内瓦大学学习。他自己说，与其说是留学，不如说是游学，不是求学位，只是跟着各种有趣的教授读书讨论，在各处旅行观察，开拓眼界，加深思考。一生只给他写过两次信的父亲，在他去美国后，特意寄函来关照他：要多多结交中国朋友，这对你的将来一定会有用。他的父亲，说起来也是一个十分有意思的人物，虽然后来成了很大的资产家，却是自幼熟读汉籍，对中国的古典达到了精通的地步，终生手持没有任何注释、句读和训读标记的汉文典籍，年轻时又在美国留学十余年，可谓在东西两方面都有很深的造诣，内心服膺西洋文明，又对中国充满了温馨的感情。在耶鲁期间，松本重治几乎很少与日本人交往，却时时寻找与中国留学生交朋友的机会。那时因为"二十一条"的问题和巴黎和会上日本的霸道行为，中国年轻人普遍对日本持有憎恶的感情，而对这个主动靠上来的日本学生却慢慢产生了好感。在他生日的那天，不是日本人，而是一波中国留学生，在一家小小的中国餐馆里，为他庆生，气氛欢快融洽。那些学生，很多是从用庚子赔款创建的清华学校高等科毕业后来美国留学的。松本回忆说，与这些中国人用英文交谈没有阻隔，因为他们没有美国当地人说话时夹杂的俚语土语，容易懂，他的英语水平反而提高了，并渐渐认识到，日美关系的核心是中国问题，所谓日美关系，就是日中关系，因此，在生发了研究美国的心念的同时，对中国研究的关切也逐渐明晰起来。

留美期间，松本最要好的中国朋友是何廉。1895 年出生于湖南邵阳的何廉，1919 年赴美留学，专攻经济学，1926 年获得经济学博士学位后回国，之后不仅出任南开大学经济研究院院长，还踏入仕途，曾担任国民政府经济部常务次长（即今天的常务副部长）等重要官职。进入耶鲁后，出于对经济问题的兴趣，松本选了著名的经济学家欧文·费雪（Irving Fisher，1867—1947）的讨论课。对国际局势不大关心的费雪教授并不清楚当时的中日关系已逐渐交恶，一看都是东亚来的，便嘱咐班里的何廉关照一下新来的松本，何廉也欣然应允，日后两人成了亲密的朋友，彼此之间持续了 50 年的友情。

在欧美游学期间，松本萌生了一个心念，今后想要成为一个国际性的媒体人，但对于如何实现，他一直有点懵懵懂懂。在东京帝大讲授美国史的高木八尺（1889—1984）教授身边当了几年助教后，他被一名政界和报界的前辈岩永裕吉（1883—1939）召集进了当时日本最大的通讯社之一新闻联合社，随后被派到上海担任支局长。对于这样的召集，他内心是欣喜的，一来可以借此实现他国际媒体人的梦想，二来他对中国的关切和研究也有了一个实际的践行舞台；尽管此前他几乎没有新闻从业的经验，也没有认真研究过中国问题。

1932 年 12 月 12 日，松本从东京出发，前往长崎，很多友人和上司以及他在中央大学兼课的夜校学生，都到东京车站来为他送行。他在长崎的一家名曰"上野家"的旅馆里住了一晚，翌日与庄原一同坐船来到了上海。庄原是他以前自《社会思想》杂志时期至后来东京经济研究所时代的好朋友。在码头上他受到了先前到达的同事的迎接。

紧接着就在北四川路上的一家名曰"新雅"的广东菜馆为我和庄原君举行了欢迎宴会，……初次品尝的广东菜非常好吃。第一天晚上就与庄原君一起入住礼查饭店，睡得很舒服。[1]

如今人们一般都知晓的经营广东菜的"新雅粤菜馆"是在南京东路上，北四川路或四川北路已无"新雅"的踪影；在现今的四川北路天潼路上，倒是有一家 Art Deco（装饰艺术）风格的楼高九层的新亚大酒店。松本是否笔误，错把"新亚"写成了"新雅"？查阅宋钻友著的《广东人在上海（1843—1949）》、唐艳香等著的《近代上海饭店与菜场》和马学新等主编的《上海文化源流辞典》等文献，可知松本的记述无误，确是"新雅"。这家粤菜馆是广东人蔡建卿于 1927 年（又有 1928 年之说）开设的，地点在北四川

---

[1] ［日］松本重治：《上海时代》，中央公论社 1977 年版，第 60 页。

路虹江路口，坐西朝东，两层楼单开间，底层为商店，经营海味罐头等，二楼为茶楼，有点心菜肴。因经营得法，生意兴隆，1932年又在今南京东路广西路口开设了新店，初为分店，后来分店市面越做越大，原来的本店倒是慢慢陨落了。而冠名"新亚"的，主要是旅馆（现在一般统称酒店），同时有广式的点心饭菜供应，正式开业于1933年（又说1934年）。松本是1932年12月抵达上海的，去的应该是在北四川路上的"新雅"。今天的这一家"新雅"，菜馆和房屋均已不存，而九层楼的"新亚"依然巍然耸立，前几年修缮一新后，最顶层的"新亚"两个字，十分突兀醒目。41年前，我自己曾在此举行了婚礼，当时每桌的定价是60元（恰好是我月薪的数字），又加了两个菜，每桌69元，席开11桌，在当时，好像也算不坏了。

　　初到上海，一时住所还没有着落，松本便在礼查饭店[1]住了几天。这一建筑，至今仍然完好地保存下来了，自然已有相当的年头，不过人们今天所看到的并不是最初的建筑，最早这里是1846年建成的两层楼的东印度风格的砖木结构房子。1864年3月至5月，江户幕府派遣官府商船"健顺丸"航行上海，在当时留下的一份上海视察复命书《黄浦志》中，有这样的记述：

---

[1] Astor House Hotel，后曾改名浦江饭店，现为上海证券博物馆。

二月二十九日（旧历，下同），（部分人）下榻于旅亭^[1]，此上海第一旅亭。其西有新大桥^[2]，乃西人所设，须投钱十五文方可过桥。……三月朔日，有旅亭小童，约五六岁，导引我等至街头，途中若遇中国人，小童斥骂，皆纷纷避走。中国人竟如此恐惧西人。^[3]

后来，英国人在 1856 年建造的苏州河入江口的木桥（即上文所说的"新大桥"）因来往行人和车辆越来越频繁，宽度和载重量也就越来越不敷使用，于是在 1907 年拆除重建，老的礼查饭店影响到了新桥的宽度和长度，也就一并拆除，重新建造，这就是今人所看到的楼高六层的新古典主义风格的建筑。爱因斯坦 1922 年来上海时，即下榻于此，入住 304 号房间。当年爱因斯坦还只是一位 43 岁的不算很有名的大学教授，日后因相对论而获得了世界声誉，也因此而留下了一段佳话。2010 年年初，一名在神户大学任教的华人教授来上海，恰好被安排入住 304 室，激动不已。我去看他，他一再向我诉说这间房间是当年爱因斯坦曾经住过

---

[1] 即阿斯托尔旅馆。——引文原注

[2] 即后来的外白渡桥。——引译者注

[3] 此报告的手稿本藏于东京帝国图书馆，后被语言学家、文献学家新村出发现，将其整理并稍加注释，刊发于长崎高等商业学校编辑出版的《商业与经济》（1925 年 2 月），另取名为《元治元年（1864 年）幕府官吏的上海考察记》（『元治元年に於ける幕吏の上海視察記』），本书的引文载该杂志第 133—134 页。

的，叫我给他拍了很多张在房内房外的照片。享誉世界的喜剧演员卓别林 1931 年和 1935 年两次来上海，均下榻在这里的 404 房间。可见礼查饭店在当年也是跻身上海最好的饭店行列了。

当晚松本在礼查饭店睡得十分舒适，第二天一早出外散步：

翌日清晨，早起，一边散步一边观景，走过了外白渡桥，在外滩走了个来回，在旅馆吃完了早餐后，与庄原君两个人，八点第一次去了支局。[1]

关于外白渡桥的名称，以前汉字似乎也有多种写法。上海泰东书局 1924 年刊印的陈伯熙编著的《上海轶事大观》上是这么说的：

昔日老江（今称苏州河）颇为辽阔，约有今日歇浦江狭处，故来往杨树浦上海之行人，均需出钱五文，用船摆渡，行者每叹艰困。自通商（指 1843 年上海开埠）后，在光绪初叶时，外人出资建桥，名曰摆渡桥，即今之外白大桥是也（摆渡与白大在上海话中谐音）。初建时，凡行人来往须纳钱三文，并饬人专司其事，约数年后，始弃而不收。桥颇坚

---

[1] ［日］松本重治：《上海时代》，中央公论社 1977 年版，第 61 页。

固，以纯铁制成，亦为海上建筑物中大工程之一也。[1]

外白渡桥，在日语中取自英文的 Garden Bridge，用片假名表示其发音，直译的话，应该是花园桥，因为桥的东南侧就是昔日的 Public Garden，中文译为外滩公园或是黄浦公园。

松本重治在上海整整六年，他供职的新闻联合社（后来发展为同盟通信社），一直在今天延安东路 34 号的大楼内，当时称"大北电信大楼"。今日徜徉外滩，可见在外滩 7 号的前壁上镶有一块上海市人民政府所设的石碑，石碑上的说明提到此楼为原大北电报公司的所在地，建成于 1907 年，现为盘谷银行所用。但实际上大北电信大楼是另一栋建筑，松本在《上海时代》中的记述是：

"联合"的上海支局，在外滩南端的爱多亚路（法语名 Avenue Edouard VII）向西的第二三幢建筑大北电信公司（Great Northern Cable Co.）的四楼。四楼全都被路透社所租借了，共有十四个房间，"联合"又从路透社那里租借了其中的一间，AP（美联社）也是租借了同一楼内五楼的一个房间。[2]

---

[1]　陈伯熙：《上海轶事大观》，上海书店出版社 2000 年版，第 30 页。

[2]　［日］松本重治：《上海时代》，中央公论社 1977 年版，第 61 页。

《上海文化源流辞典》上对这一建筑有较详细的介绍，抄录如下：

位于公共租界爱多亚路，由丹麦大北电报公司、英商大东电报公司和美国太平洋电报公司于 1922 年联合兴建，新瑞和洋行设计。为七层钢框架结构建筑。是带有文艺复兴时期艺术风格的殖民地式风格建筑。所谓"殖民地式风格建筑"，主要指欧洲移民在美国等地建造的区别于欧洲风格的建筑，建筑立面处理简单，舍去不实用的非结构性的建筑装饰，门窗比传统的欧洲建筑开阔，底层和二层为一个建筑层次，用大石块为贴面，二层到五层为另一个层次，以汰石子为墙面，但外观式样与传统的文艺复兴时期建筑有较大的差别，没有形成明显的反差，六层以上又为另一层次。[1]

一开始的两个星期，松本住在礼查饭店，但住酒店毕竟开销太大，于是就四处寻找合适的住所，后来入住当时的文路（今塘沽路）与乍浦路交叉口的披亚斯公寓。这一带差不多是日本侨民的集聚区，他租借了三层楼的一套住房，面向昆山花园。有关披亚斯公寓，可查阅到的资料比较少，只知建于 1931 年，为带有折衷主义风格的现代派的建筑，形体

---

[1] 《上海文化源流辞典》，上海社会科学院出版社 1992 年版，第 34 页。

简洁，立面构图规整，从外观看，为纵向两段构图，总体为清水红砖外墙，底部入口和水平腰线做古典式装饰，立地窗户的几排，设有欧洲常见的精致的外阳台。1977年，在最上端加盖了两层，外观为水泥白墙，与建筑的整体风格颇不协调。松本在《上海时代》中说是五层建筑，实际上是七层，当初在上海，尤其在虹口地区，算是比较高档的公寓了；75套住房，住客几乎都是外国人。"八一三"淞沪会战爆发后，原来在日本海军陆战队总部建筑一旁的海军武官室被中国空军炸毁，海军武官室就迁到披亚斯公寓内。大概是在太平洋战争爆发后吧，日本军方强行占有了这所公寓。此是后话。

松本入住的房子，之前的房客为葡萄牙人，家具等都延承下来，白天感觉还好，夜里却屡屡为臭虫所苦，且窗户向北，没有阳光。考虑到妻子和小孩不久将来上海，于是松本在1933年3月又迁居到旧法租界的台拉斯脱路（Route Delastre，今太原路）上的一幢洋房内，居住环境倒是不错，距离今天汾阳路桃江路口的普希金像北侧的日本驻华使馆官邸也很近。本来有在此长期居住的打算，后因妻子临产，希望随时可叫到日本的接生婆，还是住到日本人集聚的虹口比较安心，于是就托内山完造为他寻找合适的住所，终于在1934年年底，找到了施高塔路（今山阴路）上的一处住房。住了两年，又移居到施高塔路上的另一处房子，居住了两年。两处住房，都与鲁迅大陆新邨的寓所隔街相望。

内山书店的记忆

　　松本重治没有说到他是怎么与内山书店的老板内山完造认识的。大概他1932年年底或1933年年初在上海安顿之后，就从虹口那里的日本人听说了内山书店吧。松本来到上海时，内山书店早已从北四川路上的魏盛里迁到了后来的北四川路山阴路口上了。1934年他请内山完造帮他寻找这一带的住房，自然在之前就已认识内山完造了。在寻找住房上，他会寻求内山的帮助，恐怕一来是内山人缘广，熟人多，二来是内山为人诚实可靠，重然诺，可以托付的缘故吧。

　　据松本自述，他是在内山书店内，经内山的介绍而认识鲁迅的，约在鲁迅去世的三年以前，以后，曾见过鲁迅许多次。

　　（自认识鲁迅）以来，常常在这里（内山书店）见到鲁迅，彼此交谈，也有二十次左右了吧。他总是穿着深藏青的棉布衣服，沉静稳重，只有目光是犀利的。有时候会见到他站在那里翻阅着书刊，一支香烟冒出袅袅的紫烟。每次与鲁迅先生相会，总觉得他像是在斥责我目前正在从事的工作一样。那样的一种风格，在其他的中国人身上，是没有的。[1]

　　1935 年 5 月中旬，松本进入同盟通信社的引介人同盟通信东京总社社长岩永裕吉的亲弟弟、那时已颇有名气的作家长与善郎（1888—1961）来到了上海。长与善郎的父亲长与专斋在日本近代也是一个很有声望的人物（岩永裕吉是后来做了岩永家的养子而改了姓），是日本近代西洋医学的先驱者，早年在长崎跟着荷兰人学习西医，后来又在欧美长期考察现代医学教育和医学行政，回国后担任了文部省的医务局长，制定了日本近代的医学体制，并出任了东京医学校的校长，还先后担任了元老院议官和贵族院议员。出生在这样家庭的长与善郎，自幼也接受了良好的教育，曾进入东京帝国大学念书，后来一心想做一个文学家而中断了学业。他在 1911 年就加入了具有浓厚人道主义倾向的文学杂志《白桦》形成的文学团体（史称"白桦派"），相继发表了长篇小说《盲目的河》（1914 年）、《他们的命运》（1915—1916 年）。使他在文坛上声名大噪的，是他 1916—1917 年完成的剧本《项羽与刘邦》，以刘邦为铺垫，生动饱满地写出了

---

[1]　［日］松本重治：《上海时代》，中央公论社 1977 年版，第 453 页。

一个壮怀激烈的悲剧性的英雄人物项羽。以后他又写出了不少剧本，后来又通过思想小说《竹泽先生这个人》，从他父亲的人生履历出发，表述了自己对于人生、世界和宗教的看法，试图描绘出自己心目中的西方思想与东方思想互相融合的世界。就人的性格而言，长与善郎不大合群，平素少言寡语。来上海之前，他先去了中国东北、北平、天津。当时的那一带，日本军部的势力已经非常猖獗。日本人占据了东北之后，炮制了一个伪满洲国，操纵并控制着以溥仪为皇帝的傀儡政权；在华北，关东军与天津的日本驻屯军联手策动建立所谓的"冀东防共政权"，通过迫使中方签订所谓的"塘沽协定"和"何应钦—梅津协定"的方式，削弱南京政府对华北的统治力。因此，可想而知，长与善郎在那里一路过来，满眼都是日本人颐指气使的景象。作为一个早年具有白桦派思想的作家，中国旅行的体验，他的心境多少也会有些复杂。

因为岩永裕吉的关系，长与善郎到了上海后，松本立即去旅馆看望他。但他对长与善郎的印象似乎不太好：

在上海所见到的长与善郎，就像他一直以来的那样，是一个冷冷的，难以接近的人。

我一页一页地翻览着长与先生在旅途中所画的素描本，问他说："您想在上海做些什么？"他回答说："是呀。倒也没有什么特别的计划，如果有有意思的人，倒也不妨见一两个。""我对中国的作家不怎么认识，鲁迅先生，倒是很想让您见一下，您觉得怎么样？他可以说是中国当代作家中，最为杰出的了。我是鲁迅先生的作派和风姿的倾慕者之一。"我向他推荐说。他应对道："我在北平见过了他的弟弟周作人，听说，鲁迅一般不大见外人的。"我答说："跟内山老板说一下，如果他赞成的话，就一定会帮我们联系安排的。要不，我们现在就去他那里吧。"[1]

在去书店的车上，松本对长与说，鲁迅现在身体不大好，跟您的会见，在健康上或许也不一定可行，但去见见内山老板，向他了解一下中国的情况，这本身也是值得的。然而长与的神情依然充满了狐疑，似乎是在说，我可不一定上你的当。然而到了书店，长与看到那里的书架上排满了日文的学术书刊，似乎也颇为感动。可是，店里只有内山夫人在看着店，松本就向她说明了来意，希望内山老板能够从中介绍斡旋，促成日中两位作家的见面。内山夫人答应将此意转达给丈夫，待今晚丈夫回来后，再给松本回音。果然，当天晚上八点左右，内山打电话来，说长与先生好不容易来到上海，后天我来安排一下吧，在老半斋（鲁迅日记所记为"新半斋"）设一桌酒席，鲁迅再加上两三位朋友会来参加。于是松本就立即将这一结果打电话告诉了在旅馆的长与善郎。

---

[1] ［日］松本重治：《上海时代》，中央公论社 1977 年版，第 452—453 页。

在第三天的六点多，松本与通讯社的庄原一起去长与下榻的旅馆接他。饭店在四马路（福州路）上，规模虽不大，但内山很喜欢，说这里的菜做得好，常常在此设宴聚会。松本回忆说：

> 内山夫妇，还有鲁迅先生带着两位中国朋友来了。鲁迅先生与往常一样，总是穿着深藏青的棉布衣服，不过可清晰地见到衣服的折痕，一定是穿了刚刚定制完工的新衣服吧。也许是这套新棉布服的衣香烘托出来的吧，那天晚上，鲁迅先生看上去更加威严了。[1]

然而，这天晚上鲁迅与长与之间的谈话，却并不愉快。鲁迅这边并不主动启口，长与坐着也觉得有点尴尬，就想以一句寒暄话来打破沉默："我在北平见到了周作人先生。"长与应该也知晓周氏兄弟之间后来的龃龉，这样的开场白，只能招来更加尴尬的空气。鲁迅只是应答了一句简短的"哦，是吗"，便又陷入了沉默。接着，话题谈到了当时中国作家所面临的政治环境。几年前，鲁迅曾经历了中国"左联"五位青年作家被国民党政府枪杀于龙华的惨痛事件，为此专门撰写了充满了愤懑和哀痛的《为了忘却的纪念》。当然，当时的鲁迅也许并不知道，"左联"五烈士李伟森等人的被捕和被枪

---

[1] ［日］松本重治：《上海时代》，中央公论社 1977 年版，第 454 页。

决，其实并不只是因为参加了"左联"的文学活动，而是因参加了共产党在上海的地下活动而被告发抓捕的[1]。然而，政治气氛的险恶、作家所遭受的政治压迫，无疑是事实。看到鲁迅的愤慨和不满，长与善郎便建议鲁迅不妨到日本去居住，换一个环境。鲁迅对此冷冷地回答说，既没有钱，身体也不好。这次应松本的请求而由内山完造安排的见面，差不多可以说是不欢而散。长与回日本后，专门写下《与鲁迅会见的晚上》一文，对这次夜宴加以记录和评论，短短两个月内就发表于日本杂志《经济往来》1935 年 7 月号上。

长与在这篇文章中表示，自己曾经读过鲁迅的一个短篇《鸭的喜剧》(写于 1922 年，后收录在小说集《呐喊》内)，感觉鲁迅应该是一个明朗、温和的大家。想必他经历了很多的事情，进行了许多思考，将苦恼深藏于心底。长与写道，我曾想象，作为年长者，应该更加富有深厚的教养，初看上去应该是一个温厚的平凡的人，但实际上这位创作家，在他的内心深处却郁积着随时会勃发的烈火，这是一个怀抱着苦恼的情热与痛苦的神经以及某种思想的人，这些都通过他那生硬的只言片语闪现出来了。对此，长与用了"厌世作家"来描述鲁迅。后来，松本读到了长与的这篇文章，对"厌世作家"这一说法很不赞同：

---

[1] 详见中共中央党史研究室编：《中共党史大事年表》，人民出版社 1987 年版。

　　"厌世作家"这一说法，是长与善郎的误读了。每天都在持续不断斗争的鲁迅，怎么可能是一个厌世作家，他要活下去的坚毅精神，就仿佛像烈火在燃烧一般。[1]

　　1940 年 3 月，长与在《东京日日新闻》连载长文《回忆鲁迅》，此时距离鲁迅逝世已将近四年。长与在与鲁迅会面数月后读了佐藤春夫、增田涉合译的岩波文库版《鲁迅选集》（1935 年初版，至 1941 年，已印了九次），很是喜爱这本选集内所收的《藤野先生》《故乡》等短篇。1948 年，增田涉出版了《鲁迅的印象》，这使长与读到了一个更为全面的鲁迅。他感慨于鲁迅学问之精深，也体察到自己对中国理解的浅薄；他明白了鲁迅对"吃人"社会的愤慨与抗争，以及处在"希望"与"幻灭"交织之间的寂寞，也对自己当年对鲁迅的误解——"厌世作家"进行了否定。1956 年，年近七旬的长与善郎和内山完造等六人组成日本访华团，受邀出席在上海举行的鲁迅逝世 20 周年纪念大会。这次大会，不仅当时中国文艺界诸如郭沫若、茅盾等重要人物悉数出席，还来了十几个国家的文化界人士，长与善郎作为日本作家的代表发表了讲话：

---

[1]　［日］松本重治：《上海时代》，中央公论社 1977 年版，第 457 页。

1935 年 5 月，我在上海会见了鲁迅先生。……当时有一位名叫松本的我的亲戚，他是一个颇有才能的新闻记者，劝我务必要结识鲁迅先生，并且说，最好是由和鲁迅先生有很深交往的内山完造先生加以介绍。

于是，我即往访内山完造先生，知道了内山书店对中国青年知识分子很有贡献。我记得第二天晚上在北四川路上的一家饭店[1]内，由内山先生和我的亲戚松本招待我，并且介绍我认识了鲁迅先生和另外两三位剧作家。[2]

长与所述的，与松本的回忆，几乎是完全一致的。

鲁迅溘然去世的消息，让松本感到十分震惊。虽然他对于文学并不熟悉，甚至，他或许都没有认真读过鲁迅的作品，但他对于鲁迅的人格是深感钦佩的：

10 月 20 日早上，我在"同盟"支社浏览了一下各家的早报，有关鲁迅先生的简短的讣告引起了我的注意。就在几天前我还在内山书店见过他，还曾经说过话，就是这样一位鲁迅先生，竟然突然去世了，我深深感到，一颗巨星陨落了。[3]

---

[1] 应该是福州路上的"新半斋"。——引者注

[2] 收录于《文艺报》1956 年第 20 号附册，第 18 页。

[3] ［日］松本重治：《上海时代》，中央公论社 1977 年版，第 450 页。

让松本感到惊讶和感佩的是，他在"鲁迅先生治丧委员会"的名单中，看到内山完造的姓名赫然排列在第二位，前三位的姓名依次为：蔡元培、内山完造、宋庆龄。松本提到了这份名单总共八个人。但事实上，依照鲁迅去世当日在《大晚报》上发布的讣告中所公布的治丧委员会的名单，前三位的顺序是：蔡元培、宋庆龄、内山完造，委员的总数是九个人。而在翌日各报发布的委员会名单上，内山完造更是排在了第四位或者第五位；日本人主办的《上海日日新闻》发布的委员的总人数为八个人，内山的姓名排在第五位。松本看到的名单是哪一家媒体发布的，不详。也许他的记忆有误，不过当时让他感到有点难以置信的是，一个普通的日本书店老板的姓名，竟然排在了诸多中国要人和名士的前面，且是唯一的日本人（另有一个外国人，是鲁迅的生前好友史沫特莱），而且在当时，由于日本对中国的步步紧逼和压迫，中日关系已经相当险恶。对此，松本在惊讶的同时，也受到了相当的感动，他写道：

在当代超一流的蔡元培和宋庆龄的名字之间，出现了内山先生的姓名，这让我相当瞠目。在众人的眼中，内山先生也是鲁迅先生最亲密的友人。尽管日中关系已处于如此险恶的状态，对于内山先生受到名列第二的待遇，我必须要对治丧委员会的人们表示特别的敬意。或许，这里也有遗孀许广平女士的意愿吧。总而言之，这一事实强有力地证明了，超越了国境、忘却了国籍的珍贵的友谊，在人类社会中是可能存在的。

当天晚上，我在离开通讯社回家的途中，先去了内山书店。内山先生一脸迷茫地对我说："他终于离开了人世。"他向我详细叙说了三天前病情开始急剧恶化的过程。"也就是在几天之前吧，我在这边的书店里见到鲁迅先生。现在想起来，那一见，就是我与鲁迅先生的永别了。"内山回应说："在他去世的两天前，还到书店里来过，我没有在，很遗憾。真的是一位不应该走的人，走了。"他的脸上显出了不知如何形容的悲凉神情。[1]

10月21日下午四点左右，松本去了葬礼举行地、胶州路靠近新闸路口的万国殡仪馆。

（殡仪馆）占地面积大约有150坪，在中央的北侧，有一个四五坪的四方形的小天幕，在里边的一块有点高起来的地方，安放着棺枢。入殓已经结束了。我走到小天幕里边，对着遗体，行三跪九拜之礼。从小天幕退出来，望了一下四周，见四面的墙上，摆满了众多的友人和相关团体机关送来的挽词和挽联。有各种各样的形式。蔡元培的挽联是两边各五七字的词句。记忆中，各种挽联总有两百余种。这些

---

[1] ［日］松本重治：《上海时代》，中央公论社1977年版，第451页。

能够表达出朋友们对一位故人的友情、尊敬和哀惜情感的词句，显得如此的美丽、且如此庄严的形式，在其他地方还会有么？蓦然，也是诗人的叶楚伧的挽联映入了我的眼帘。在这一片没有声响的、静寂的氛围中，众多友人的各自的友情和思念，充满了整个葬礼场。这是让人终生难以忘怀的感动。[1]

细细想来，松本与鲁迅的情谊也许谈不上深厚，除在内山书店的多次邂逅和很少几次的餐叙之外，他与鲁迅也没有单独的交往，尽管他在山阴路上的住宅，与鲁迅大陆新邨的寓所，不过咫尺之遥。从他的自叙来看，他似乎也没有深入阅读过鲁迅的著作，对于鲁迅的思想和文学成就，他也未必有准确的把握。他对鲁迅的感觉，也许主要是来自在内山书店的相遇，和内山完造以及其他相关日本人的叙述。但他对这位个子矮小、脸色有些苍白或黝黑的、有点上了年纪的中国男子，一直怀有一种难以名状的尊敬和爱戴。三十多年后，当他在回忆自己上海时代的岁月时，谈及鲁迅，字里行间，依然充满了无限的眷念。

---

[1] ［日］松本重治：《上海时代》，中央公论社 1977 年版，第 451—452 页。

上海的中国人朋友圈

松本重治在日本接受的一直是精英教育，而当时的精英教育除一点汉文修养外，主要是以欧美文明为中心的。所谓的外语教育，从第一高等学校时代开始，文科就分为英文、德文和法文三类。松本选的是甲科（即英文），在东京帝大时期，有部分课程是欧美人直接用英文讲授的，后来松本又去美国和瑞士留学，因此他的整个教育背景一直是偏欧美的，这也练就了他相当好的英文能力。倘若不是他父亲的建言，他在留学期间，或许不会与很多中国人交往，或许也不会对中国产生浓厚的兴趣。

在到上海担任新闻联合社支局长（后改为同盟通信社支社长）之前，除在美国结交的何廉等之外，他通过参加1929年在京都举行的第三次太平洋会议和1931年在上海、杭州举行的第四次太平洋会议，认识了当时中方的与会者胡适、张伯苓、银行家徐新六、毕业于爱丁堡大学的时任上海商学院教授的夏晋麟、获得美国密歇根大学生物学博士学位的金陵女子大学校长吴贻芳等。他对中方的与会者，整体上留下了相当好的印象。当时他也未曾料想不久会到上海来担任新闻联合社的支局长，似乎未与上述中方人士留下联系方式。

他被派往上海的 1932 年 12 月，中日关系已经相当紧张，日本在上一年策动了"九一八"事变，把势力扩张到了大半个东北，并在这一年炮制了伪满洲国，在年初挑起了"一·二八"淞沪抗战，战火蔓延了半个上海，中日之间的对立情绪正在日益激化。在这样的背景下到上海赴任，松本深感责任重大。他所供职的同盟通信社，虽然是一个由几十家报社联合组建的通讯社，形式上是民间的，实际上是有着官方背景的，至少是得到了官方支持的。他平素与上海的日本公使馆（1935 年升格为大使馆）、陆军和海军在上海的情报部，都有密切的交往。他刚来上海的时候，上述机关都是他或通讯社信息的重要来源。作为一个日本人，在那一个时代，多少都会有国家主义的倾向。不过，松本的学生时代以及后来欧美留学的经历，大致奠定了他思想上温和的自由主义的立场，他从来不是一个狭隘的、激进的民族主义者，这一点，在中日关系日趋险恶乃至日本侵华战争全面爆发之后，也没有发生根本的改变。

蒋百里

到了上海之后，松本除运用熟练的英语结交了不少欧美友人之外，他还很想认识各个领域的中国人。在之前的太平洋会议时认识的几位中国人，那时都不在上海。于是，他试图通过各种途径结交在上海的有意思的人物。他向一名经常出入日本海军武官室的"中国通"山本荣治询问，有什么人我可以向他讨教一下有关中国政治和军事的情势？上了年纪的山本立即举出了蒋百里的名字，说他刚回到上海，你务必要去见见他。于是在几天之后，松本叩开了位于法租界的蒋百里的家门，《上海时代》的原文是"蒋方震宅邸的铁门"，记载的路名是用片假名写的カウフマン。根据片假名的发音，我在初版《上海通史》（熊月之主编）第十五卷的附录"旧新路名对照表"中，找寻到了西文的对应路名是 Route Kaufmann，当时的中文曰国富门路，现在叫安亭路，是位于今天永嘉路和建国西路之间的一条南北向的比较幽静的小路；又通过中文文献，查到了是今天安亭路 46 号的 1 号楼，一幢西班牙风的洋楼，又称安亭别墅，但各种介绍都说 1 号楼建于 1936 年，倘若这是确实的，那么蒋百里当年居住的应该不是 1 号楼，因为松本去拜访他的年月是在 1933 年的春天。松本在日文原文中对蒋百里的称谓一直是蒋方震，方震是他的名，百里是他的号。

1882 年出生于浙江海宁的蒋百里，今天许多人对他都很陌生了。我在本书中专门设一章叙写的曹聚仁，1962 年为他写过一本《蒋百里评传》(有东方出版社 2010 年的简体字本)，也是煌煌一大册。曹聚仁在 1930 年代初期与蒋百里在上海有过交往，他的《蒋百里评传》，不是那种相隔几个时代后仅凭文献写就的、难免有些隔靴搔痒的文字，而就像他写《鲁迅评传》一样，有一种鲜活的临场感。当然，由于局促在香港一隅，文献搜集不易，有些事实难以详细考订，这部评传整体上写得有些粗糙，然而也足可见蒋百里在那个年代的地位了。

说起来，蒋百里的一生颇有传奇色彩。他天资聪颖，1901 年 19 岁的时候，受地方官员的资助被送往日本留学，1905 年以第一名的成绩从日本陆军士官学校（这是一所蒋介石心心念念想要进入却一直未曾如愿的学校 ）第三期步兵科毕业，可他一生却从来没有过实战经验。三十来岁的时候被袁世凯任命为保定陆军学校的校长，后来又被蒋介石任命为军事委员会的高级顾问、陆军大学代理校长，死后还被国民政府追赠陆军上将的军衔。也许，蒋百里确实称不上是一个战场上的指挥家，但他是一个出色的战争研究家，写了诸如《国防论》之类的军事著作。同时，他骨子里也流淌着文艺的血液，到了日本不久，就与友人一起创办了杂志《浙江潮》(鲁迅最早的文章即发表于此)。1918 年，他与梁启超一起赴欧考察回来后，写了一本《欧洲文艺复兴史》，1921 年由商务印书馆出版，这是中国第一本论述欧洲文艺的著作，近年来被多家出版社再版，其中以上海书店出版社2021 年出版的影印本最佳，让人直接感受到了那个时代的气息。他还是 1921 年成立的文学研究会的创始成员，1923年年末，又与胡适、徐志摩等一起创建新月社，倘若离开军事领域，他或许就是中国现代文学史上的一位重要作家了。他凭借自己早年在日本留学的经历和后来对日本的多次实地考察，在抗战全面爆发前夕写出了一本《日本人》，与戴季陶的《日本论》一起，被认为是代表了那个时代日本研究水平的双璧。今天已有八卷本的《蒋百里全集》出版。

蒋百里在青壮年时期，曾先后被东北三省总督赵尔巽、民国总统袁世凯和黎元洪所重用，国民党全面掌控了政权后，蒋介石在起用他的同时，也对他一直怀有戒心。1928年，蒋百里在上海定居（应该不是现在安亭路上的住所吧），后因参与倒蒋活动，1930 年被蒋介石软禁，解禁后就闲居在上海，内心却是一直在思考国家和天下的大势。松本重治去拜访他的时候，他正处于这样的状态。

初次见面，双方的感觉都很好。蒋百里年轻时在日本留学多年，交流的语言自然不成问题。松本希望向蒋百里讨教中国的事情，并要拜蒋为师；蒋表示老师不敢当，彼此互相请益吧，并热情约请他日后来家里吃饭。数日后，蒋百里给松本打电话，说晚上来吃饭吧。松本与夫人花子到了那里，见到了蒋的夫人蒋佐梅，夫人原来的姓名是佐藤屋登，日本人。如何相识、如何结为夫妻，《上海时代》中记述的蒋百里的说法，似乎与现在一般的叙说有很大的差异。据蒋自述：就在陆军士官学校毕业的前夕，我得了严重的伤寒症，在日本的红十字医院里，有一名护士对我护理得特别周到，我当时心里就想，这个人以后就是我的妻子了。于是在彻底痊愈后，在毕业仪式结束的翌日，就去了她的老家越后的新潟，请她的父母把他们的女儿嫁给我。她父母觉得女儿远嫁中国人，内心相当的不舍，但最后还是应允了[1]。但是据曹聚仁的《蒋百里评传》的记述，时任保定军校校长的蒋百里，胸怀一腔热血，想让旧的军校得到脱胎换骨的更生，然通过各种途径，均无法获得北京政府足够的办学款项。从北京颓然回来后，觉得军校经费短绌，前程无望，于是在1913年6月18日早上，召集全校的学生，痛说愧疚之情后，拔出手枪自戕，被众人救下。袁世凯获悉后，大感震惊，急速吁请日本驻北京公使派军医和助手赶往保定救治。这位女助手或者说女护士，就是佐藤屋登[2]。以后的故事，就差不多了。将两种叙述比较之后，我个人认为，蒋百里对松本的叙说，在时间和起因上应该是假的。用手枪自戕，蒋百里觉得毕竟不是一件光彩的事，且诸种缘由，一时也很难说清，便编造了这个无害的故事。松本对蒋夫人的感觉是，她已长期在中国生活，只与中国人交往，汉语已好过日语，

---

[1]　［日］松本重治：《上海时代》，中央公论社1977年版，第83—84页。

[2]　东方出版社2010年版，第15—17页。

一举手一投足，也完全像一个中国妇女了。

后来两家人就走得十分近，蒋百里至少会一个月请他们夫妇过来餐叙一次；发生了什么事，松本也会主动上门去求教。

在抗战全面爆发之前，蒋百里就预言，如此下去，中日之间必有一战，战必定是持久战，中国会赢得最后的胜利。后来，蒋介石对蒋百里委以重任，让他代表国民政府出访欧洲，希望德国等国家对中国提供军事支持。也许他是中国政要中唯一见过希特勒和墨索里尼的人。正值蒋百里的重要性日益显现出来的时候，由于过于劳累，他竟在 1938 年 11 月突发心脏病，在广西宜山溘然去世，年仅 56 岁。蒋百里的女儿蒋英后来成了一名著名的歌唱家和声乐教授，她的丈夫，是声名更响的钱学森。

《大公报》三杰：吴鼎昌、张季鸾与胡政之

如果要举出民国时期中国最重要的报人，除史量才等之外，张季鸾和胡政之的名字或许是最熠熠生辉的。有一个今人都有点生疏的事实是，两人当年皆留学日本。1888 年出生于山东省邹平县的张季鸾，祖籍是陕西省三原（属于榆林地区），1904 年在三原宏道高等学堂毕业后，翌年被遴选为陕西省官费留学生。据徐铸成的《报人张季鸾先生传》，张是在 1906 年 8 月从上海坐日本的轮船先到了长崎，再前往

东京，先进入经纬学校补习日语和现代理化课程，大约于
1909 年考入日本培养精英的摇篮——第一高等学校。他身
边的中国学生不少已加入了同盟会，并劝他入会，张虽然
大抵赞同同盟会的主张，也对孙中山和黄兴抱有好感，但他
年轻时就矢志不愿加入任何政治党派。1911 年 1 月，应该
是从一高还没有毕业就中断学业回国了，但据说他的日语已
经相当好，为文可与戴季陶媲美。他虽不愿加入党派，仍积
极参与了辛亥革命的活动，为孙中山起草《临时大总统宣言
书》，并一度担任孙的秘书。后投入新闻事业，担任过多家
报纸的记者和编辑，并在上海的中国公学教授西洋史。1926
年，在银行业具有举足轻重地位的吴鼎昌出资收购旧的《大
公报》，对此进行了大刀阔斧的改建，自任社长，邀请胡政
之担任总经理，张季鸾担任主笔（总编辑），自此，《大公
报》获得了新生，成了民国时期中国最为重要的报纸。而
1883 年出生于四川的吴鼎昌也有长期的留日经历，1901 年
作为四川省的官费留学生前往日本，1909 年毕业于东京高
等商业学校（今天的一桥大学），求学期间加入同盟会。也
许是在留日期间回国参加过科举考试，他于 1910 年获得进
士等第，后来一直自称"翰林"。在北京法政学堂一度任教
后，投身实业界和银行业，担任了上海的大清银行的监督，
并曾出任北京政府的财政次长，1936 年担任国民政府的实
业部长，两年后担任贵州省主席六年。在新的《大公报》诞
生之际，吴鼎昌在财政上作出了极大的贡献，后来对于具体

的报务，便不再直接参与了。而一直担任《大公报》总经理的胡政之，1907 年自费去日本留学，从东京帝国大学毕业后于 1911 年回国，以上海为舞台，活跃于司法界、教育界和报界，也曾经担任过老的《大公报》总编辑，1918 年至 1920 年间，周游世界二十余国，培育了世界眼光。

松本与吴鼎昌的相识，与《大公报》无关。1929 年，吴鼎昌作为金融界的社会名流，参加了在京都举行的第三次太平洋问题研究会，那时松本是日方的秘书，彼此有过交往。松本来到上海后，觉得要结交中国新朋友，有赖于老朋友的引介。于是就去拜访了时任盐业银行董事长兼总经理的吴鼎昌。盐业银行创办于 1915 年，总部初设于天津，是著名的"北四行"之一（其余为金城银行、中南银行、大陆银行），后来业务逐步转移至上海，当时上海的盐业银行大楼位于今天北京东路靠近河南路处（建筑今天仍在）。松本向吴鼎昌说明了来意，吴随即介绍了上海的一大串人，松本自然是欣喜万分，但怕短时间内难以一一造访，就请吴先引介金城银行总经理周作民。

于是，吴就拿出了一张小型的名片，在上面写了两三行周作民的介绍，我拿过来一看，吴鼎昌的姓名，没有任何头衔，也没有盐业银行的字样，只写了"翰林"，我由此知晓了他是翰林院的翰林。翰林院是科举制度中通过了最高级考试获得了最优秀成绩的人进入的机构，翰林就意味着位于官傺中最精英的阶层。将近四十年之后的 1972 年，我在国际文化会馆与在研究中国科学技术史方面享有世界声誉的英国人李约瑟教授同席，他告诉我，翰林院在辛亥革命之后虽然没有了，有的人依然将翰林作为自己的一种头衔，习惯上依然可以将此作为一种声誉。我觉得，吴先生持有的只是一种小型名片，在头衔上很节制地只写了"翰林"两个字，也许在他的内心，还有一种知识人的自豪，觉得自己不是浙江财阀的核心圈人。

他是一位在"日中关系正常化"上很认真的人，在反日风潮很炽烈的 1935 年 10 月，担任了由 30 名成员组成的中国实业界访日团的团长，是一位很有勇气的人。在这之后，凡是发生了大事件，我都会去拜访他，听取他对于这些事件的看法。我至今仍清晰地记得，他的冷静的观察力是很出色的。[1]

松本第一次见到胡政之，是在天津，经由日本国际通信社北京支局长古野的介绍。胡给松本的印象是，一位身体魁伟结实的人，与瘦小的张季鸾形成了对比。作为报人的胡政之有点羡慕当时日本已有几十家报社作背景的联合通讯社，他感叹说，中国不像日本，有好几家有实力的大报，中国真正具有全国影响的大报很少，所以目前尚无法考虑建立

---

[1]　［日］松本重治：《上海时代》，中央公论社 1977 年版，第 89—90 页。

网络遍布海内外的大通讯社。目前需要做的，便是把《大公报》办好，在新闻和言论上，建立起全国性的影响力。第二次见面的时候，胡政之毫不掩饰他对当前中日关系的忧虑。他说，目前《大公报》评论的执笔者，即便不是亲日派，至少也是知日派。言下之意是，目前严峻的现实让大家都很尴尬。听罢这番话，松本写道，这一席话，深深刺痛了我。因为当时日本当局的言行和对华政策，实在太嚣张、太霸道。

张季鸾大都住在上海，松本与他时常见面。1936 年 12 月 9 日，作为新闻人的松本已经觉察到了蒋介石与张学良西北军的紧张关系，他得知张季鸾不久前去了一次西安，想进一步探知一下这方面的信息，就约请张季鸾在 12 日周六晚上到文路（今塘沽路）上的日本料理店"新月"来餐叙。张那晚恰好有空，就欣然应允了。在日本战败前，文路一带开出了不少日本人经营的餐馆和商店，"新月"是一家相对比较安静、价格比较低廉的日料店，老板娘为人也朴质爽快，松本比较喜欢，请人吃饭谈话，常常安排在这里。那天松本稍微早到一些，不久张季鸾也如约而至，他背对着"床之间"[1] 入座，两人围着一张小矮桌开始对酌。松本举着酒杯对张说：我很早就想与您在晚间能悠然把盏畅叙，您日常事务繁忙，到贵报社去，也难以定定心心地充分叙谈，今天真

---

[1]　一种和式房间内稍稍高起、饰有挂轴和插画的装饰性空间，中文有翻译为"壁龛"的，似乎不妥。

是一个好时机。张回应说，彼此都是新闻人，刻板的客套话就不用多说了，今晚好好畅谈吧。

两人的话题转到了前一时期日本驻华大使川越茂（1881—1969）为改善中日关系而与外交部长张群等展开的一系列的谈判，以及与报人张季鸾之间的商谈，结果都因日本军部的蛮横干预而流产。对此张季鸾很率直地评论说：

"我自天津时期以来[1]，就了解了川越的为人，对他怀有敬意，彼此之间比较信任，就任何问题都可以坦率地交换意见。对于日本来说，川越大使也是一个十分重要的人物，我相信他是中国的真正的朋友。这次，我也对大使反复说明，随着中国方面的形势变化，从各种意义上来说，中日关系已到了一个越来越紧迫的关口。我向他转达了这样的意思，中国方面的外交态度，不可能越出自己最基本的底线。我觉得大使大概也明白了我的意思。但是，日本的陆军和海军好像还不能明白这一点。你看，川越和张群好不容易走到了谈判桌上，可军部还在制造冀东自治政权。日本如果还继续进行这种二元外交，说不定日本将会走向灭亡。你不认为是这样吗？中国人的忍耐度也是有限的。"

鹌鹑汤锅冒着热气。张先生放下了筷子，点燃了一支烟。我对他说："张先生，您对日本的批判，作为我个人，

---

[1] 川越之前曾任日本驻天津总领事。——引译者注

我无言以对。我到上海上任以来，也正好四年了。对中国的情况，也有了相当的了解，我一直在思忖，这样下去的话，东京对中国的认识，与中国的现实，将会出现相当大的偏差。特别是军部的鹰派势力，对中国的认识存在着很大的缺陷，他们不想认识中国的新形势，反而会做出逆潮流而动的事情。"[1]

就在此时，松本接到了南京支局长打来的电话，说今天（12月12日）南京与西安的电信联系突然中断了，好像发生了什么异样的情况。作为新闻人的张季鸾和松本都意识到了可能发生了重大的事件，于是匆忙中断了晚饭，各自通过自己的消息源去探听情况了。1937年8月，"八一三"淞沪抗战爆发后，两人分属对峙的阵营，虽然彼此牵念对方，但实际的交往差不多也中断了。

金融界人士周作民等

松本重治拿了吴鼎昌的名片，去访问了金城银行的总经理周作民。

金城银行的大楼今天完好无损地留存着，坐落在汉口路和福州路之间的江西中路上，与原工部局大楼隔街相望，北

---

[1] ［日］松本重治：《上海时代》，中央公论社1977年版，第489—490页。

侧是浙江实业银行大楼。金城银行是当时著名的"北四行"之一，由周作民 1915 年创建于天津，后在北京、上海等大城市开设分行，1936 年 1 月，总行迁往上海。周作民后来长期生活在上海。1884 年出生于江苏淮安的周作民，后来成了中国近现代著名的银行家，多半是靠了他自己的努力。他既非出身于宦官世家，祖上亦非商贾大户，父亲只是一个乡村私塾教师，但他也因此很早识字读书。15 岁时进入同乡先贤罗振玉在上海创办的东文学社读书，与王国维应该是同学（王国维是 1898 年旧历二月进入东文学社的）。所谓东文，就是当时的日文之谓，东文学社内有两名日本教师。罗振玉有感于甲午一战中国的失败，而立意学习日本，周作民也因此而拜在了罗的门下。1902 年周前往广州，在罗振玉的资助下，入广东公学念书，1906 年春以优异成绩考取广东官费留学日本的名额，因已有日文基础，进入在京都的第三高等学校，两年半后因官费停发，不得已归国，在官界发展数年后，积累了相当的人脉，年仅 31 岁时，创办了金城银行。松本第一次见到他的印象是：

　　身躯高大魁伟，神情悠然稳健，还有让人感到和蔼温情的慈目丰颊。因是毕业于京都帝大政经学部 [1] 的人，日语自

---

[1]　实际上只是第三高等学校，三高在 1949 年才并入京都大学。——引译者注

然是相当的好。金城银行至今仍维持着在东北、华北地区的分行，作为总经理的周先生，不得不对日中关系怀有深切的关切，而且从他的情感上来说，对日本也抱有相当的亲近感。……周比吴鼎昌年长 1 岁，比我年长 17 岁，自然是前辈了，但我第一次见到他，就对他心生好感，他从一开始也对我表现出了信赖，两人的谈话总是坦率而愉快的，至今想起他来，我心头仍然会涌起一阵亲切感。

周先生在北平有自己的酒库，尤其是在他把储存多年的上等老酒带到上海来的时候，就会邀请我，两人边喝边聊。我被中国朋友叫到自己家里吃饭的情形，是很少的，也只有几家而已，但口里说着"没有什么东西"的周先生家里的便饭，其菜肴的美味可口，真可谓是顶级的了。我们俩虽不是因酒菜结缘的朋友，但在两人把盏畅叙的时候，往往会忘却了国境和国籍。他甚至也会把他自己个人的事情向我叙说。[1]

在以吴鼎昌为团长、周作民也参加的中国经济考察团访问日本的一年多之后，作为回访，以横滨正金银行的行长儿玉谦次为团长的日本工商界访华团也在 1937 年春天来到了上海。尽管当时的中日关系已相当紧张，但中国方面负责接待的周作民依然作了周到的欢迎准备。在访华团来到的前几

---

[1]　［日］松本重治：《上海时代》，中央公论社 1977 年版，第 90 页。

天，周把上海的相关日本实业家和新闻记者叫到将举行欢迎晚宴的南京路上的国际饭店，在商议了接待安排后，还让他们试吃了与当天宴会相同的酒宴。

"酒菜怎么样?"周先生向我们询问说。说实话，对于如此温馨的、精致的中国菜，我们之前差不多还没有品尝过呢，除了"顶好"，不可能有其他的回答了。望着如此费心的周先生的身影，我除了满心的感激，内心又满是歉意和愧疚。活动结束后，日本方面的人，在表示了衷心的感谢之后回去了。我为了要向周先生直接表示特别的感谢，留到了最后一个离开，这时，周先生就对我说："你要是不妨的话，请再稍微留一下。我们的接待委员还要进行商议，因为你是自己人了。"周和各位接待委员对我已是这样信任了呀! 我心头感动得颤抖了起来。在回到支社的车上，我暗暗下定决心，我必须要对他们对我的信任，做出相应的回报。[1]

周作民还是一个非常有分寸的人。抗战全面爆发后，他被国民政府任命为农产调整委员会主任，但他很少实际参与，依旧在孤岛租界内经营银行的相关业务。1941 年 12 月太平洋战争爆发、上海全面沦陷时，他正在香港，日军占领香港时他被逮捕，1942 年 3 月，他被日军遣送回上海。日

---

[1] ［日］松本重治:《上海时代》，中央公论社 1977 年版，第 91 页。

方想与他合作，叫他出任伪职，他假托身体不适，一一拒绝了。

这里再追叙一点松本与何廉后来的友情。何廉在耶鲁大学获得经济学博士学位后，1926年回到国内，在南开大学商科担任教授，后来担任了南开大学经济研究院院长。松本一直与他保持了联系。到上海上任后，1933年5月，松本到中国的东北和华北去做考察旅行，从大连坐船来到了天津。在"联合"的天津支局长猪谷的帮助下，与在南开大学任教的何廉取得了电话联系。何廉非常热情地邀请他到南开大学来，并请他在南开大学的招待所里住一晚。

于是，我立即驱车去访问了大学校园内的何君的教授公馆。虽然不大，却是一幢西洋式的很像样的独家小楼，时间是下午五点左右。他张开双臂，以拥抱的姿态热情地欢迎了我。在他的书房里，说了许多前年在上海召开的太平洋会议以来的各种事情，据他所说，一月份发生了山海关事件[1]，二月以来发生了热河作战[2]，日军跨越了长城，侵入了中国的"本部"，虽然暂时撤走了，但之后在5月，再次侵入了

---

[1] 1933年1月日军发起的军事挑战，目的在于驱逐山海关附近的中国守军。——引译者注

[2] 关东军跨越长城对今河北省北部、当时的热河省地域发动的军事进攻，迫使中国军队退到京津一线以南地区，并将伪满洲国的边界扩展到长城一线。——引译者注

长城以南。由此，后退的中国军队充满了天津市区，其中一部分与关东军的策划相呼应，成了叛乱部队。此时，南开大学的学生正在不断举行激烈的抗日集会和示威游行。中国当局出手对学生进行了镇压，校园变得如战场一般，常常可以听到枪声。今天是比较安静了，但三个星期前，局面很混乱。实际上何君的孩子也因此而受了重伤，所以夫人说连见到日本人也会使她感到很不快，因而在我到来之前，他特意对夫人作了解释，说我是特别的老朋友，他夫人好不容易才答应接受我的来访。

听了何君的一番话，我内心很过意不去，自然，我的话语也很少了。何君对我说："几天前签订了塘沽停战协定，即便凶暴的关东军，至少，暂时也安静下来了吧。这不是你的过错。我们好好聊聊吧。"他反过来鼓舞我。不一会儿，何夫人也出现了，介绍之后，给人的印象，是一个率直的令人愉快的人。那天晚上，大家一起吃了一顿有些简单却是包含了真情的晚饭。饭后，我们还进行了两小时左右的谈话。[1]

当晚，松本在南开大学的小小的招待所里美美地睡了一觉，第二天才知道，何廉为确保他的安全，当天夜晚，安排了四个研究生，两个人一组，一直在户外轮流守护着他。"从

---

[1] ［日］松本重治：《上海时代》，中央公论社 1977 年版，第 145—146 页。

此以后，我开始相信，现在这世界上存在着超越国境、超越战争的友情。"[1] 让松本感到心情黯然的是，何廉告诉他，以他为中心的新的大学图书馆的建设，正在努力推进的时刻，刚刚才把地基等做好的时候，因为战争的爆发，一切都停顿下来了。听了这一番话后，"我无言以对"。[2]

他们的友情后来一直持续着。战后，何廉曾受美国哥伦比亚大学的邀请，在东亚研究所担任了十几年教授，退休后，学校将纽约哈德逊河边的一套公寓赠送给了他。1966 年夏天，松本夫妇出访美国，何廉夫妇在自己家里热情接待了他们，他们的活泼的女儿也在。何夫人做了一桌菜来招待他们，畅叙旧谊，又叙说阔别以来的情况，气氛十分融洽。

令人有些不解的是，何廉在晚年出版的一本以英文口述的回忆录（中文译本由中国文史出版社 2012 年出版）中，提及了他在耶鲁大学求学时结识的诸如蒋廷黻、罗家伦等中国朋友，但没有见到松本重治的名字，他也完全没有提及 1933 年 5 月末他们在南开校园内的这次交往。在何廉的回忆录中，几乎没有出现过一个日本人。

松本重治在上海的六年期间，主动结交了不少中国朋友，一开始的动机，是为了扩大在上海的人缘，从中获得各种新闻源和信息，然而在与中国人的交往中，他真切感受到

---

[1] ［日］松本重治:《上海时代》，中央公论社 1977 年版，第 146 页。

[2] ［日］松本重治:《上海时代》，中央公论社 1977 年版，第 146 页。

了大部分中国人的真诚和热情，并从中感受到了日本发动的战争给中国人民带来的灾难，体会到了中国人在这方面的情感诉求。

松本出生于一个家境优渥的中上流社会的家庭，父亲是大资本家，他的夫人是明治时代的显贵、两次出任首相、九次出任大藏（财政）大臣的松方正义的嫡孙。他一路几乎都是进的日本最好的学校，东京帝国大学毕业后又去欧美游学多年，接触过不少左翼的思想，较多地接受了西方自由主义的思想，逐渐培育了和平主义的思想。自由主义与和平主义差不多是他一生的主流思想。但同时我们必须看到，他的成年时代，正是日本法西斯主义和军国主义日益猖獗的年代，他身边的各色人物，或多或少都具有国家主义思想，有的还是极端的国家主义者。国家至上，几乎是他那一个时代的人的通识，自觉不自觉地，他的立场也会偏向作为祖国的日本。他对日本当局的武力扩张政策抱有一定的反感和批判，但并不强烈和坚定；作为一家半官半民的在上海的日本通讯社（后来官方色彩越来越浓郁）的负责人，在那个日本上下都处于疯狂状态的时代，他不免也有一点国家主义的立场，因此他后来会卷入所谓的"和平工作"（这在本书的第六章会有较详细的展开）。虽然他的角色并不恶劣，但客观上也成了日本当局对华政策的一个棋子。不过总体而言，他是一个温和的自由主义者，内心是希冀和平、反对战争的，对当时日本的扩张政策和蛮横的军事行为，他内心是有抵触的。

1977 年 4 月，他在为合订本《上海时代》撰写的后记中写道，他花了两年半写成的这部《上海时代》，是把它当作遗言来写的：

> 这份遗言的宗旨，就是一句话："希望日本人能更好地理解邻国人的心情。"对大约四十年前的往事所写的我的这部回忆录，是想表明我的如下的一个想法，即，当时之所以会发生东亚一大悲剧——日中战争，其最大原因，在于当时大多数的日本人未能理解中国人的内心感受。我相信，这本《上海时代》如果在今天还有它的意义的话，意义就在这里。反过来说，当时依然有一小部分日本人，对中国人怀着热爱，能正确理解他们，因而做出了正确的行为，对这一点，今天也必须作出积极的评价。[1]

松本说这样的话，应该是觉得，自己是属于那一小部分的日本人。

---

[1] ［日］松本重治：《上海时代》，中央公论社 1977 年版，第 726 页。

第五章

抗战烽火中的日本反战作家

混在演剧团里来到上海

鹿地亘（1903—1982）的名字，对于许多中国读者而言或许有点陌生。不过，在整个抗日战争中，作为一位坚定的反战日本人士，他在汉口、重庆等地，配合国民政府组建了反战同盟，开展了大量的反战宣传和对日军俘虏的教育活动，一直影响到延安的日本人反战组织，这还是相当出名的。另外，他与鲁迅的关系，在学界也颇受人瞩目。

2010 年我在神户大学教书，课余在图书馆搜寻各种相关的研究文献。一日，在一座人迹罕至、灯光幽暗的库房中，无意间翻到了一套蒙尘的 1937 年由改造社出版的《大鲁迅全集》，厚厚的七卷本，精装外的硬纸封套黄迹斑斑。1937 年的前一年 10 月，鲁迅才刚刚去世，这套书是全世界最早出版的鲁迅全集，几乎囊括了所有鲁迅的主要作品，且都翻译成了日文，由茅盾、许景宋（许广平）、胡风、内山完造和佐藤春夫五人担任编辑顾问，而在第二、第三、第

四、第五、第七卷的译者中，都赫然印上了鹿地亘的名字；一般是两三人合译一卷，而在第三、第五卷上，译者的署名仅有鹿地亘一人（另在括号内以小一号的字体，印着"胡风选"）。据胡风的回忆，在鹿地亘的翻译过程中，他曾给予了很大的帮助。但未获得分文的稿费[1]。在第七卷上，还有一篇鹿地亘撰写的鲁迅传记。

1936年10月22日举行的鲁迅的葬礼上，鹿地亘是十六位抬棺者之一，且是唯一的一位外国人（内山完造是治丧委员会委员）。萧军在写于1937年10月14日的《鲁迅先生逝世经过略记》中记述："（1936年10月22日）一时五十分举行了'启灵祭'。敬礼后，由参加的三十余人绕棺一周，然后由鹿地亘、胡风、巴金、黄源、黎烈文、孟十还、靳以、张天翼、吴朗西、陈白尘、萧乾、聂绀弩、欧阳山、周文、曹白、田军（即萧军）等扶枢上车。"[2]

我在神户大学图书馆书库内有点幽暗的灯光下，抚摸着《大鲁迅全集》，内心兴奋不已：从少年时成了鲁迅的读者之后，第一次见到了听闻很久的《大鲁迅全集》原本。以后去东京神保町的旧书店，就注意搜寻鹿地亘的著作，对他的了解也慢慢立体起来；当然，作为上海人，我最感兴趣的，还是他与上海的因缘。

---

[1] 《胡风回忆录》，人民文学出版社1997年版，第67页。

[2] 萧军：《人与人间——萧军回忆录》，中国文联出版社2006年版，第281页。

从大学时代开始，鹿地亘就成了一名立场左翼，且一辈子信仰或倾向共产主义的人士，不过说起来，他的家庭，和他少年时代，几乎都与政治毫无关系。他出生在相对比较偏远的大分县西国东郡靠濑户内海的三浦村（现在的香香地町），本名濑口贡，祖辈都是当地的地主，可是家族中一直没有儿子，一直靠收养养子来维护家族的血脉。他的祖父和父亲都是养子（日本的不少养子都是女婿，与自己的女儿结婚后，女婿改妻子的姓，家人以儿子相待，由此家族得以延续），鹿地亘出生后，成了隔绝了好几代的男性成员，得到了家族，尤其是祖父的格外疼爱。家里虽非豪门出身，可他自幼一直过着比较优渥的生活，几乎不知世间冷暖。父亲毕业于东京高等师范学校（田汉也毕业于该学校），从一名教师，做到了好几所中学和女子学校的校长，工作地在九州和关西地区移动，因而鹿地亘也在几个地方上学。他童年时就跟随父亲离开了家乡，在从九州福冈县的小仓中学毕业后，南下到了位于鹿儿岛的第七高等学校念书。

这里稍微说一下日本战前的教育体制。日本战前的学制跟现在有较大的不同，说起来还真有点复杂。明治初期和中后期，小学分成寻常小学和高等小学两类：寻常小学一开始是四年制，1907 年改为六年制，属于义务教育阶段，所有的学龄儿童必须强制入学；高等小学一开始为四年制，1907 年改为两年制。如此一来，寻常和高等小学，总共是八年制，而中学则是四年制或两年制。一般的人，中学或是职业学校、师范学校毕业，就很不错了，可以谋得一份比较体面的职业。再往上，则是精英教育的高等学校（战后日本的高等学校，都理解或翻译成高中），1894 年开始设立。全日本总共才设有八所高等学校，分别是东京的第一、仙台的第二、京都的第三、金泽的第四、熊本的第五、冈山的第六、鹿儿岛的第七、名古屋的第八高等学校（这些学校后来都演变成国立大学或是并入国立大学），其毕业生的主要目标是进入各地的帝国大学。郁达夫就毕业于第八高等学校（1939 年升格为名古屋帝国大学，现今的名古屋大学内建有郁达夫的纪念碑），之后考入了东京帝国大学经济学部。郭沫若先是进入第一高等学校预科，以第三名的成绩毕业后被分配到冈山的第六高等学校，之后再进入九州帝国大学医学部（现今的九州大学内建有郭沫若的纪念碑）。1918 年开始，日本又设立了七年制（寻常科四年、高等科三年）的公立和私立高等学校。

　　鹿儿岛在近代的 1871 年废藩置县之前，称为萨摩国或萨摩藩，由岛津家族长期统治，与统治江户幕府的德川家族一直有些离心离德，地域主义和民族主义情结比较浓重，1867 年时成了推翻江户（又称德川）幕府的急先锋。明治政府成立后，此地许多失去了特权的武士对新政府心怀不满，1877 年发生了反政府的叛乱。之后，这一带又成了主张对外扩张的日本帝国主义的重要推进力量。来到了鹿儿岛的鹿地亘，一开始也是有点懵懵懂懂，不谙外界的时事，对新的环境充满了好奇心，只是耽于阅读小说，吟诵和歌。他后来回忆说："我贪婪地阅读着文学书籍。朋友比较少。但在高等学校的时候，也有几个像中野重治《歌的告别》中出现的同伴。"[1]

可鹿儿岛当地的风气，男子最有出息的是加入海军，选拔身体强壮、所谓志向高远的男青年进入海军。这时候的日本，其实已经没有周边的国家敢进犯它，日军的主要使命就是对外扩张。有些幼稚的鹿地亘，在这样的风潮影响之下，也想参加海军，回到家里跟父亲一说，被父亲一声棒喝：你去参什么军?! 家里就你一根独苗! [2]

打消了参军念头的鹿地亘，依旧回到了他的文学世界，1924 年考进了东京帝国大学文学部国文科，专攻近松门左卫门的净琉璃（一种古典木偶剧）等的江户文学，基本上还是两耳不闻窗外事。他喜欢文学，"是因为这一世界给予了我梦想和憧憬"[3]。可是东京帝大二年级快要结束的时候，他的一位同学野口弘又出来棒喝他了。某日两人行走在街头，正逢众议员选举，街头到处插着竞选的宣传牌，鹿地亘对此视若无睹。野口就来教训他了：

---

[1] 鹿地亘：《自传性的文学史》(『自伝的な文学史』)，三一书房 1959 年版，第 32 页。

[2] 上述内容，主要根据鹿地亘著《在中国的十年》(『中國の十年』)，时事通信社 1948 年版，第 8—10 页。

[3] ［日］鹿地亘：《在中国的十年》，时事通信社 1948 年版，第 10 页。

"你对社会上的事毫不关心呢。你是完全热衷于艺术吧？那么我问你一下，对艺术的热爱到底意味着什么呢？难道艺术是与这个社会完全没有关系的吗？……并不是这样的吧？对于艺术的热爱，与对社会正义的热爱，在根本上，难道不是连在一起的吗？"

这些话对我而言，真可谓晴天霹雳，深深打动了我。这位同学热衷于阅读克鲁泡特金和巴枯宁，我也学他的样，读起了克鲁泡特金和巴枯宁，于是我就开始阅读论述社会的书籍，文学方面也侧重阅读岛崎藤村和有岛武郎等的关注人生的作品。[1]

但是这些阅读，依然无法打开鹿地亘的心结，很多问题，他还是无法找到答案。一时，他陷入了忧郁的状态。二年级结束后，他要回家乡度春假（日本是春季入学或新学年开始，春假一般在3月中旬至4月初），有一段火车的行程，他想去寻找几本可在火车上阅读的书籍，于是就来到了神保町的旧书店街，在一家名曰"岩松堂"的书店里看到了一本西文书。同行的同学土井悄声对他说，这是一本禁书，很罕见，你把它买下珍藏起来怎么样？于是他就入手了。在回家的火车上，为解寂寞，他就掏出来阅读。

---

[1] ［日］鹿地亘：《在中国的十年》，时事通信社1948年版，第10页。

这是一本用英文和德文印刷的小册子，我一口气读完了。根本没有想到，从第一页开始，我就完全被它吸引住了，我的灵魂一下子被它抓住了，全身受到了震惊，一阵一阵的颤栗向我袭来。书里论述了一种充满了强劲有力的意欲的人生的真理，跃动着一种伟大的热情。我至今仍然清晰地记得，当时受到了很大的感动，使得我要向车厢里的任何人大声倾诉出来。我在追求的答案，顿时充满了我的心胸。这本书就是列宁的《国家与革命》，红色的封面。说起列宁，我前文提到的野口曾说了他不少坏话，所以我买来后也就对这本书敬而远之了。说起来也真是具有讽刺意味，这本被我抛在一边的书，其实正是我一直在寻求的书。

我早早结束了春假回到了东京，在岩松堂、国际书房等书店，寻遍了角角落落，搜寻列宁的著作和与列宁相关的书籍。对此进行了充分的阅读之后，我的头脑就像是吸满了水的海绵，鼓胀起来，接着我就想找到能够与我对话的对象。[1]

恰好在此时，大学内的告示板上贴着将举行"社会文艺研究会"创立恳谈会的通知，鹿地亘看到后，稍稍也感到一点胆怯，但他还是按时来到了会场所在地——森川町的

---

[1] ［日］鹿地亘：《在中国的十年》，时事通信社1948年版，第11—12页。

一家名曰"白水会"的餐厅。会场里已经集聚了十几个人，见到羞怯紧张地走进来的鹿地亘，都热情地迎了上去，其中有后来成了著名戏剧导演的社会主义者佐野硕（1905—1966）、剧作家久板荣二郎（1898—1976）等。鹿地亘后来就成了该研究会的积极会员。1926年夏天，他还加入了东大著名的以学生为主体的思想运动团体"新人会"，该组织在近现代日本史上具有相当强的影响力，思想上的导师是东大教授、大正民主运动的主要推进者吉野作造（1878—1933），该组织曾出版了机关杂志《民主》（后改名为《先驱》《同胞》等）。不过，鹿地亘加入时的"新人会"，已经从一个活跃的思想场渐渐转变成社会主义色彩浓郁的团体，受当时日本共产党福本主义路线的影响比较大。1926年秋天，他还加入了"马克思主义艺术研究会"和"无产者艺术联盟"。在这里，他第一次认识了后来成了著名文艺评论家的中野重治（1902—1979）、小说家和评论家林房雄（1903—1975）等，在以后的文化活动中，与他们开始了比较密切的交往。林房雄早年是一个激进的社会主义者，1930年被捕入狱后表示"转向"，彻底抛弃了之前的政治信仰，蜕变为一个极端的国家主义者，成了日本当局对外扩张的文艺帮凶。战后的1948年被占领日本的盟军当局"开除公职"，但他仍毫无反省，1963年在《中央公论》上发表了《大东亚战争肯定论》，为日本的对外侵略战争辩护。

这一时期，鹿地亘还为日本共产党的机关报《无产者新闻》的文艺专栏写稿，1926 年 9 月，发表了生平第一篇文学作品《被套上了项圈的鸬鹚》。在此后的 1927 年 1 月到翌年毕业期间，他在《帝国大学新闻》和《无产阶级艺术》上，至少发表了六篇文学作品，包括戏剧脚本。

他的读书范围从列宁扩展到了马克思和恩格斯，并积极参加各种实际的社会活动。这一年的夏天，他受"新人会"的派遣，去新潟县中蒲原郡木崎村声援当地的农民斗争，受到了警察的讯问，他自报的姓名为"鹿地亘"，以后这就成了他的常用名。这一时期，他还在柳高的劳动学校帮着做老师。这年冬天，他担任了劳动农民党东京中部支部组织方面的书记长；而对于学校的课程，他已经完全无所谓了。1927 年，他与一位名曰河野樱子的女子结了婚。1928 年，他从东京帝国大学毕业，被推荐为埼玉高等学校的教授，可他把来自文部省的任命书搁在邮箱里，不愿意去赴任，转身投入了实际的社会活动。

1929 年到 1931 年是日本无产阶级文学的繁盛期。从 1929 年的后半期到 1931 年的前期，鹿地亘在"全日本无产者艺术联盟"的机关杂志《战旗》及《中央公论》《帝国大学新闻》等刊物上陆续发表了《动员线》《劳动日记与鞋子》《文学中的有趣性》等作品和评论。1929 年 2 月，他与作家小林多喜二（1903—1933）、宫本百合子（1899—1951）等一起创建了"无产阶级作家同盟"。1932 年 4 月，他自己担任了这一同盟的书记长。1934 年 2 月，作家同盟在当局严厉的高压之下，不得不解散。

1932 年 1 月，他在左翼作家小林多喜二的劝诱下，加入了日本共产党[1]。这一年 4 月，由于原先的一批骨干相继被捕或转入地下，鹿地亘出任了"无产阶级作家同盟"的书记长，成了这一组织的核心人物，之后又担任了"全日本无产者艺术联盟"的书记长，而此时，他才刚刚 30 岁。因积极投身于左翼的社会运动，1932 年 7 月，他遭到了警察的第一次抓捕，9 月被释放。获释以后，他就与日本共产党的领导层发生了对立，但仍积极投身于反对当局的活动，参与文学问题的讨论。以后到 1934 年间，他总共遭到了警察的 18 次抓捕，成了拘留所的常客。昭和初期，法西斯主义已在日本明显抬头，当局对于左翼（后来又扩展到了自由主义知识人）的镇压也日益严厉。关押他的警察公然对他口出狂言："即便没有证据，一年中的一半时间，我都可以把你关在拘留所里。只要以嫌疑的名目，就可以阻止你们这些家伙的工作。关在里面死了也无所谓啊，只要是共产党员，我们就可向区政府申请一下，作为倒毙街头的饿死者或冻死者，把你们火葬了。"[2] 确实，那时有不少鹿地亘的同志，后来行踪就消失了。

---

[1]　另有一说，是左翼文艺批评家藏原惟人（1902—1991）推荐他加入的。

[2]　［日］鹿地亘：《在中国的十年》，时事通信社 1948 年版，第 15 页。

1934 年的那一次，因违反《治安维持法》，他被关进拘留所 1 年 10 个月，一直没有被法院审判（日文称为"未决人"或"未决囚"）。为争取早日出狱，他在狱中表示放弃之前的政治信仰，出狱后将不再参加社会主义运动，这就是这一时期在日本普遍出现的所谓的"转向"。那时，大概有 90% 以上的共产党人和左翼人士都在狱中"转向"了，包括担任了日本共产党中央执行委员长的佐野学（1892—1953）、著名的左翼文艺理论家中野重治等。1935 年，鹿地亘也以向当局表示"转向"的方式，获得了被判刑两年、缓刑五年的结果。被放出来不久，应妻子的要求，与她离了婚。

对于诸多左翼政治活动家在狱中的"转向"，著名评论家鹤见俊辅（1922—2015）将此归类为"转向派内非转向派"[1]，意为虽然在表面上脱离了共产党[2]的组织，但实际上在内心依然不改初衷，并没有在根本上改变自己的思想信念，只是在行为上变得比较收敛而已。鹿地亘应该算是这一类。

虽然出了监狱，但是缓刑在身，不要说去国外，连在东

---

[1] 《后期新人会员——林房雄、大宅壮一》，初发表于 1959 年，后收录于"思想的科学研究会"编《共同研究　转向》战前编上（『共同研究　転向』戦前編上），东京平凡社 2012 年，第 214—215 页。

[2] 实际上日本共产党经过了当局的三次大逮捕以后，至 1930 年代中期，在组织上差不多已经瓦解了。

京市内迁徙住所都要向法院和警察报告。当时，他非常急于
逃离日本，前往中国。

　　实际上，去了中国后干什么，有什么途径可以过去，我
没有任何的自信和成功的把握。只是我感到，在大海对面的
中国大陆，面对越来越逼近的日本侵略之手，正燃起了民族
解放的烽火，而且，日本也一定会碰撞到这解放的大浪，被
激荡摇晃起来。我内心甚至一阵热血沸腾，即便在这场宏大
的斗争中失去自己的生命也在所不惜。[1]

　　这时恰好听说，有一个由远山满率领的"剧剑"演剧团
要去中国，为那里的日本侨民作巡演。鹿地亘想，用一般的
方式是根本无法离开日本的，就想尝试一下这一次机会。他
通过熟人联系到了这一剧团，幸好，对方接受了他。于是他
就悄悄离开了东京前往大阪，以"速见达夫"的姓名加入了
剧团。老板看他有点文化，就让他做点文书和杂役，帮自己
书写贺年卡，他也热心地为主要演员提行李、做下手，以自
己的行为赢得了剧团成员的喜爱和信任。

　　1936 年 1 月 15 日，鹿地亘跟随大家从神户坐上了轮
船前往上海。轮船吐着黑烟，在船尾留下了长长的一串白色
的浪花，不停歇地向西行驶。轮船驶过下关和门司之间的关

---

[1]　［日］鹿地亘：《在中国的十年》，时事通信社 1948 年版，第 6—7 页。

门海峡后，这天夜里，遇到了七年一遇的大风浪。狂暴的风雪和怒涛剧烈地摇晃着这艘轮船，行李架上的物品都被摇落下来。船上的人都晕了船，只能趴在床上。鹿地亘也许是因为能够逃脱这个束缚他的祖国，竟然异常兴奋，没有感到晕船，忙着书写一大堆贺年卡。这时，他被老板远山满叫到了所在的一等舱，远山满也严重晕船，但脑子还清醒，他知道几乎所有的随员都晕倒了，唯有鹿地亘可以差使，就叫他去报务室给青岛发一份重要的电报。而去报务室，必须上甲板，穿过一段甲板才可到达，船员对他说，此时这段路非常危险。但他还是冒险去了，一路在半是积雪半是薄冰的甲板上跌跌撞撞，几乎要被大风雪吹倒，最后总算完成了任务。老板对他说，你真是一个不寻常的人物，在黝黑的小屋里坐了那么久。鹿地亘这才意识到，老板原来知道他过去的经历。但他因为冒着生命危险帮老板完成了一项要务，老板也对他另眼相待。他趁机央求老板说，希望能够不上舞台，而帮着剧团做些不需露脸的剧务和杂事，得到了老板的应允。

轮船终于在上海的码头靠了岸。

我们在上海上岸的那一天，下着大雪。正好是过旧历新年的时节，街上的各家商店都闭门歇业。路上都是一堆一堆的燃放完了的爆竹的残骸，满地红红的。虽然几乎看不见人影，但从遥远的那一边，微微传来了炒豆般的爆竹的声响。[1]

　　检视鲁迅这几天的日记，唯在 1 月 23 日那天有"微雪"的记录。而 24 日是旧历大年初一。鹿地亘一行，大概是 1936 年 1 月 23 日抵达上海的吧。"微雪"在他的记忆中，成了"大雪"。一点点记忆的错讹，是常有的事。

---

[1]　［日］鹿地亘：《在中国的十年》，时事通信社 1948 年版，第 18 页。

鲁迅的谆谆教诲与《大鲁迅全集》的诞生

据鹿地亘在《在中国的十年》一书的记述，剧团的一行人在北四川路（今四川北路）上的歌舞伎座顶楼的大房间里放下了行李。据木之内诚教授的《上海历史导览地图》（2011年修订增补本），歌舞伎座在今天四川北路海宁路口，最早是海光大戏院，后来成了在虹口的日本侨民上演戏剧的歌舞伎座，近邻现在还留存的有南侧建筑狭窄的中国银行虹口分行（早年是四行储蓄会虹口分行）。歌舞伎座的建筑今已不存，成了小小的海宁老年公园，这里也是我童年时常来玩耍的地方，只是很狭小的一片空间，有一点点绿化，可见当年的剧场也不大。一阵忙碌后，鹿地亘一行大致安顿了下来。

稍稍安顿之后，鹿地亘马上就去寻访北四川路北端的内山书店，想通过内山完造来找到鲁迅。他这样写道：

　　有关中国的革命文化人，左翼作家联盟成员们的非合法的斗争，我稍稍有所耳闻，至于有些什么样的人，我完全不知道。只是之前听说有鲁迅，且与内山书店的老板关系密切，于是就想寻访内山书店，请他安排我与鲁迅见面。不过说老实话，我与内山氏实际上也没有见过面。

　　正逢过年，书店关着门，于是就寻访到书店后面施高塔路（现山阴路）上甜爱里的住宅，内山完造氏出来询问了我来访的理由，惊讶得睁大了眼睛，把我从头到脚打量了一遍。

　　"哦，这样啊。你是从海路过来的，还是陆路过来的？"

　　被他这样一问，我倒也有些张皇失措，回答说，从海路过来的。内山氏的脸上露出了"你倒是挺厉害的嘛"的神色，但依然请我坐在椅子上，让我对着火盆。

　　这实在是一个和蔼可亲、但眉宇间显露出倔强神情的五十岁前后的老头。[1]

　　内山回答他说：我先把你的意思传达给鲁迅，再把结果通知你。然后询问了他住的地方，说会打电话到歌舞伎座那里去。鹿地亘简单叙说了自己逃离日本的经过，询问内山是否能帮他找一份诸如送报的工作，不需要抛头露面的。

　　鹿地亘回到歌舞伎座后不久，就接到了内山打来的电

---

[1]　［日］鹿地亘：《在中国的十年》，时事通信社 1948 年版，第 18—19 页。

话，说他高等学校时期的老同学、现在同盟通信社上海分社做记者的牧内正雄，现在到歌舞伎座来看他。原来稍后牧内也到内山这边来，内山问起是否知道鹿地亘这个人，牧内答说是老同学呀。于是内山心里也就踏实了，拜托他照顾一下。牧内又给他介绍了日文报纸《上海日报》的政治部主任日高清磨琢，日高热情邀请他住到自己这边来。于是鹿地亘在"剑剧"剧团的上海巡演结束、离开上海之后，搬到了日高那里。一个月之后，他又认识了因参加学生运动而遭到逮捕、被明治大学女子部除名、为研究中国问题而来到上海的池田幸子，两个人惺惺相惜，几个月之后结成了夫妻。

几天以后，内山完造来通知他，说是已经安排好了鲁迅与他的会见。具体日期是 2 月 6 日，那天下着小雨[1]。鹿地亘带着中文讲得很不错的日高一起前往内山书店，与内山一起围坐在一个颇大的火盆前，等待着鲁迅的到来。鲁迅准时来到了店里。

我连鲁迅的照片都没见过，但当他出现在书店门口的一瞬间，我本能地就意识到，这个人除了鲁迅，不可能是别人。他以那种气度不凡的人品，和能镇住周边的沉着的气场，步履徐缓，直接向我们走过来。后面还跟着一位大个子

---

[1] 据鹿地亘：《与鲁迅的谈话》(『魯迅と語る』)，刊载于 1936 年 5 月的《文艺》，第 118 页。

的男子，后来经介绍，得知这个人就是胡风。我们立即站起来迎上去，内山氏把我介绍给了他们两位。

店里还有其他客人。我有点急切，想立即与鲁迅他们说话，以踌躇的神情打量着周边。内山氏察觉到后，就马上说："到我家里说话怎么样？"说着，就把我们一行人带到了后面。

我现在都能清晰地回忆起我那时内心的欢喜。我见到鲁迅后，第一次深切地感到了自己还活着的满心的欢喜。

逃脱日本以后一刻都不敢放松的紧张感，在接触到鲁迅那沉静、温暖的话语后，就像春天融化的雪水一样，从我的胸口满满地流了出来，仿佛是溢满了一般。[1]

鲁迅自然会说日语。1902 年出生的胡风也在 1929 年去日本留学，在语言学校掌握了日语后，于 1931 年考入了庆应大学英文科，并获得了日本外务省文化事业部的资助（其实是日本后来仿效美英，从获得的庚子赔款中拨出一部分用于对华的文教事业）。但是思想早已左倾的胡风，在这一年加入了日本的"无产阶级作家同盟"和中国左翼作家联盟在东京的支部，并在翌年加入日本共产党。终于因参加左翼活动而在 1933 年 6 月，与其他 22 名中国留学生一起被日本当局驱逐出境。因此，胡风的日语也说得很不错，彼此在语

---

[1]　［日］鹿地亘：《在中国的十年》，时事通信社 1948 年版，第 22—23 页。

言上没有障碍。

与鲁迅相会，最让我感到惊喜的是，鲁迅对于我们日本劳动人民的解放运动的了解，与我们自己也没有丝毫的差别，连细小的消息也都掌握。胡风的脸上也露出了亲切的神情，一一列举了我身边同志的姓名，询问他们的近况。一问，原来他在我们文化联盟的斗争最为激烈的时期，来到日本留学，考进了庆应大学文学部。

当从鲁迅的口中听到藏原惟人、中野重治[1]等的名字时，我内心的喜悦真是难以言说。

鲁迅尤其对藏原惟人介绍苏维埃文化的工作，给予了很高的评价。

听到鲁迅带着诚挚的温情询问这些对我而言浸渗着鲜血的往昔的人物和事件时，回答问题的我，语调也从拘谨小心，自然地变得激情洋溢了。在鲁迅面前，我就宛如一个年轻的少年一般，眼睛和鼻子一阵阵热乎起来。[2]

鹿地亘回忆说，自从参加左翼运动以来，屡屡遭到当局的拘捕、反动分子的憎恶和侮辱，有时也受到同一阵营的所谓同志的中伤和猜疑，他曾多次陷入不安、迷惑和忧郁中，

---

[1]　二人都是著名的日本左翼文艺评论家，藏原惟人曾留学苏联。——引译者注

[2]　［日］鹿地亘：《在中国的十年》，时事通信社1948年版，第23—24页。

"然而来到了国外，完全没有想到，却受到了如此温暖的关怀，与我们的工作连在一起的邻邦的友情，给予我们很高的同志般的评价，真让人感动得要哭了。我的灵魂被鼓动激扬起来了"。[1]

鲁迅还真切地关心鹿地亘今后的生计，与内山商量，设法为他创造一些谋生的机会。

通过与鹿地亘等人的深入交谈，鲁迅也了解到了日本左翼活动家的所谓"转向"到底是怎么一回事。他后来在回答作家萧军有关中野重治作品中译本的问题时，这样写道：

中野重治的作品，除那一本外，中国没有。他也转向了，日本一切左翼作家，现在没有转向的，只剩了两个（藏原和宫本）。我看你们一定会吃惊，以为他们真不如中国左翼的坚硬。不过事情是要比较而论的，他们那边的压迫法，真也有组织，无微不至，他们是德国式的，精密，周到，中国倘一仿用，那就又是一个情形了。[2]

从此以后，鹿地亘就与鲁迅开始了比较密切的交往。内山完造也给了他诸多真切的照顾。因为鹿地亘在日本有所谓的"前科"，为了让他在上海能公开露面活动，内山做了他

---

[1]　［日］鹿地亘：《在中国的十年》，时事通信社 1948 年版，第 24 页。

[2]　《鲁迅全集》第 12 卷，人民文学出版社 1981 年版，第 566 页。

的保证人，由于内山在上海日本人圈子中的良好声誉，上海的日本领事馆警察也就不来找他的麻烦了。鲁迅跟内山商量，让鹿地亘不要再触碰敏感的政治，就在自己的身边做些中国文学的研究翻译工作。鹿地亘后来深情地感叹道："作为'灵魂导师'的鲁迅，和犹如'第二父亲'的内山氏，此后我与他们之间的这种很难得的深厚亲密的关系，就这样连接起来了。"[1]

　　鹿地亘与池田幸子结婚以后，租借了房东是白俄人的房屋居住下来，地点在窦乐安路（Darroch Road，现在的多伦路 257 弄）上的"燕山别墅"。南面是日本海军陆战队司令官的宿舍，北面不远是位于东江湾路（现改为四川北路的一部分）上的日本海军陆战队的本部（该建筑现在还留存），稍往东是鲁迅以前居住过的拉摩斯公寓，再往东一点就是北四川路口的内山书店，距离施高塔路（现山阴路）上的鲁迅寓所也不远。他参与了鲁迅与日本著名的出版社改造社之间合作进行的、将中国年轻作家的作品译介到日本的翻译项目。鲁迅还时常给他送来需要阅读的书刊，选择了一些有价值的篇目请他翻译，有时还叫他翻译一些价值不很高但会有销路的文章，说这可以卖点钱[2]。鲁迅给他送来的读物，不只是文学作品，还有各种各样的报告、实录，不仅有左翼人

---

[1]　［日］鹿地亘：《在中国的十年》，时事通信社 1948 年版，第 25 页。

[2]　据鹿地亘：《鲁迅与我》(『鲁迅と私』)，刊载于 1936 年 12 月的《中央公论》。

士写的，也有立场相反的人写的，甚至还有外国人写的。目的是让鹿地通过这些文字，来了解实际的中国。鲁迅还通过内山完造来传话，叫他除书本之外，还要多多接触实际的中国，不只是左翼作家，还可见见林语堂这样的人。于是，鹿地亘接触了诸如"救国会"中的章乃器这样的人物，还与学生们进行了交谈，通过这样的阅读和实际接触的途径，鹿地亘对当时的中国，尤其是知识阶层的想法、情感，尤其是抗日的情感，有了较深的了解。[1]

鹿地亘来到上海后，将自己的所见所闻所思，写成文章发表在日本的《文学评论》和《社会评论》上，鲁迅读到后就对他说："你不要急于发表。请更仔细地观察一下。不要只写中国好的一面，你还要去全面深入地了解一下中国肮脏的一面，悲惨落伍的一面，所有的方面。从鸦片烟馆到偷盗窃贼，都要用自己的眼睛去仔细看一下。"[2]鹿地亘根据他听到的一个乡村少女被卖入淫窟的故事写了一篇叙事诗给鲁迅看，鲁迅读后，不动声色地批评道："叙事诗的文辞很美。这样的文字，我写不出来。实际的中国，并没有那么美丽。兄妹关系，父母与子女的关系，并没有那么美好。处于不幸状态的人民间的关系，即便是兄妹和父子，也是充满了各种利益的算计和肮脏的成分。要是我来写的话，就会变成一篇

[1]　［日］鹿地亘：《在中国的十年》，时事通信社 1948 年版，第 28—29 页。
[2]　［日］鹿地亘：《在中国的十年》，时事通信社 1948 年版，第 29 页。

肮脏的诗了。"[1] 鲁迅的这些批评，渗入了他的身心，他觉得自己还很肤浅，把文稿扔进了字纸篓里。他逐渐认识到，鲁迅是一位战士。文学家和作家，必须成为配得上"人类灵魂"的战士。

鹿地亘自 1936 年 2 月抵达上海与鲁迅相识，至同年 10 月鲁迅去世，几乎一直受到了鲁迅的亲炙，后来他自己这样评述道："我与鲁迅的交往，直到他 1936 年 10 月 19 日长逝为止，有十个月。虽然是比较的短，但是在他晚年的这段时期，能亲聆伟人的謦欬，在他近旁生活，这是对我整个人生产生了影响的重要的幸福时光。"[2]

在鲁迅的日记中，也有不少有关鹿地亘的记录："得内山夫人笺并乡间食品四种，为鹿地君之母夫人所赠"（1936 年 8 月 18 日）；"夜内山君引鹿地君夫妇及河野女士来"（1936 年 8 月 23 日）；"午后复鹿地君信"（1936 年 9 月 6 日）；"鹿地君来"（1936 年 9 月 15 日）；"午后鹿地夫人来"（1936 年 9 月 17 日）；"午后鹿地夫人及河野女士来"（1936 年 9 月 23 日）；"鹿地君及夫人来，下午邀之往上海大戏院观《冰雪天地》，马理及广平携海婴同去"（1936 年 10 月 4 日）；"下午与谷非访鹿地君"（1936 年 10 月 17 日）。[3]

---

[1]　［日］鹿地亘：《在中国的十年》，时事通信社 1948 年版，第 30 页。

[2]　［日］鹿地亘：《在中国的十年》，时事通信社 1948 年版，第 26 页。

[3]　日记均见《鲁迅全集》第 15 卷，人民文学出版社 1981 年版。

最后的一条记于 10 月 17 日，两天以后，鲁迅即长逝于上海。这次，应该是鲁迅最后一次出门访客吧。那时，鹿地亘夫妇居住在距离鲁迅寓所一公里左右的窦乐安路上的"燕山别墅"内。从鲁迅的寓所"大陆新邨"走过去，一般人大概要步行 12 分钟。鹿地亘后来颇为详细地记述了这一天的情景：

10 月 16 日 [1]，是一个有风的天。虹口公园前柏油铺设的大路上，落下的树叶在簌簌地舞动。此时，鲁迅飘然来到了我的住所。

我们大为欣喜，迎上前去，沏了茶，那天的整个下午，彼此谈天说地，说起了儿时的回忆，说到了死，说到了幽灵，说到了两国作家的轶事，说得忘记了时光的流逝。他是那样的放松，神态是那样的沉静，这样的机会，对于我们而言，真是不可多得的。

当黄昏的空气变得清冷起来的时候，他与我们道别，在起风的街上，飘然而往。我们一直目送着他的背影在街角完全消失，心里升起了一阵苍凉。也许是一眼望去，就觉得他那小个子的、虚弱年老的身体，在那飞扬的秋风中，让人感到放心不下，让人感到心疼不舍的缘故吧。

但是，那天夜晚，鲁迅就陷入了病重状态。

---

[1]　应该是 17 日吧。——引译者注

18 日[1]清晨五点，当我们接到消息赶过去的时候，他已经在家人和内山老人的陪护下，停止了呼吸。[2]

在上海期间，鹿地亘写了三篇有关鲁迅的文章发表在日本的杂志上，分别是《上海通信（其二）：鲁迅先生与中国文化运动的今天》《与鲁迅的谈话》和《鲁迅与我》。也可谓是早期比较集中向日本读者介绍鲁迅的日本文化人之一。顺便述及，影响较大的增田涉的《鲁迅的印象》一书初版于1948 年，内山完造在为该书写的跋文中这样写道："总之，在（这一年）几个月的时期中，直接受到鲁迅先生教诲的人，日本人中，据我所知，可以举出的，只有增田先生和鹿地先生两个人。"[3] 至少在内山的头脑中，鹿地亘是鲁迅去世这一年与之交往最密切的人之一。

来到上海后，通过与鲁迅的交往，鹿地亘深深为鲁迅高尚的人格和不屈的精神所感佩，他想要把自己所理解的鲁迅介绍给日本人，最实际可行的，便是鲁迅著作的翻译。据胡风在《关于鹿地亘》[4]的记述，鹿地亘到达上海不久，他就想把鲁迅的杂感选集翻译出来，并被列入了日本改造社的出版计划。然而，他的中文并不好。虽然他的父亲是一位汉

---

[1]　应该是 19 日。——引译者注
[2]　［日］鹿地亘：《在中国的十年》，时事通信社 1948 年版，第 33—34 页。
[3]　［日］增田涉：《鲁迅的印象》，角川书店 1970 年版，第 325—326 页。
[4]　刊载于 1938 年 2 月出版的第九期《七月》杂志上。

文、汉学造诣很高的教师，在中国古典中浸淫很深，鹿地亘自幼应该也有耳濡目染，但他少年时即在寄宿制的学校念书，实际上，受他父亲的影响较小，从他的回忆中，未能看到有学过中文的记录。他自己叙述道：

　　不久，当我安定之后，鲁迅就拿出了一个之前与改造社说定的把新中国的文学作品介绍给日本读者的计划，叫我承担翻译的工作。具体的做法是，鲁迅选定篇目，由我来翻译。但实际上，我并不能很好地阅读中文，就请日高清磨琢帮忙，鲁迅就像引导一年级的学生走路一样，给予我很多指导。

　　我开始了翻译工作。鲁迅对我费尽苦心翻译好的文章，一一加以修正，当经鲁迅修订过的译稿回到我手边的时候，我被深深地打动了。译稿上附上了鲁迅极其仔细认真地制作的正误表，在小纸片上用毛笔撰写了非常详尽的说明。一问，才知道鲁迅为此几乎熬了一个通宵。[1]

　　鲁迅去世后，改造社决定把原来的出版计划扩大，以最快的速度推出《大鲁迅全集》。出版社觉得，鹿地亘是一个很好的合作者。鹿地亘自己叙述说：

---

[1]　［日］鹿地亘：《在中国的十年》，时事通信社1948年版，第26—27页。

在这大时代的面前，我觉得眼下的当务之急，就是把中国人民的动向传达给日本，为此，首先必须要把鲁迅一生的事业介绍给日本人。于是我就对改造社方面的要求做出了积极的响应，我在中国文化界，尤其是鲁迅的夫人、胡风、冯雪峰等人的帮助下，全力投入到了《大鲁迅全集》的编辑和出版的工作上了。[1]

鹿地亘在这套全集中承担的具体部分是：《野草》（收录在全集第二卷）、《随笔杂感集》（收录在第三、四、五卷，其中的第四卷是与日高清磨琢合译的）、《鲁迅日记选》（第七卷）。他还撰写了《野草》《日记》的解题部分，并编撰了一篇几万字的鲁迅的传记（具体署名是鹿地亘编）。此外，他还翻译了瞿秋白所写的《鲁迅杂感选集序言》。

由于时间非常急迫，鹿地亘投入了超常的精力，几乎到了废寝忘食的境地。他自己后来在自传体作品《在上海战役中》有这样的一段描述：

从去年（1936年）11月以来，在九个多月的期间，我心无旁骛地一心扑在改造社出版的《大鲁迅全集》最后一卷的编译上。……我的背脊上仿佛能深切感觉到在一步步迫近的战争的脚步声，我以一种无论如何也必须要赶在战争到来

---

[1] ［日］鹿地亘：《在中国的十年》，时事通信社1948年版，第35页。

之前完成这项工作的使命感，拼命地鞭策自己。必须要在战争爆发之前把鲁迅的业绩传递到日本去[1]。

在立志翻译鲁迅作品的执念被燃烧起来的每一个夜晚，我就像一个暗夜行路、急于想要回到家里、一边哭泣着一边在越来越黑的天色中不停地行走的孩子，不断地被这种执念催逼着。在连续了好几个几乎通宵的伏案之后，为了病人[2]而抓住一点时间的空隙出门去买东西，突然接触到了明晃晃的盛夏的强烈阳光，差一点要昏倒。这样的经历，曾有过好几次[3]。

恰好在此时，上海遭遇了猛烈的台风。他在租界内临时借的房子，有一边的窗户墙壁几乎被风雨毁坏，风雨漫了进来。他匆匆挪到妻子养病的另一个小房间，继续全身心地译写。

翌日中午过后，风雨终于停歇了。这天深夜，我的翻译工作终于完成了。我把原稿装入一个小包内，等到天亮后，走到邮局把它寄送了出去。此时才深深松了一口气，体味到

---

[1]　［日］鹿地亘:《在上海战役中》，东邦出版社1974年版，第10页。

[2]　此时其妻子幸子正卧病在床。——引译者注

[3]　［日］鹿地亘:《在上海战役中》，东邦出版社1974年版，第56页。

了一种全身的疲惫都融化成了液体流了出去的安心感。在回家的路上，被耀眼的太阳照得有点睁不开的双眼，看到了被大雨淋湿了的街边的法国梧桐所浸渗出来的美丽[1]。

　　鹿地亘的文笔或许带有一定的文学夸张性，但这段日子，他夜以继日、焚膏继晷地全身心投入，应该不虚。不然，他不可能在如此短的时期内完成如此大的翻译量。

　　对于鹿地亘译文的品质，历来都有些质疑之声。后来成了鲁迅研究的名家、也是战后鲁迅作品翻译最多最勤者的竹内好（1910—1977），在说到日本的鲁迅研究和鲁迅作品翻译时，似乎都不屑于提及鹿地亘。在鲁迅研究上卓有成就的丸山昇（1931—2006），在肯定了鹿地亘在鲁迅译介上的成就之后，也有点语调酸酸地写道："对他的翻译，我还没有仔细研究，不过很难想象，这是一个完全不懂中文、来到中国只有一年多的人能够做出来的业绩。"[2]确实，鹿地亘自己的中文读解能力不能算很高，在他的翻译过程中，胡风等给予了他很大的帮助。胡风曾这样记述道：

　　（鲁迅去世后）日本改造社把出版鲁迅杂文选集的计划改为出版《大鲁迅全集》了。请几个人出面当顾问，其中有内

---

[1]　[日] 鹿地亘：《在上海战役中》，东邦出版社 1974 年版，第 56 页。

[2]　《鲁迅和鹿地亘》，载日本樱美林大学《中国文学论丛》第二十一号，第 109 页。

山完造、伊藤春夫[1]、许广平和我。我代鹿地选的杂文扩大了许多篇幅，好像把《野草》也包括在内了。从那时到七七事变发生的大半年时间，几乎全用在替他解释并口译的工作上面，还替每一本杂文写了简要的解题。在七七事变我回乡的十来天中，他把我还没有写完的最后一个解题请夏衍写了。在这个工作中，我是完全白尽义务，没有收一文的编译费。[2]

不过，在鹿地亘的自述中，他主要说到了自己的努力，这一段时间，他每天都要伏案工作到凌晨三点，每天只有五个小时的睡眠时间。我相信这是真的，不然真的无法有如此的业绩。但他对胡风等人的帮助，几乎没有提及。胡风和日高等，无疑在原文的理解和日文的表述上，也给予了很大的帮助。

我倒是花了一点笨功夫，将鲁迅的原著与鹿地亘的译文进行对照阅读，发现他的译文在对鲁迅原文的把握及日文的表达上，都少有讹误，译文不能说达到了传神的境地，但意思和语气都较好地传达出来了。这里兹引录一段鲁迅《热风》的题记原文和鹿地亘的译文，熟谙日文的读者可自己加以鉴别：

现在有谁经过西长安街一带的，总可以看见几个衣履破

---

[1]　应该是佐藤春夫。——引者注

[2]　《胡风回忆录》，人民文学出版社1997年版，第67页。

碎的穷苦孩子叫卖报纸。记得三四年前，在他们身上偶尔还剩有制服模样的残余；再早，就更体面些，简直是童子军的拟态。[1]

今日、西長安街のあたりを通った者は誰でも、衣服のぼろぼろになった貧乏な子供等が新聞を呼び売りしているのを見かけることがある。三四年前には、彼らの身には時にはまだ制服のようなものの名残を止めていたと覚えている。もっと前には、一層立派であって、まったく少年軍の擬態であった。[2]

这里再稍稍论述一下收录在《大鲁迅全集》第七卷中的鹿地亘编写的《鲁迅传记》。这篇或是这部传记，共有六章，在全集第七卷中所占的篇幅，从 507 页到 557 页，整整 50 页，六章的题目分别是：一、幼少年时代（1881—1897）；二、学习时代（1897—1909）；三、从杭州、绍兴到南京、北京（1909—1912）；四、北京时代（1912—1926 年秋）；五、从厦门到广州（1926—1927）；六、在上海（1927—1936）。这篇传记，在经过了不大的修改和充实后，在战后的 1948 年 4 月，由日本民主主义同盟再次出版。至少，鹿

---

[1] 《鲁迅全集》第 1 卷，人民文学出版社 1981 年版，第 291 页。

[2] 《大鲁迅全集》第三卷，东京改造社 1937 年版，第 15 页。

地亘写于 1937 年的《鲁迅传记》应该是有关鲁迅最早最详尽的一部传记。鹿地亘在述及自己为何要写鲁迅的传记时，这样说道：

> 在翻译这些作品的同时，我写了鲁迅的传记。我的愿望是这样的。
>
> 有关鲁迅，之前也有佐藤春夫和其他一些人的翻译和介绍，其代表作《阿 Q 正传》也已翻译出版，但是这些介绍的一贯的特征，只是表现鲁迅作为一位产生于东亚的杰出"作家"而已。至于佐藤春夫，他甚至明确地说，鲁迅是一个天才的作家，但是其激烈的革命生涯将其天才结束在了未完成的状态，甚为可惜。
>
> 为何一个作家会在其最后的日子里，如此受到全民族的爱戴，在临死之际，他的事业能够照亮全民族前进的方向，发出如此耀眼的光辉？按照之前日本的介绍者所做的解释，即鲁迅是一个"未完成的政治性的文学家"，是无法解说得通的。
>
> 我就想，我必须要把鲁迅的真实面目传递给日本人。[1]

鹿地亘的鲁迅传记或许达到了这一目的。顺便述及，在日本的鲁迅研究界地位颇高的竹内好的《鲁迅》一书，作为

---

[1]　［日］鹿地亘：《在中国的十年》，时事通信社 1948 年版，第 35—36 页。

日本评论社的"东洋思想丛书"的一种，撰写于 1943 年，初版于 1944 年年底。对于鲁迅的理解，自然是仁者见仁智者见智。鹿地亘较多的，是站在革命者的立场上，突出鲁迅作为中国人"民族魂"的战士的一面。《鲁迅传记》的编写，应该是在鲁迅各卷作品翻译结束后完成的，刊载《鲁迅传记》的《大鲁迅全集》第七卷（也是最后一卷），印刷完成于 1937 年 6 月 16 日，为了赶稿，传记的写作时间极紧，难免有些粗陋甚至错讹，特别是鲁迅一生中相对最为重要的上海时期，在传记中所占的篇幅明显有些不足。这一点，鹿地亘自己也感觉到了，他在最后的"附记"中写道："正如大家所看到的，在上海的这一章，必须给予充分的篇幅。对于鲁迅的事业中最为重要的晚年，现在却写成了如此（匆忙粗糙）的结果，作为笔者，必须要向各位道歉。现在只能期待来日了。"[1]

作为鲁迅的翻译家和研究家，鹿地亘的地位在日本和中国似乎都未受到充分的重视。他的坚硬的革命者的立场，多少局限了他对鲁迅的深刻理解，但他无疑是一位筚路蓝缕时期的重要开创者，他在短期内完成的翻译量是相当惊人的，至少，他撰写《鲁迅传记》，这一功绩不可埋没。作为一个来到上海不满十个月的年轻的外国人，他竟然能跻身鲁迅遗体抬棺者的行列，也足见他与鲁迅关系的深切。

---

[1] 《大鲁迅全集》第七卷，东京改造社 1937 年版，第 557 页。

"八一三"淞沪抗战中的颠沛流离

1937 年 8 月 13 日，淞沪会战爆发。当时鹿地亘夫妇都在上海，他后来写了一本文学性的自传《在上海战役中》，详细记述了他们夫妇俩在这三个月中的漂泊不定的生活。我参照其他相关文献进行了比较对照，除细节描写和人物对话未必是实录之外，整体的叙述都是事实。

战争爆发之前，局势已经相当紧张，居住在虹口的日本侨民有不少已撤回日本，余下的按照"居留民团"的要求集中在乍浦路上的日本人小学内，等待转移。当时鹿地亘夫妇居住在上文述及的窦乐安路（现在的多伦路）上的燕山别墅内。鹿地亘自己说，是"有院子围起来的联排的钢筋水泥结构的三层楼房屋中二楼的房间"。[1] 房东是俄国革命后流亡到上海来的一对白俄夫妇。考虑到战争爆发后虹口一带可能

---

[1] ［日］鹿地亘：《在上海战役中》，东邦出版社 1974 年版，第 6 页。

沦为战场，经夏衍的介绍，在创作电影剧本并参与电影制作的同时担任无锡的江苏教育学院电影广播专修科主任的孙师毅（1904—1966）在法租界家中的三楼借了一个房间。孙师毅，在鹿地亘的笔下是孙施谊。施谊，一说是本名，一说是笔名。当时鹿地亘知晓的，只是孙施谊。孙师毅后来不仅为许多电影歌曲作词，也成了中共的秘密情报员。他当时的住所，鹿地亘说是在法租界的"赛福西路"，但查《上海通史》第十五卷（附录）中的"新旧路名对照表"，未见有"赛福西路"，有可能是"萨坡赛路"之误。萨坡赛路，现在称淡水路，但我查了1932年出版的《大上海市区全图》，淡水路的路名，那时就有，只是狭窄的一段，与萨坡赛路连成一体，以福熙路（一般人又写作福西路）为界，以南称为萨坡赛路，有可能鹿地亘将其错记成了"赛福西路"。

因为鹿地亘的特殊身份，他不想被在上海的日本当局注意到，所以不打算与其他日本侨民汇合，迟迟不肯迁移到乍浦路上的日本人小学内。8月13日那天早上，他们夫妇俩决定离开在窦乐安路的住所，迁移到相对安全的原先租借的房屋。大清早，他先走过内山书店的门前，只有一个中国人店员刚刚打开店门，店主还没有过来。他沿着现在的四川北路，穿过横浜桥，右拐进入一条小巷，来到了日本人经营的《上海日报》社，那里也正准备撤离。他与社长的弟弟、经理（财务）部长波多野说了几句话后离开了，一直走到吴淞路汤恩路（现哈尔滨路）口的日文报纸《上海每日新闻》

社，看到编辑主任儿岛正在接电话，那边告知他中日间的武装冲突已经在宝山路附近爆发了。于是他再步行折返至内山书店，此时是早上八点左右，附近几乎已经杳无人烟，就这一家店还开着，一夜之间眼眶就变得黑黑的内山完造站在门口，无聊地望着街上。他的书店已经被日军征用了，将此用作一个通信联络点，好几个军官旁若无人地占满了整个书店，店主反而成了多余的人。鹿地亘悄悄地告知内山说自己要离开，暂时前往苏州河以南的租界，内山得知他手头已没有什么余款，就从裤兜里掏出了一叠纸币，也没有数，塞给了他。此时正好有一个日本"居留民团""义勇队"的成员、隔壁理发店老板的儿子，要将向三井洋行（当时在福州路四川路口）借的一辆车还到苏州河南岸去，问内山有什么事情可以为他办，内山就托他把鹿地亘带过去。于是鹿地亘赶紧赶回去，把已经收拾好的物品行李匆匆装上车，前往苏州河南岸。

　　车过了外白渡桥，鹿地亘在人流车流喧嚣的街上下了车，携带着行李乘上了电车。这里已经完全没有了日本人的踪影。下了电车，径直来到了"赛福西路"上的孙师毅的家，女主人、电影演员蓝兰见到他，惊讶不已，告诉他，家主孙师毅去无锡讲课了，现在战火燃起，他无法回上海，他们原先借的房子已有其他朋友要借，现在关着。说着向他摇摇手，请他离开。蓝兰也是中共地下党员，1936年参加四十年代剧社演出的夏衍的戏剧《赛金花》，出演八国联军统帅瓦德西的夫人，她和孙师毅与夏衍都有不错的友情。此时被拒之门外的鹿地亘，狼狈不已，只得离开，转向"法国公园（今复兴公园）后面的萧军、萧红住的公寓"[1]。

据作家萧军的回忆录《人与人间》所述，他和萧红来到上海后，先是住在拉都路（今襄阳南路）北端"元生泰"的亭子间里；第二次搬到了接近这条路南端的一间二层的前楼，即"福显坊"的22号；第三次搬家，搬到了拉都路中段351号一处大门里的第二幢西式楼房内的三层。后来搬到了距离鲁迅寓所比较近的北四川路底西侧的"永乐里"。鲁迅去世的时候，他们住在霞飞路（今淮海中路）与环龙路（今南昌路）之间的"霞飞坊"。[2]"（鲁迅）先生去世以后，许广平先生不愿再在原地方住下去，我就代她在霞飞坊租了一幢房子，她搬过来了。"[3]"她搬过来了"，说明此时萧军自己也住在霞飞坊或霞飞坊附近。鹿地亘的书中没有详说萧军、萧红究竟住在哪里（也许他也记不清），只是说"法国公园后面"。鹿地亘后来写道，他在萧军家的阳台上，可以看到法国公园浓绿的树木。周海婴在《鲁迅与我七十年》中记述说，1985年，萧军与他一起去东京参加内山书店新屋落成仪式时，告诉他说，介绍许广平迁往霞飞坊的时候，他

[1] ［日］鹿地亘：《在上海战役中》，东邦出版社1974年版，第43页。

[2] 《人与人间》，中国文联出版社2006年版，第268—271页。

[3] 《人与人间》，中国文联出版社2006年版，第277页。

与萧红住在霞飞坊沿环龙路一边，是临街楼房的三楼，号码为三百多号。这就与鹿地亘的叙述大致吻合了。

"来啦，来啦！萧军、幸子[1]，鹿地来啦！"

萧红提高了嗓音、像孩子一般舞动着纤细的手脚，她见到了我马上奔了出来，显得有点惊讶地缩了一下脖子，快速地冲向我，拉住了我的双手，一边向其他的两个人呼叫着，一边拉着我的手把我拽进了屋内。萧军从里面的房间里急速地大步走向我，用他粗壮的手臂紧紧拥抱了我。他揉住了我的肩，把我带进了里边的房间。这里已经把桌子和椅子集中在一个角落里，地板上铺设着毛皮，横躺在上面的幸子回过头来笑着对我说："你来了呀。"[2]

鹿地亘把在街上买来的面包和苹果递给了萧军。就这样，鹿地亘夫妇暂时在萧军、萧红家里安顿下来了。萧军说，这里也不很安全，周边的人大都已经认识你们了，你们平时不要随意外出。说着取出了很大的包裹布，钉在了他们的门上，用作门帘，以遮挡户内外的视线，尽可能保证他们的安全。

---

[1]　鹿地亘夫人。——引译者注
[2]　［日］鹿地亘：《在上海战役中》，东邦出版社 1974 年版，第 43—44 页。

（门帘钉好之后）萧军一屁股坐在了扶手椅上，用手拍了拍胸脯，仿佛在说，这下可以放心了。萧红张大了眼睛，缩了缩脖子，用双手掩住嘴笑了。

我从内心感到了温暖。这里有了一座自己可以倚靠的城堡。在整座城市都处于动荡不安的时候，我们四个人的心，完全贴在一起了。多好的伙伴呀！我脑海中蓦地浮现出了今天上午女演员蓝兰的神情。当然，这并不是我对她的言行感到失望。在那样的场合，贸然唐突的是我，不是她。一个要照顾家人的主妇，对于一个突然出现的会带来麻烦的人，不动摇不退却是不可能的。不过，我遭到了她的冷遇之后，感到很意外。为什么呢？因为几天之前我还跟他们住在一起，而且，这家的夫妇，是与中国进步文化运动的干部有良好关系的人。我在他们的客厅里见到过蔡楚生[1]、江青[2]以及其他很多的人。我对他们友谊的信任，现在和将来，都不会有改变。但是我如今在这里，感受到了一种完全不同的友谊。若要用一个词语来表达的话，那就是前者是"沙龙的友谊"，后者是"战场的友谊"。[3]

鹿地亘又说到了他对萧军的理解：

---

[1] 著名的电影导演。——原注

[2] 美女演员。——原注

[3] ［日］鹿地亘：《在上海战役中》，东邦出版社1974年版，第49页。

萧军过去被蓝兰他们所属的这个国家的文化运动的主流排除在了外面，甚至可以说是遭到了"敌视"。当然，萧军以及他们的同伴这边也有相应的原因。确实，萧军有大家觉得头疼的无政府主义者的倾向，有时候也会表现出孩子般的任性和粗野，让人感到不愉快。但是，鲁迅对于他和他的妻子及他的同伴，都非常照顾和爱护。我是因为鲁迅的死而认识他的。后来，他就把我们当作鲁迅的"自己人"而与我们亲近、靠近。鲁迅喜欢他们夫妇，不是说鲁迅没有看到萧军在思想倾向上的问题，也不是没有看到萧红思想上的幼稚，而是喜欢他们的"人"。鲁迅充分了解到了这两个年轻人不会作伪的人心。他们被迫离开了家乡，一直到今天，他们体验了怎样的悲惨而令人愤慨的人生经历呀！由此而产生的理不清说还乱的心情，在如今的情况下，也就成了对于我们境遇的切肤之情，犹如微微的波浪向我们拍来。[1]

租界外，战争正在激烈地进行；租界内，也是纷纷扰扰，物价在不断地上涨，食物正在变得紧缺，逃难的人流如洪水般地继续从各处涌入，民众的仇日情绪在日益高涨。萧红脸色沉重地从外面回来告诫他们说，绝对不要再外出了，如果被人看出了是日本人，很有可能会被杀死。鹿地亘夫妇

[1] ［日］鹿地亘:《在上海战役中》，东邦出版社1974年版，第49—50页。

也感到了自己已成了他们俩的累赘。

有一天，萧军要去参加一个文化人同伴的会议，商量今后的去路，萧红也强烈地想一起去，但萧军担心只留下鹿地亘夫妇的话，万一发生了什么事，他不放心。最后做了一个妥协，趁着夜色，他们一同出门，由萧红带他们去许广平的家，萧军把三个人送到半途后去开会，会议结束后再去许广平家接他们。萧军特别叮咛说，外面很乱，不要随意开口。

两个男的走在前面，两个女的跟在后面，沿着法国公园边的一条马路走了一段路，来到了霞飞路的一个街角上。

萧军与我们挥挥手，去另一个方向开会了，一个面色和善的警察目送着他远去。走到这里之前，我们为了避人耳目，都是挑了一些安静的住宅街走的，沿途，在一处有着宽广草坪的宅邸前，插了几杆写着"苏州难民救援会"几个大字的白旗。……

霞飞坊——"坊"就是住宅区的意思——其朝向大街的一栋房子构成了商业街。穿过像隧道一样的小区中央进口[1]，里面像羊羹[2]一样排列着好几栋砖瓦结构的联排房子。鲁迅的遗孀和后人的住所，在其中间的 64 号。

———————

[1] 即上海人所说的"过街楼"。——引译者注

[2] 日本的一种食物，用豆沙、白砂糖、面粉等合在一起经蒸煮后加入融化了的琼脂加以固定的食品，一般呈薄长的形状，吃的时候切成薄块。——引译者注

在到了中央入口处时，我们不觉倒吸了一口冷气。不知什么时候，这里被席子围了起来，只留下了中间一条狭窄的过道，因为这里变成了临时的难民收容所。[1]

他们来到了 64 号，从后门进去的时候，许广平恰好外出了。等了好长时间，她才从外面回来。听到后门有人回来的动静，他们都站了起来。

在门口出现的她，面带笑容地快步走了进来，见到我们，眼泪都要出来了，喘着气，拥抱了幸子。接着，紧紧地握住了我的手。[2]

关于霞飞坊的住宅，周海婴记述说：

霞飞坊建于 1934 年，三层红砖结构，前门是铁栅，透空可以望穿小天井。天井与大陆新邨相仿而稍大，前门进入是客厅。后门是木质的。每家后门装有"司必灵"锁。进门有一个小厕所。左（或右）拐是厨房。楼梯木质。二楼、三楼开间大小相同，还有两间亭子间。三楼外有阳台，可晾晒衣被，这是当时的标准结构。据说是葡国产业，法商管理。

---

[1]　〔日〕鹿地亘:《在上海战役中》，东邦出版社 1974 年版，第 65—66 页。
[2]　〔日〕鹿地亘:《在上海战役中》，东邦出版社 1974 年版，第 66 页。

霞飞坊第一条弄堂叫"大弄堂",比较开阔,月租较高。我们租的是中弄,每月租金 60 元。……搬迁时,最多的是书籍,一箱箱从溧阳路藏书室运来。书箱运到三楼,四周不够放,中间还加一行。……这时,三楼没住人。[1]

许广平问了他们的近况,问起了内山完造。萧红说了鹿地亘夫妇想为南京国民政府的抗战事业服务的意愿。许广平表示,她明天就要去见孙夫人宋庆龄,会将此事向她转达,她觉得南京政府应该也很乐意的。她告诉他们,宋庆龄正在组织上海的一些女界名流,忙于难民救济的事务。当晚,许广平决定留鹿地亘夫妇在此住宿,将他们带到了三楼的书库房间,三面墙叠满了装了书籍的木箱,平素这里的门不开,屋内有一股书籍的沉闷气[2]。为了他们夫妇俩的安全,许广平用深色的包裹布替换了原先白色的窗帘,又用黑布把灯泡罩了起来,说这样外面就看不见里面了。这天晚上,他们就在这间挂着鲁迅遗像、堆满了鲁迅藏书的房间里过夜。这一天是 1937 年 8 月 16 日。

翌日经许广平传来的宋庆龄的回答是,拟将此事报告给南京政府,三天内听回音。大约在十天前,上海战役还没有打响的时候,鹿地亘在街上邂逅了正在编辑《中国之声》

---

[1] 《鲁迅与我七十年》,南海出版公司 2001 年版,第 117—118 页。

[2] 鹿地亘这部分的叙述,与周海婴的上述记忆,完全吻合。

（*Voice of China*）的美国媒体人马库斯·格拉尼奇。这份杂志是宋庆龄他们资助出版的，主要报道中国民族革命战争的真相，由在华的外国人团体负责出版。鹿地亘是在鲁迅的葬礼上认识格拉尼奇的，他是著名的美国左翼作家迈克尔·戈尔德（Michael Gold，1894—1967）（本名叫伊左科·艾萨克·格拉尼奇 [Itzok Isaac Granich]）的亲弟弟，十月革命后曾以工程师的身份到过苏联，之后来到中国，与宋庆龄等一批偏左翼的中国知识人有较为密切的交往。鹿地亘认识他后，也曾经为《中国之声》撰稿。在那次的街头邂逅上，格拉尼奇约他 8 月 17 日来自己的家里吃晚饭。但没想到，17 日上海已经在战火中了。也许格拉尼奇已经忘记了这次邀请吧。不过鹿地亘还是想去践约。

　　17 日傍晚，鹿地亘夫妇将此事对许广平家的女仆说了之后，悄悄地出了家门。尽量选择一些冷僻的小巷，穿过了霞飞路，进入了亨利路（今新乐路）上的一条弄堂内。格拉尼奇住在一幢七层公寓的四楼。他们确认了周边无人之后，进入了公寓。没想到，格拉尼奇夫妇俩都外出了。不得已，只能在客厅里等候。过了挺长的时间，他们回来了。格拉尼奇张开双臂紧紧拥抱了鹿地亘，格拉尼奇夫人也表现出了满腔的热忱。实际上，他已经忘却了今晚的约会。于是赶紧叫家里一个姓李的中国人厨师准备晚饭。格拉尼奇请鹿地亘继续为杂志写稿，介绍最近的日本动态。怕许广平担心，晚饭后不久，他们就告辞了。

鹿地亘内心一直在等待宋庆龄带来的南京政府是否欢迎他加入的消息。8 月 18 日下午，许广平的家里来了一个人：

门打开了。出现了一个穿着黑色旗袍的、小个子的、陌生的女子。年纪大概在三十出头吧。很随意的往后梳髻的短发，肤色有些黑黑的鹅卵形的脸。她直接走近了我们，似乎以前就已认识了似的，没有什么陌生感。后面跟着许广平。也许是我的主观感觉吧，许广平有点畏畏缩缩的，连脸都没有正面抬起来。[1]

来人用令人惊讶的极为流畅的日语自我介绍说，她叫廖梦醒（1904—1988），是廖仲恺和何香凝的女儿。许广平今天到孙夫人这边来，说起你们的事。我现在受孙夫人和何香凝的嘱托，来跟你们说点事。

廖梦醒是何香凝在东京怀孕后回到香港生下的大女儿（她的弟弟是廖承志），后来她又来到东京，进幼儿园并读完了小学和初中，此后考入美国基督教长老会在广州创办的岭南大学，受过良好的教育，会说一口与日本人无异的日语。

廖梦醒用非常礼貌而又坚定的语气对他们说，请他们今天必须搬出许广平的家。鹿地亘一下子有点懵了。他不知道自己还能去哪里，孙师毅那边已被拒之门外，萧军那边也不

---

[1] ［日］鹿地亘：《在上海战役中》，东邦出版社 1974 年版，第 84 页。

可能再回去了。在日军的炮火猛烈进攻上海的时刻，以他们夫妇日本人的身份，已不适宜再居住在中国人的家里了。无奈之下，他的脑海里闪现出了昨天刚去过的格拉尼奇的家。但他觉得自己与格拉尼奇仅有一面之缘，要贸然提出住到他家里去，未免太过分了。但廖梦醒表示，可以设法去说通格拉尼奇，因为他办的《中国之声》是孙夫人这边支持的。如果不成功，那你们就只有离开这边，自己到外面去找住处了。我母亲（何香凝）很佩服你们的行为，虽然我们也不富裕，估计你们现在经济会比较拮据，她叫我表示一点心意。说着廖梦醒从手提包里拿出一个信封，坚定地塞给了满脸不知所措的鹿地亘，然后转身离开了。许广平则是对他们满脸歉意，觉得自己作为中国人，在这样的时刻无法对他们伸出援手，实在是很没有脸面。

他们打好了衣物行李，随时准备离开。当天晚饭后，廖梦醒又来了，先是在楼下与许广平交谈，然后上楼来，对他们说，孙夫人和她已经说服了格拉尼奇，他们同意接纳。格拉尼奇的夫人曾面露难色，表示自己家里也受到了监视，以后会有更多的麻烦。但格拉尼奇表示，自己的同志遇到了危难，应该鼎力相助。此时，廖梦醒催促他们说，孙夫人安排的车已经来了，赶紧上车，行李先不必带，之后再送过去。

梦醒、幸子、我、广平轻手轻脚地走到后门口，女佣拉开了门。外面停着一辆已把车门打开了的汽车，里边的孙夫人阻止了我们的鞠躬行礼，用手势示意我们赶紧上车。[1]

当晚，格拉尼奇夫妇在家里准备了一桌盛宴，欢迎到来的各位。但孙夫人谢绝了晚宴，与廖梦醒一同离开了。她的神情，始终是淡淡的，言语动作，一直是轻轻的微微的，然而坚定而有力量。格拉尼奇把厨师兼男仆的李叫来，重新介绍了今后将一起生活的两个人。又带他们熟悉了住所内的各个房间。鹿地亘夫妇俩，第一次见识了考究而宽敞的浴室、盥洗室和设施齐全的厨房，这些都是他们平生没有体验过的。给他们准备的房间是原来的餐厅，有两个充气的橡胶床，供他们睡眠。一切都安排得妥妥的。

此后的一段日子，一切都比较顺畅。鹿地亘夫妇俩虽然不可随便外出，但屋内的空间并不压抑。一开始，格拉尼奇夫妇一直对他们不错，虽然格拉尼奇的夫人有时脸上会有短暂的异样的表情。尤其对于幸子的举动和态度，偶尔眼中会有不悦的神色。但格拉尼奇是一个好好先生，这样的一个空间，在那样艰难的时局中，已经是很不错的处境了。鹿地亘为《中国之声》写了一篇《日本人民与战争》的文章。不知不觉间，在这里已经住了一个多月了。

某天的下午，许广平来到了这里，见到他们俩，脸上稍稍露出的几丝小别后的欣喜，很快就消失了，代之而起的是

---

[1] ［日］鹿地亘:《在上海战役中》，东邦出版社 1974 年版，第88页。

尴尬和不安。她对他们说，今天必须要搬出格拉尼奇的家。原来这一天，格拉尼奇夫妇去访问了孙夫人，说他们必须要回国了，希望孙夫人他们接受这两个日本人。后来才知道，这其实是个借口。鹿地亘夫妇的突然入住，无疑给他们原来的生活造成了麻烦，幸子的有些态度也使得格拉尼奇夫人感到不快。本来说好只是待三天，但托孙夫人向南京政府转达的意愿，迟迟没有得到明确的回复。他们俩的久居，对格拉尼奇夫妇而言，实际上已成了一个累赘。许广平表示，今天暂且先住到自己的家里来，之后的住处，再赶紧想办法。这时格拉尼奇从另一个房间走了过来，神情有些苦楚地对鹿地亘说：在这样的情形下与你们相别，我感到很难受，这一个多月来，我们生活在一起，已结下了如此深厚的友情，但碍于我们的情况，也只能暂别了。

格拉尼奇夫妇为他们准备了一桌丰盛的送别晚宴。这时大门的电铃响了，一拨人都站起来走向门口。来的是孙夫人，走到了饭桌前。

与平时亲切和蔼的态度不一样，面对站了起来向她致意的我们，她脸上没有笑容，只是微微颔了颔首，绷着脸，打量了一下房间的情景，然后脸上浮现了一丝冷笑。

"哦，现在吃晚饭啊。"

说完这句话之后，她把眼光转向我们，用严厉的声调说：

"那，走吧。"

格拉尼奇急忙请孙夫人一起吃晚饭，但她似乎没有听见似的：

"你们的行李呢？请赶紧拿过来。不要落了东西。因为不会再回来了。"

我们俩都被这气势震住了，话也说不出来，幸子从我们临时住的房间里把准备好的行李拿了出来。

"就这些吧？那，就走吧。"

这时格拉尼奇夫妇奔到了我们身边。孙夫人却用申斥的语气对我们说：

"快点，快，快！"

连说话的功夫都没有。她猛地一把夺过我手上的网篮，径直走到了走廊上，催促我们快点。对慌慌张张追到大门口的格拉尼奇夫妇，连头也不回。[1]

一路沉默无语。孙夫人的车把他们送到了霞飞坊的后门，然后消失在了黑暗中。两个人跟着许广平，又走进了三楼的那间书库。孙夫人不在了以后，许广平又恢复了往常的神情。静下心来之后，鹿地亘对任何人都没有任何的怨言。他内心在思忖：

我们与格拉尼奇只是一面之缘的外国人。伙伴们突然唐

---

[1] ［日］鹿地亘：《在上海战役中》，东邦出版社1974年版，第153—154页。

突地要求他们接受我们住到自己的家里来。出于义务感，他们无法推却，接受了我们。但这对于格拉尼奇夫妇来说，是多大的麻烦呀！不断地对他们说，再等三天左右，三天左右，结果却待了长长的一个多月。而且接下去究竟还要待多长时间，连个确切的日期也没有。即便如此，在我们面前，格拉尼奇连一丝不悦的神色也没有表现出来，对此，我真的，真的只有满心的歉意。[1]

从许广平的口中，他们还获知，格拉尼奇他们平时的生活费都是孙夫人在帮他们出的。许广平虽然有点说不出口，但还是告知他们俩，这里只能供他们住一个晚上，出于安全考虑，明天傍晚前，必须离开这里。他们俩又陷入了困境。萧军和胡风那里，也不可去了。只能是中国人居所以外的住处。于是幸子想到了以前经蓝兰介绍去看过牙的德国牙医赫斯，他原来是一名德国社民党的犹太人，为逃避纳粹的迫害而来到了上海，开了一家牙科诊所。彼此间只是医患关系，并无交情，提出这样的要求，太过唐突了。但许广平还是要鹿地亘给他写封信，希望得到他的帮助，明天请萧军过来一下，把这封信送过去。鹿地亘仍然觉得不妥。他想到了夏衍，他知道夏衍是上海文化领域的党的负责人，危难时刻，他希望得到党的帮助。

---

[1]　［日］鹿地亘：《在上海战役中》，东邦出版社1974年版，第155页。

在许广平的强烈要求下，翌日早上，他给德国牙医赫斯写了一封信，许广平把它送到萧军那里，再请萧军送给赫斯。她出门后不久，萧红过来了，彼此又是一阵热切的拥抱问候。原来萧红已经去过赫斯那里了。接着赶回来的许广平，急切地询问赫斯那里的结果怎么样。结果是，赫斯竟然答应了，说什么时候过来都可以。这倒是让鹿地亘大跌眼镜了，居然有这样的好事啊！不一会儿，萧军也过来了，他们亲切地握手，互致问候。

吃过晚饭后，恰好下了一场秋雨，雨小了后，四个人出门去赫斯那里。走到了街上，幸子和萧红并肩走在前面，鹿地亘拿着行李箱和网篮，萧军则提着一直寄存在许广平家里的被褥等。走到一个十字路口，萧军扬起了手，叫了几辆黄包车，最后来到了一处静谧的住宅区，进入了带有小花园的洋楼的门廊。彼此沟通后，才知道闹了一个乌龙。原来赫斯接到信以后，也没有仔细看，以为逃难中的幸子要来看牙，就爽快地答应了。弄清了实情后，赫斯觉得完全无法接纳这两个日本人来投宿。他说他这边每天都有很多的病人过来，根本不安全，而且自己的家里也小，没有空间来留宿外人。但赫斯是一个好心人，他答应帮他们找一处安全的住所，并且表示，如果需要，他可以帮助分担若干房费。事到如今，也只能这样了。赫斯让他们等一下，自己立即出去联系朋友了。不到半小时，赫斯回来了，说是联系到了一个好地方，安静又干净。

　　赫斯热情地带他们去的那户人家，是一处树木茂盛的宅邸，主人是白俄太太。他们被带到了一间面对庭院、带有阳台的大房间。墨绿色的地毯，厚重的家具，成套的皮沙发，大床，精致的梳妆台，胭脂色的窗帘，一应俱全。房间是无可挑剔的，自然租金也很贵，一天五个大洋！一次性先付清一个星期的租金。鹿地亘的钱包一下子就掏空了大半。后来才知道，这里是静安寺路（今南京西路）。这里的居住条件堪称完美，安全也没有问题，但租金如此高昂，实在无法久居。

　　翌日上午，萧军夫妇来看望他们。鹿地亘想通过萧军联系上夏衍。夏衍等正在上海编辑出版《救亡日报》。他踌躇了很久，他知道夏衍与鲁迅、萧军他们在左翼文坛上是两派的。面对日本对华的咄咄逼人的侵略行为，鲁迅、胡风等偏向于"民族革命战争的大众文学"，萧军等也是跟随鲁迅的，而周杨、夏衍等偏向于全民的"国防文学"，彼此之间一直有争论。实际上，两者并非水火不容，而是侧重点有所不同，目的原本是一致的，且随着鲁迅的去世，这场纷争也就偃旗息鼓了，但两派的人员之间却因此来往很少。鹿地亘则与两派关系都不错，他知道请萧军去联系夏衍不是很适宜，但眼下也没有其他渠道了。

　　据鹿地亘自己的回忆，他与夏衍的认识，是早年从日本留学回来、一度也是文学团体创造社和"左联"重要成员的郑伯奇介绍的，而郑伯奇，则是内山完造在书店里介绍他认识的。郑伯奇知晓了鹿地亘的经历和遭遇之后，就向夏衍做了汇报，夏衍约他们在法租界某家寺院（上海的法租界内似乎并无特别著名的寺院，或许是玉佛寺或龙华寺？）内的素斋馆餐叙，这是他与鲁迅认识一周之后的事[1]。在上海受到了诸如鲁迅和其他革命同志的瞩目、关心和关爱，让他很受感动。

陷于绝望之境而出国不久的孤独的流亡者的我，人生遭遇了逆袭，受到了中共和中国文化界的广泛的支持，这真是意料之外的幸运。我作为反对日本军部对中国侵略的一个日本国民（也可说是这些人的代表），萌生了与中国方面的反侵略运动合作、成为一个连接两国国民的纽带的念头，就是在这个时候。因此，那次会谈的情景，至今仍然栩栩如生地刻在我的印象里。夏衍在日本留学了九年，日语好得令人惊讶，从一开始我就觉得他是我百年的知己。[2]

在我的记忆里，在这一年半多的上海生活中，夏衍对于我而言，是一位由坚定的信赖连接起来的同志，是永远会在我身边的。在遭遇到困难的时候，我的脑海中自然就会浮现出他的面影。[3]

---

[1] ［日］鹿地亘：《在上海战役中》，东邦出版社 1974 年版，第 181 页。

[2] ［日］鹿地亘：《在上海战役中》，东邦出版社 1974 年版，第 181 页。

[3] ［日］鹿地亘：《在上海战役中》，东邦出版社 1974 年版，第 185 页。

　　但是此时，鹿地亘与夏衍失去了联系。他现在所接触的，主要是萧军、萧红。经萧军的联系，胡风来看望了鹿地亘夫妇，相见自然十分亲切，但他对他们夫妇俩的困境也是爱莫能助。不久，他自己一家也离开了上海，辗转去了武汉。萧军自己不久也要退向后方，正在与同伴们编一份抗战的文艺杂志《七月》。

　　支付了第二个星期的房租之后，鹿地亘在经济上已无法支撑下去了。眼下只有通过萧军来联系了。萧军听后倒是很爽快地答应了。于是鹿地亘写了一封信，请萧军送到蓝兰那里去（萧军自己似乎与夏衍并无直接的联络）。萧军夫妇与蓝兰他们有一点走动，蓝兰的住所他是知道的。

　　信送出去之后，他就在急切地等待着夏衍的来访。但是，一天，两天，几天过去了，毫无动静。萧军倒是几乎每天都来看他们，但他也没有夏衍的消息。鹿地亘变得非常沮丧，甚至对夏衍充满了不满。绝望之下，他甚至冒出了想向南京政府自首的念头，询问萧军，上海的国民党警备司令部在哪里。大不了被关进去，对他询问调查，这样的事儿他在日本经历多了，并不害怕，只要最后把真相查出来就好了。这一想法，让萧军大感惊讶。他一开始觉得还是再设法去寻求孙夫人或者夏衍的帮助，不要走此下策，后来想想，这条路或许也可以尝试一下。他对鹿地亘说，那好，我把你们送过去吧，要关，我陪你们一起关，一起进拘留所，跟你们在一起！

就在他向萧军吐露了绝望之下的冒险念头的第二天，夏衍出现了。夏衍向他解释说，在接到他信的时候，不巧他正患病，染上了霍乱，发作最严重的几天，连站都站不起来。现在稍好些了，就赶紧来看他。听了鹿地亘的诉说之后，夏衍劝他打消去警备司令部自首的念头，再设法通过孙夫人去联系一下，自己也会安排一下他们夫妇俩今后的生活。

夏衍后来派了一个名曰袁殊（1911—1987）（鹿地亘的笔下是袁珠，应该是记错或笔误）的人，来帮他们搬到一个比较安全可靠的地方。鹿地亘与袁殊原本就认识，但不熟，也不清楚他从事的到底是什么职业，只记得好像是个新闻记者。他对袁殊的印象一直不太好，在他的笔下，袁殊是一个有点江湖气的人，又正经又不正经，但本事很大，有时甚至能够呼风唤雨。

确实，袁殊的经历很复杂，具有极为浓郁的传奇色彩。他在几乎还是少年的时候，就参加北伐，后来又投身文艺界。18岁的时候，东渡日本留学，因经济拮据，待了一年多就回来，在日本接触到了马克思主义。回国后在上海与左翼文坛发生了关系，与冯雪峰、夏衍等人来往，并表示希望加入共产党。1931年10月，潘汉年秘密接见了袁殊，经考察后，介绍他加入了共产党，他根据中共的指示，洗去左翼色彩，混迹江湖，通过各种途径为中共获得情报。如此，他与日本领事馆的岩井英一发生了关系，又拜在杜月笙的门下，但内核依然是共产党。

一次，他被单线联系人供出，落到了戴笠的手里，被关了一年多。出狱后，通过日本领事馆再次获得了去日本留学的机会，1937 年，中日关系恶化，他又回到了上海。潘汉年决定启用他，具体由冯雪峰、夏衍与他联系。在获得了潘汉年的同意后，他后来又加入了戴笠的军统，担任少将组长。

1937 年 10 月，夏衍安排袁殊去帮助鹿地亘夫妇搬到别处去。对于袁殊的背景和经历，鹿地亘应该不是很清楚。

我不喜欢袁珠。总感觉他这个人不大可靠。

袁在青帮的大佬张师石所办的《时事新报》当一个政治记者，据说相当能干。不过，因为太能干，也常常会做出出格的事。因此人们往往觉得他靠不住。终于有人抓住了他的软肋，有一次他遭到了国民党右翼特务的绑架，在人间消失了。他这个人出入于任何的地方，他利用自己留日学生的身份，与日本官宪在上海的派出机构也大胆地交往。周围的人就利用这一关系反过来把他从困境中救出来。……具体的真相我也不是很了解。[1]

袁殊后来受中共指示，打入汪伪政府内部担任要职（一

---

[1] ［日］鹿地亘：《在上海战役中》，东邦出版社 1974 年版，第 193 页。

说伪宣传部副部长），同时向中共和重庆政府提供情报。
1955年，他受潘汉年案影响，被以"军统特务""日本特务"和"汉奸"的罪名判处15年徒刑，刑满后继续关押，1977年才脱离关押，潘汉年案平反后，回归正常的生活。这是后话。

那天，袁殊叫了三辆黄包车，三个人来到了法国公园一带的闲静的住宅区，来到了一处有外墙的住宅顶楼（三楼）的一个房间，这是袁殊自己的一个书房，书桌、藤椅、书架，书架上放着一些日本留学时带回来的书籍，多为左翼文学书。袁殊和家人住在二楼。他表示，明天下午会找到合适的住房，然后再搬过去，并叮嘱他们不要外出，不要与人接触。翌日下午，在外面转了大半天的袁殊赶了回来，再叫了黄包车，把他们夫妇带过去。到了那里，鹿地亘不禁倒吸了一口冷气，原来就在霞飞坊后面的一排比较廉价的出租房里，距离许广平的家也不远。对此，他做了这样的描写：

与法国公园西面相连的住宅街，走到尽头，就是一条商业街，我们常去喝俄国酸奶的一家食品店也在那里，走过这条街，是环龙路（今南昌路），在上海特有的由墙砖或是钢筋水泥砌起来的外墙围起来的里边，有好几幢西洋式的联排屋，看上去像是公司的职员住宅或是宿舍，分别排列在弄堂的两边。[1]

　　下了黄包车，袁殊带他们走到了最后一排前的一幢三层楼房子，进入里边，一个仆人应声来接待他们，二楼右边的一个房间就是他们夫妇俩的住处了。这是一间不大的房间，窗户虽然朝向外面，却有一股阴暗的潮气，进门处是衣橱，还有床、桌，两把椅子，一张扶手椅。一个像是垃圾焚烧炉一般的暖炉。像是用水墨画出来的地图一般的墙面的内侧，什么也没有。男仆赶紧拿来了一张大帆布一样的东西挂上去，充作窗帘。窗户对面，就是对面人家的窗户，若是双方站在窗户边对视，可谓彼此一览无遗了。公用厨房在地下室，有煤气和电，可以自己做一点简单的饭菜。盥洗室在走廊的斜对面、楼梯口的旁边。袁殊帮他们付了一个月的房租。对这样的住处，虽然心里感到不太满意，如今也只能在此安顿一下了。之后，袁殊又帮他们取来了行李和寝具。袁殊帮他在这里登记的房客姓名是"王永福"。

　　从仲秋到晚秋，夫妇俩就一直住在这里，同时在寻找脱离上海的途径和目的地。这一年的 11 月，中国的许多地方都沦为了战场，租界之外的上海都被日军占领了。鹿地亘始终觉得，他们受到了日方特务的监视。他总感到，对面的房子里，有人在窥探他们。他们尽量减少外出，尽可能拉起脏

---

[1]　［日］鹿地亘：《在上海战役中》，东邦出版社 1974 年版，第 197 页。

兮兮的窗帘。过度的紧张和敏感，让他日益不安和焦虑。除了与逐渐熟稔起来的山东出身的男仆聊天，他们在这里几乎无所事事。让他感到有点落寞的是，萧军和萧红没来这里看望过他们。事实上，萧军这时已离开了上海。萧军在自传中写道："我们可能是在九月间离开上海去武汉的，鲁迅先生的'周年祭'是在武汉参加的，我和萧红、聂绀弩等与胡风共同创办文艺刊物——《七月》。"[1] 根据鹿地亘《在上海战役中》中的叙述，9月，至少9月末前，萧军应该还在上海，萧军大约是在9月末、最迟10月份离开上海的（鲁迅的周年祭是在1937年10月19日）。鹿地亘搬到这里后，萧军应该已经不在上海了。夏衍来看望过他们一两次，给他们送来了数额不大却是救急的生活费，日常比较多的是袁殊会来适当地照顾他们。实际上，他是受了夏衍的指派，他代表的是夏衍。

在鲁迅周年祭后的没几天，男仆带来了一个人来见他们，一看，竟然是冯雪峰，幸子惊讶得欢呼起来。冯雪峰是给他们送钱来的，说是救援会凑的一点资金，请他们收下。说起上海的近况，一些重要的同伴纷纷离开了上海，胡风和也曾留学日本的作家黄源也都去各处寻找活路了，萧军已去了内地。冯雪峰伤感地说，今年鲁迅的周年祭，上海也是冷冷清清的，他与几个还在上海的朋友汇聚在许广平那里，举行了

---

[1] 《人与人间》，中国文联出版社2006年版，第287页。

一个简单的纪念仪式，之后，与许广平一起驱车前往万国公墓，祭拜了鲁迅墓，发现墓周围的杂草都已拔得很干净，还有一束鲜花供奉在那里，显然是有谁来过了。他们都想到了大概是内山老板吧。这时他的目光停留在了放在暖炉上的鲁迅遗像上，这是幸子特意拿出来的，以此来表示对鲁迅的纪念和缅怀。冯雪峰站了起来，拿起了鲁迅的肖像，目光久久没有离开，说起了一年前鲁迅葬礼的盛况，不禁感慨万千。

不久，鹿地亘发现了一个以前面熟的与日本宪兵有关的日本人就住在他们附近，一直在窥探他们的举动，仿佛生活中到处都有那个人的影子。他把这些情况告诉了来看他们的袁殊。袁殊有一天带了幸子去见一个重要人物，说是潘汉年[1]，结果等了很久很久，也未能见到。从袁殊的口中得知，夏衍也离开上海去了香港。鹿地亘内心感到一阵绝望。熟识的人一个一个都离开了上海，他不知道自己的前景在哪里，还有谁会在乎他们。

从袁殊口中得知，格拉尼奇夫妇自从他们俩离开之后，一直没有等到离沪的轮船，现在还住在亨利路。于是鹿地亘就给他们写了一封信，信中写道："我们正陷于困境，朋友们都一个一个离开了上海。有什么好的渡过难关的智慧，请赐教。"[2] 他叫幸子把信送到亨利路那里去，并请她把一些重

---

[1]　鹿地亘写成了"藩潘年"，但汉字旁的注音是潘汉年的发音。

[2]　〔日〕鹿地亘:《在上海战役中》，东邦出版社 1974 年版，第 235 页。

要的文稿和书籍寄存在许广平那里。幸子先去了许广平的家，然后去了亨利路。格拉尼奇读了信之后，心情沉重，得知孙夫人那边再也没有消息，就对幸子说，容我们考虑三天再给你们回音。

此时，南市也陷落了。又过了一天，袁殊带来了不好的消息，说是从法租界的中国职员那里获知，日本方面对鹿地亘发出了逮捕的通知，要求法租界将他们夫妇俩引渡给日本人。袁殊说，要求引渡的人，有郭沫若等七个中国人，和你们两个日本人，具体住处的路名门牌号都写得清清楚楚。显然，鹿地亘他们已经被监视很久了。袁殊又说，法租界当局虽然对日本没有什么好感，但也不敢太得罪他们，会磨蹭两三天。这两三天内，一定要设法脱出上海。

无奈之下，鹿地亘夫妇决定再做最后的努力。在格拉尼奇答应给予回音的第三天，他们装作去附近的一家理发店理发（事实上也理了发），摆脱了盯梢，然后断然去了亨利路格拉尼奇的家。格拉尼奇对他们的唐突到来并不惊讶，表现了一如既往的热情欢迎。

客厅里，已有一个客人坐在那里，西洋人，头发有一点花白，年纪与格拉尼奇相仿。他似乎已经了解了鹿地亘他们的情形，从椅子上微微站起来，友善地朝他们微笑，伸出了有力的大手，分别与两人亲切握手。他就是新西兰人路易·艾黎（Rewi Alley，1897—1987），著名的教育家和作家，1927年4月从新西兰来到上海，在公共租界工部局消防处任职，终生对中国人民抱着友好的情怀，竭尽全力支援受灾受难地区的中国人。1934 年，他在上海参加了第一个国际性的马克思主义学习小组，并与中国共产党取得了联系。以后，一生致力于促进中国的工业合作运动，担任"工合"协会的委员和顾问，是中共的坚定支持者。他维护和平，反对核战争，后来被列为中国的十大国际友人之一。1982 年，北京市政府授予他"荣誉市民"的称号。他与宋庆龄关系良好，一生未婚，收养了两名中国养子，最后死于北京并葬在中国。此是后话。

后来，路易·艾黎竟成了鹿地亘夫妇的救星。几乎陷于绝望境地的夫妇俩，向他们表示，如果被日本当局抓住了，他们就以死相抗，为了革命，献出生命也在所不惜。艾黎批评了他们的想法，笑他们怎么当了革命家也改不了日本的武士精神，在今天还在拘泥什么切腹自杀之类的。不过艾黎深知他们夫妇俩如今相当窘迫甚至是非常危难的处境。他知道昨天郭沫若已经坐船去了香港，询问他们：如果有可能去香港，是否愿意一试？这对夫妇俩来说，当然是绝处逢生的良机。于是当天下午，艾黎就出门为他们奔走，利用他特别的身份和关系，设法为他们买来了两张明天傍晚去香港的船票。为了便于逃离上海，艾黎给他们设定的身份是混血的华侨，父亲是中国人，母亲是墨西哥人，姓名分别是王彼得和王安娜。对于艾黎的仁义和果敢，夫妇俩自然是感激不尽。

鹿地亘后来在谈到艾黎时这样说：

在中国的十年间，我有机会接触到了诸多令人难忘的人物，这给我带来了很大的幸福。其中，对我而言，艾黎不只是我生命的恩人，而且在我们不久投入抗战的阵营以后，他也一直在明里暗里，给予我们很大的保护，给我们创造出了良好的国际环境。[1]

当晚，夫妇俩悄悄地回到了原来的住处，悄悄地收拾了行李，将可能留下痕迹的东西都在暖炉里烧掉了。恰好在此时，袁殊来了，告知他们已有密探布置在楼下的房间了。得知他们已找到了逃脱上海的途径，袁殊掏出了三十元给他们，并留出了四十元，明天去给他们买衣服。现在店家已经关门了，明天买好后叫他们送过来，都是中国式的衣服。

果然，翌日，衣服送来了。他们换好装，用二氧化碳染了头发，下午时分，悄悄出门，但是密探还是盯上了。他们施了一个小计，叫黄包车向反方向的静安寺那边走，多给车夫钱，叫他以最快的速度摆脱后面的盯梢，然后跑到一个出租车行，迅速叫了一辆出租车，向黄浦江的码头那边飞速驶去。盯梢的踪影再也没有出现。船是一艘很破旧的法国籍的小货船，此后，也经历了一些颇有传奇色彩的忐忑，最后有惊无险，平安度过了，限于篇幅，这里不再详细展开了。

---

[1] ［日］鹿地亘：《在中国的十年》，时事通信社 1948 年版，第 56 页。

　　翌日早晨，烟囱吐露着浓烟的小货轮终于驶出了黄浦江，向南行去。在上海将近两年的生涯，尤其是后三个月在战火中的奔波折腾和胆战心惊的岁月，终于画上了休止符。

　　我在读《在上海战役中》这本文学性自传或是自传体小说的时候，有一点困惑或是疑惑。他们夫妇俩，在这段时期内，与窦乐安路上的白俄房东夫妇有过充分的谈话（俄语或英语），接触过电影演员蓝兰，在萧军萧红家里住过，在许广平家里住过（交流的语言应该都是汉语），也在美国人格拉尼奇家里住了一个来月（英语），在袁殊安排的公寓房里住过一个时期，最后还与路易·艾黎有过深入的谈话。这些人应该都不会讲日语，我不知他们夫妇俩是如何与他们充分沟通的。鹿地亘能够翻译鲁迅的作品，说明他的中文阅读能力是可以的，但在上海总共待了两年不到，他的中文口语应该不怎么样，他的英文应该也是非常一般，幸子应该也不会比他更佳。但在这本书中，他与所有的这些人的口头沟通，似乎都非常顺畅（但下文中提及的与陈诚等的谈话，是由郭沫若做译员的），而且书中所传递的这些人物的内容，大抵都十分准确，极少讹误。我至今仍不能确定他们夫妇俩的语言能力。

逃离上海后的鹿地亘

　　逃到香港后的鹿地亘夫妇在一家小旅馆里暂住。迫在眉睫的，是两件事：一是设法找到中共的组织；二是为了谋生，想去饭馆或富人家当可以入住的洗碗工或仆人。就在报纸上寻找有无这样的机会，无意中看到之前在上海认识的救国会的骨干章乃器翌日在九龙有一场演讲会，于是赶到会场，与章乃器接上了头。章问清了他们的住处后，说会安排人来与他们联系。没想到第二天来到他们旅馆的竟是之前在上海交往颇多的一批青年美术家。他们说，这里是日本人的集聚区，不安全，设法将其转移到了城市边缘地带的一个老中医家里的一间房间，后来他们就在这里住了将近四个月。

　　鹿地亘还是想为国民政府的抗战事业服务，他托陆续离开香港前往武汉的郭沫若、夏衍、章乃器等向政府转达他的要求，但一直没有获得确切的回复。而这个时候，日军侵略的铁蹄日益向南，华南一带也有沦陷之虞。鹿地亘想，与其在香港苟且偷生，甚或倒毙街头，不如在死之前竭尽全力做点事情。于是他就写了各种反战的文稿投寄出去，后来陆续发表在中共的机关报《新华日报》、在广东发行的《救亡日报》及胡风他们编辑的《七月》杂志上。这时，夏衍等人通过同志告知鹿地亘，日本军方正在加强对于香港的监视，在香港陆续布下了特务网，叫他尽量缩小活动范围，减少外出。

对于鹿地亘的投稿，胡风有这样的记述：

（1938 年）2 月上旬，我接到了鹿地亘从广州寄来的信和一点诗稿。原来，他从上海逃到香港后得到了什么关系的帮助，到了广州 [1]。他希望参加中国的抗日战争。在上海，我曾帮助他译了中国左翼作家的小说和鲁迅的杂文，以维持他们的生活。现在他的情形这样，我反复考虑了以后，还是决定帮助他。中国抗日战争有知名的日本文人来参加，不管他能做多少工作，那对我们总是有利的。诗，不过是对中国抗日战争的一个表态，但我还是发表了它。另外，写了短文向中国读者介绍了他。介绍他，是为了使他能够参加抗战工作，所以不能不采取基本上肯定他的态度。……我把他的情况向（国民党中宣部国际宣传处对敌宣传科的负责人）崔万秋说了，崔万秋答应马上向上面交涉，把他弄到武汉来。但

---

[1]　其时应该仍在香港。——引者注

这时，郭沫若主持的政治部第三厅已经和他接上了关系，由政治部的关系，把他们夫妇约到武汉来了。[1]

1938 年正是国共合作较为顺畅的时期，中国国民政府军事委员会下设了政治部，由陈诚将军担任部长，周恩来担任副部长，郭沫若担任了主管宣传的第三厅厅长。某日，陈诚读到了鹿地亘的反战文章，颇为感佩，专门拨出费用，下令部下将他接到武汉来。于是广东保安司令部派出了刘科长，在夏衍的引导下，秘密来到了他的住处。3 月 18 日，在他们的护送下，鹿地亘从九龙坐火车进入了广东。火车驶进广东境内后，夏衍第一次露出了爽朗的笑，对鹿地亘说，现在你可以自由地用日语说话了。在八个月左右的颠沛流离和充满危险的流亡生活之后，鹿地亘第一次感到了可以用母语大声交谈的欢愉。

在广州，他们受到了广东保安司令郑少将的热情欢迎。此时因战事紧张而全力修建的粤汉铁路刚刚开通不久，他们一行休整了三天之后，坐上了北上的列车。当局为他们配备了一节特别车厢，还有卫兵一路护送。鹿地亘觉得自己是第一个坐这段铁路的日本人。顺利到达了汉口后，他立即就去拜访郭沫若，郭见到他很高兴，又立即将此事报告了陈诚。陈诚传下话来，说与郭沫若一起，翌日一早就来看望他。

---

[1] 《胡风回忆录》，人民文学出版社 1997 年版，第 89—90 页。

陈诚将军个子并不高大，但一看就知道是一位体格结实精悍、动作敏捷利索的武将。

他毫不掩饰内心的高兴，轻松随意地伸出手来与我们一一握手。郭沫若为我们做了翻译。[1]

陈诚对他说了这样的话：你们辛苦了。对于你们正义的行为，我们十分感动。中国政府并不把日本人民看作敌人。敌人是军阀，也不仅仅是日本的军阀，我们把本国的军阀也看作敌人。为了我们两国人民，我们与军阀斗争吧。你们对我的说法，赞同吗？[2]

鹿地亘后来写道："将军那时的这些话，令我深受感动，这一感动，至今仍非常清晰真切地刻印在我的脑海里。我当然完全赞同。"[3]

后来，陈诚给予了他很高的待遇。在 1938 年 3 月 24 日，正式聘他为"军事委员会政治部设计委员"，给他颁发了考究的聘书，并给他配备了住宅、副官和卫兵，享受部长顾问的待遇。鹿地亘自己感到，国民政府把他这样一个如丧家犬一般的流浪者一跃抬举到了天上，在不到一个月之内，

[1] ［日］鹿地亘：《在中国的十年》，时事通信社 1948 年版，第 67 页。

[2] ［日］鹿地亘：《在中国的十年》，时事通信社 1948 年版，第 68 页。

[3] ［日］鹿地亘：《在中国的十年》，时事通信社 1948 年版，第 68 页。

他的生存环境发生了天壤之别。

翌日 25 日，中国抗敌文艺家协会举行成立仪式，郭沫若邀请他们夫妇俩去参加。当他们在胡风的陪同下出现在会场时，全场爆发出了激扬的欢迎掌声。鹿地亘也在会场上作了一番激情洋溢的讲话，表示自己并不孤立，自己只是冰山一角而已，身后还有着无数的热爱和平反对战争的日本人民，日本人民与各位携起手来共同战斗的这一天，一定会来到！

转瞬之间，鹿地亘在武汉受到了凯旋般的欢迎，武汉的十一个民间团体联合举行欢迎集会，国民党宣传部邀请他们对各国记者发表了讲话。他们走在街头，常常会受到中国民众的簇拥和欢迎，鲜花和掌声让他们仿佛身处如梦似幻的境地。

在武汉时期，鹿地亘夫妇跟随冯玉祥的夫人李德全等，到九江的陈诚将军指挥的第九战区司令部、张发奎将军指挥的集团军司令部去劳军。他所扮演的角色，更多的是向广大中国军民显示，在日军大肆侵略中国的时候，也有富有良知的日本人站出来，坚决反对这场对中国的侵略战争，所到之处，确实鼓舞了在前线的中国官兵。他又不断地被拉到各个场合去参加演讲会、宴会、招待会等，负责国际宣传的国民党中宣部副部长董显光[1]、《大公报》主编张季鸾等也纷纷举

---

[1] 宁波人，与蒋介石同龄，曾在奉化龙津中学教过蒋的英文，后赴美留学，毕业于哥伦比亚大学新闻学院。英文极好，著有英文自传等。

行宴会招待他，一时间，他简直成了一个名人。对此他感到不安，觉得自己没有做什么实际的工作，一直漂浮在上面。在九江时，他获知日军的参谋本部正悬赏五万元来捉拿他，配有照片的传单被发布到在华日军的前沿部队。

以日本人的反战言行来鼓舞中国的军民，这意义自然很大，但恐怕有点难以持久。鹿地亘最想做的事情，便是教育开导日军俘虏。平型关一战之后，在华北和湖南一带常有日军被俘，但这些日军官兵由于受到军部的极端的忠君爱国思想的洗脑，第一要维护所谓皇军的名誉，第二害怕遭到中方的虐待杀害，首先是死活不愿成为俘虏，其次即便被中方抓获，也力图"杀身成仁"，让中国方面感到十分棘手。当时中国方面设立了几个关押日军俘虏的收容所：华北一带捕获的，被集中在西安第一收容所；华中华南捕获的，集中在湖南常德的第二收容所；空军方面的俘虏，集中在成都的航空委员会特别收容所。但事实上，由于日军战俘的极度抵触和反抗，在从战场上押解到收容所的途中，很多人会谋求自杀或千方百计设法逃跑，真正抵达收容所的人只是俘虏的一小部分。当时中国方面的态度是，日本人民不是中国的敌人，日本军阀才是，且一开始就提出了"绝不杀害俘虏""优待俘虏"的政策。国民政府政治部，尤其是郭沫若主管的第三厅，就制作了不少配有图片的传单散播出去。但实际的效果很有限；还是需要具有说服力的人，用地道的日语来把中国的政策有效地传递给日军俘虏。鹿地亘就想在这方面协助中国政府，把中方的意思准确地传达给日军俘虏。

　　1938 年 10 月初，鹿地亘终于获得了一个机会。他在两名中国人的陪伴下，来到常德第二收容所，与 130 名左右的日本俘虏共同生活了两个星期，观察他们的起居和日常的想法，把中国方面的政策以日常聊天的方式传达给俘虏们。后来他把这两个星期的实况，写了一篇纪实报告《和平村记》。和平村，就是指第二收容所。

　　此时，战火已经迫近武汉了。1938 年 5 月 20 日占领了徐州的日军，继续南下，从三面向武汉进发，尽管遭到了中国军队的顽强阻击和抵抗，还是在 10 月 26 日突入汉口的北郊之后进入战火熊熊的汉口市区，武汉失守。国民政府的各个机关匆忙撤离了武汉，向西南部退却。在撤离武汉之前，鹿地亘与第三厅的宣传队等书写印刷了大量的反战传单，散布在日军有可能进入的所有建筑物内。之后他与第三厅的宣传队暂时滞留在了长沙。此时日军再次迫近，在蒋介石推行的"坚壁清野"的政策下，1938 年 11 月 12 日夜里，守军自己点燃了焚烧长沙的大火，在火光冲天的混乱中，他与郭沫若、第三厅第七处主管对敌宣传的第三科科长冯乃超（1901—1983）、剧作家洪深等狼狈地乘坐火车往桂林方向撤离。

　　辗转来到桂林后，鹿地亘的妻子与郭沫若夫妇又坐了飞机前往重庆。鹿地亘则和冯乃超等留在了桂林，当时，国民政府的西南行营设在了桂林。此后，直至抗战胜利，鹿地亘几乎一直与冯乃超在一起工作。他对这位祖籍广东、出生于横滨、在日本受完小学教育后回到家乡、之后再去日本留学的同志，有很高的评价：

冯乃超实际上是与我同一届的东京大学文学部毕业生 [1]，回国以后与郭沫若等一起创办了创造社 [2]，是一位革命诗人，今天知道他是诗人的人反而是少数了。长期的艰苦的斗争，是如何锻炼培养出一个坚强不屈的可靠的革命战士的，最好的实例，就是战争中的他。在武汉我与他第一次再会的时候，我看出了他是一个大气爽朗富有凝聚力、但难免还带有文弱气的"文化干部"。但是后来，从大移动开始，经过了抗战的八年，我们终于结成了一天也难以分离的兄弟般的关系，在此期间，他一天天地锻炼成熟起来了。在大移动的时期，他是实施培养日语干部、教育日俘计划的负责人，常常忙得精疲力竭，但仍然坚持不懈。我对他非常感佩的是，即便忙得筋疲力尽，他也从来没有怨言，不会表现在脸上，所有的人有事都会与他商量，他总是不厌其烦地倾听别人的诉说，与对方讲道理，然后付诸实施。他真的是坚忍

---

[1] 原文有误，冯毕业于京都帝国大学文学部。——引译者注

[2] 冯不是创造社的创建人，创造社是 1921 年 6 月在东京成立的，主要创始人是留日学生郭沫若、郁达夫、田汉、张资平等。冯是 1927 年毕业回国后参与创造社活动的，是后期创造社的主要成员，此时郭沫若已经离开创造社，投入了北伐战争。这里鹿地亘的记述有误。——引译者注

不拔地在战斗。后来，特别是在进入了反动时期的重庆，很多人都陷入了狼狈或是绝望的境地，他总是保持了千年如一日的沉着淡定，以文化界统领者的角色，完成了一项又一项的工作。他是一个持久战孕育出来、持久战中成长成熟的组织者的人格的典型。他是一个受到了所有同志的爱戴、连敌人也佩服的人。[1]

顺便说及，冯乃超其实还是第三厅的中共特别支部书记，1949 年以后，任中央人民政府政务院文教委副秘书长、中山大学副校长兼党委第一书记、第一届全国人大代表、广东省政协副主席，此是后话。

转到桂林之后，鹿地亘在冯乃超等的帮助下，在一个湖南省南岳游击队干部学校里讲课，培养会讲日语的干部。三个月之后，培训结束，他就考虑在日本俘虏收容所内设立一个培养班，选拔一小批人，与一般的俘虏隔离开来，给予特别的教育，由他们日后在俘虏中扩展影响。由于日本方面的长期洗脑，当时大部分的俘虏都很顽固，且坚信日本一定会胜利，如果在这里改变立场态度，胜利后回到日本就会遭到唾弃。再加上有少数头目从中作梗、暗中威胁，因此一般的俘虏都不会轻易配合。在这样的环境中，很难对日军俘虏进行教育，若从少数不那么顽固的人那里着手，可以慢慢打开

---

[1] ［日］鹿地亘：《在中国的十年》，时事通信社 1948 年版，第 94—95 页。

局面。鹿地亘的想法一直得不到国民党中上层的积极支持，他们觉得战俘就是一个累赘，加强监视、不让他们逃跑就可以了。他试图通过白崇禧、吴石等把他的意见传递到蒋介石那里，但迟迟没有回音。鹿地亘认识到，只有拿出了教育的效果，才会让他们信服，改变观念。不过他的这一想法，得到了副主任叶剑英的谨慎支持，叶并向他介绍了当年共产党开展农民运动的经验：一定要把群体中坏头目的气焰打下去，其他人才可以被发动起来。

由于吴石将军的帮助，进入 1939 年 4 月后，这一设想获得了蒋介石的批准，并指定由政治部具体主管这件事。5月中旬，在重庆遭到了日军第一次大轰炸之后，他与冯乃超一起飞到了这座战时的首都。还在武昌的时候，他曾受到过蒋介石的召见，对他的印象不错。

但事实上，反战同盟的活动并不很顺利。一方面，重庆政府的多个部门都想插手，把鹿地培育起来的战俘反战团作为向各国外交人士和媒体展示改造俘虏成果的展示物，且国民党宣传部和军事委员会下的政治部彼此争相邀功，让鹿地感到自己成了某种工具或花瓶。另一方面，他还受到了来自日本的青山和夫（1907—1997）的挑战。青山早年也曾加入日本共产党，1934 年被日本当局逮捕，后来以书面的形式表示"转向"，被判刑两年，缓刑四年，出狱后来到了上海，被王芃生主导的国民政府下属的国际问题研究所聘为顾问，从事敌情（日本）研究和反战活动，在反战同盟事业上，成了鹿地亘的竞争对手。或许是出于妒忌或是出于什么动机，青山四处中伤他，他感到有些沮丧和疲惫。恰好在此时，白崇禧和吴石两位将军邀请他去桂林从事战俘改造工作，于是他心生去意。1939 年 8 月末，他求见陈诚，将自己的想法坦陈，陈诚支持了他，勉励他为正义事业继续努力。9 月中旬，他乘坐飞机重新来到了桂林。吴石安排了廖济寰来协同鹿地开展这项工作。

鹿地在进行了两个月的深入调查后，对当地的战俘所进行了大刀阔斧的改造，对顽固分子进行了坚决的惩治，同时选拔了 11 名可以改造的俘虏，将他们带到桂林郊外七星岩附近的一所寺院进行特别教育，结果大获成功。后来又带了改造好的俘虏去昆仑关第一线进行反战宣传，也收到了良好的效果。于是鹿地再度来到了重庆，在重庆建立了反战同盟总部。在郭沫若、冯乃超等第三厅干部的帮助下，为避开日军的轰炸，在距离重庆 30 公里郊外的赖家桥这一小村庄里建造了同盟总部和可以让包括改造好的俘虏在内的相关人员居住的宿舍，并创办了同盟的机关杂志月刊《真理的斗争》。1940 年 9 月，重庆和桂林两地的反战同盟先后以火线工作队的形式，分别开到了湖北和广东的前线，向敌占区进行反战宣传。

就在此时，重庆的官场也发生了复杂的变化。陈诚不得不辞去政治部长一职，专任第六战区司令长官。周恩来也不再担任副部长，郭沫若则卸任第三厅厅长，改任权力相对较小的政治部下设的文化工作委员会主任。差不多同时，在延安也出现了由日本共产党干部野坂参三（1892—1993）主导的反战组织"日本士兵反战联盟"（1944 年重新组成为"日本人民解放联盟"）。于是政治部就来询问，延安的组织与重庆的反战同盟是什么关系。如此一来，重庆的反战同盟就陷入了一种被动的局面。然而，桂林那边，左翼势力还是占了大半的天下，桂林的反战同盟一直有积极的进展。他们准备上演反战的戏剧，请鹿地写一个剧本，于是鹿地赶了三天，写出了名为《三个兄弟》的三幕剧，由在桂林的夏衍将其译成中文，在桂林上演之后，又去第四战区司令部所在地柳州以及贵州的各个城市演出，获得了热烈的成功，再反过来打入重庆，在重庆最大的国泰剧场上演。结果在第三天遭到了何应钦将军的禁令，禁演的理由是这部戏剧写了"劳动人民的革命"。无奈之下，鹿地率领了火线工作队，主要跟随陈诚将军的第六战区部队，在恩施、宜昌一带活动，在当地受到了广泛的好评。

1941 年 1 月发生了皖南事变，之后，国共关系迅速陷入了紧张状态，原来互相合作的氛围和环境已不复存在，重庆的一些左派文艺家和青年在不同程度上受到了政治迫害。鹿地亘回到重庆后，立即感到了与此前大相径庭的气氛，他主导的反战同盟的活动也受到了限制。政府向同盟派来了所谓的"联络顾问"，并在宿舍门前派驻了一队卫兵，名为保护，实际上是监视同盟的活动。

阴谋家们宣传说，反战同盟是"共产党员"鹿地亘领导下的共产党组织。当然，如前所述，反战同盟是在如下的四点纲领指导下的一个联合战线的团体，四点纲领是：反对战争、打倒军事独裁、民主日本、中日两国人民的民主的合作。同盟不可能是一个共产党的组织。这些人只是想利用反共的险恶形势，来不断地在政府内散播"反战同盟的危险性"。[1]

鹿地亘意识到了反战同盟有被处理的可能性，于是对同盟的成员作了布置，希望他们即使被遣送回收容所，也要在里面积极工作，注意培育能够合作的俘虏。终于，在各方面的压力下，1941年8月23日，鹿地亘通过郭沫若接到了上面的解散反战同盟的通知，理由是"同盟内部有不妥当的人员，需要送回收容所接受再训练"，而且必须在25日前将所有人员交送给政治部。郭沫若自己对此感到痛心不已。

受到了如此的待遇，鹿地亘自然是非常激动，他请郭沫若转交一份给新任政治部长张治中将军的信函，宣布辞去政治部的所有职务，既然自己在中国已经无用武之地，请求当局允许他出国。张治中在复函中对他进行了慰留，并表示在政治部内设立一个名义上的"鹿地亘研究室"。24日上午，

---

[1] ［日］鹿地亘：《在中国的十年》，时事通信社1948年版，第126—127页。

鹿地在冯乃超的陪同下，向同盟成员宣布了解散的通知，大家已有思想准备，并未出现任何骚动。下午，举行了送别大会，文化工作委员会的许多成员、诸如郭沫若和作家老舍等都赶过来参加，与同盟关系密切的儿童剧团的少年少女也闻讯赶来，大家热泪盈眶，互相拥抱，依依惜别。接着举行了送别晚宴，郭沫若一一与大家干杯，结束后，他紧紧地握着鹿地的手，深情地说：

在自己应该很悲痛的日子里，我反而感到了很大的喜悦和激励。我这一生中，还没有受到过如此的感动。我是知道反战同盟的出色的业绩的。但是，在今夜之前，我还真没料到每一个同志都已锻炼成长成了如此可信赖的、坚如磐石的战士。我为同志们感到心痛，为自己的疏于了解而感到羞愧。向你表示敬意。[1]

这是鹿地事后的记录，是不是郭沫若的原话，或许难以确认，但应该也不是杜撰，因为撰写此书的 1947 年，郭沫若自然还健在，就在一年前，郭还发表了《告日本文化人书》。鹿地还专门撰写了郭沫若一节，将他与鲁迅一起并列为中国文化界的巨人，限于篇幅，这里不再展开。当然，这只是鹿地个人的评价。

---

[1] ［日］鹿地亘：《在中国的十年》，时事通信社 1948 年版，第 160 页。

　　后来，鹿地亘依然以各种方式参与反战活动，但是作为组织的"日本人民反战同盟"已经被解散了。

　　一直到日本战败之后，他才设法回到了日本，先是参与左翼的日本民主文学活动，后来参加战后第一届参议院议员的竞选，结果落选。1951 年 11 月 25 日，在神奈川县藤泽市养病的鹿地亘突然遭到了盟军总司令部（GHQ）第二参谋部下属的情报机关（加农机关 [The Canon Unit]）绑架性的逮捕，关押了一年多之后，被释放，后来又以间谍罪的嫌疑，被屡次叫到法庭讯问，最后也是不了了之，因为当局并未获得强有力的证据。

　　在对他不友好的政治环境和健康受到损害（因肺结核而切除部分肋骨等）的状态下，他依然著译不辍，主要出版了如下的著译：《中国文化革命》（九州评论社，1947 年）、《我们七个人》（中央公论社，1947 年）、《在中国的十年》（时事通信社，1948 年）、《鲁迅评传》（日本民主主义文化联盟，1948 年）、《抗战日记》（九州评论社，1948 年）、《脱出》（改造社，1948 年）、《在山的那一边　重庆物语》（新星社，1949 年）、《暴风骤雨》（周立波著，鹿地亘译，鸽书房，1951 年）、《毛泽东 1942 年在延安文艺座谈会上的讲话》（毛泽东著，鹿地亘译，鸽书房，1952 年）、《李有才板话》（赵树理著，鹿地亘译，日本出版协同，1952 年）、《鹿地亘作品集》（朝日书房，1954 年）、《已经没有天　已经没有地》（光书房，1959 年）、《心灵的轨迹（第一部）动荡的大海》(三一书房，1960 年)、《沙漠的圣者——献给中国未来的路易·艾黎》(弘文堂，1961 年)、《谋略的告发》(新日本出版社，1963 年)、《红日》(吴强著，鹿地亘译，新日本出版社，1963 年)、《新中国诗集》(鹿地亘译，国文社，1963 年)、《中国的文学美学理论的展开》(鹿地亘编译，同时代社，1965 年)、《黑暗的航迹》(东邦出版社，1972 年)、《在上海战役中》(东邦出版社，1974 年)、《日本士兵的反战运动》(同成社，1982 年)、《日本人民反战同盟斗争资料》(鹿地亘编，同成社，1982 年)。

鹿地亘在东京帝国大学读书时，对文学和社会运动产生了浓厚的兴趣，后来参与左翼文艺运动，1932 年加入了日本共产党，虽然入狱后表示了"转向"，但这只是权宜之计，并不意味着他对共产主义的信仰的大的改变。他原先并未特别关注中国，只是为了逃脱日本当局对他的监视，才混入一个剧团，临时来到了上海。在上海，他通过初次见面的内山完造而认识了并不很了解的鲁迅，立即为鲁迅的人格、学识所折服，成了鲁迅忠实的信徒，又在上海结识了夏衍、胡风、萧军等左翼文学人士，埋首鲁迅著作的日文翻译，最终成了《大鲁迅全集》的主要译者之一。从他日后的著作来看，他对于上海的街巷、上海的人和事，还是充满了深切的感情。"八一三"淞沪抗战之际，他为了摆脱日本当局的监视，辗转于多个住处，在胆战心惊中度日，最后得到路易·艾黎的帮助，逃离了日军占领的上海，流落于香港。

此时再一次得到中国左翼人士的帮助，来到了武汉参加反战运动。虽然一路波折，但始终初衷不改，在战俘教育和改造、对前线日军的政治宣传上，作出了不小的贡献。回到日本后，他其实一直处于比较艰难的状态。日本共产党虽然在战后恢复了活动，但似乎一直未能结成大团结的局面，在政治上未能形成强有力的力量（在国会一直占有 2% 左右的席位）。他在组织上似乎没有再靠拢日本共产党，然而实际上，他始终没有洗去 1920 年代末期开始浸染的原教旨革命路线的色彩。他早期左翼活动家的历史和政治信仰，在战后引起了美国占领军和日本当局对他的警戒甚至是一定程度的迫害，虽然有种种他卷入间谍案的嫌疑（内情有点扑朔迷离），但实际上并无翔实有力的证据。从他一生的著述来看，他对于新中国的文艺倾注了极大的关注，对于毛泽东的文艺思想发出了由衷的讴歌，对于昔日的反战活动，他也抱着始终如一的信念。

回视往昔，鹿地亘的半生，与上海、中国的左翼文学运动以及中国的抗战紧密相连，在日本人中，他表现出了坚定的反战姿态，这在当时是一个比较罕见的现象。期待对鹿地亘的研究，今后有进一步的展开。鹿地亘自己已经留下了不少自述文字，相信绝大部分都是信实可靠的，当然还需要结合其他相关的文献资料，来进一步加以佐证、辨析和勘误，以再现他的真实面貌。

第六章

注定破局的"和平工作"

汇中饭店的魅影："和平工作"的缘起

1938 年 1 月中旬，受时任中国外交部亚洲司司长高宗武（1906—1994）的暗中委派，皮肤白皙、身材壮硕的亚洲司第一科科长董道宁（1902—?），先是坐飞机自汉口飞到了香港，再从香港坐船来到了上海。他此行的目的，最初是约谈在上海的日本驻华大使川越茂（大约一周之后他就被免去了大使职务），希望通过他能说服日本方面放宽停战的条件，但未获成功。他打听到了此前关系不错的友人、挂着"南满洲铁道株式会社"（以下称"满铁"）南京事务所所长头衔的西义显（1897—1967），此时正住在南京路最东端的汇中饭店（建成于 1906 年，现为和平饭店南楼）内。1 月 17 日，一个高大的身影轻轻敲开了七楼的西义显的房门，紧紧握住了满脸惊讶的对方的手。在这一瞬间，此后长达两年的所谓"和平工作"，便拉开了序幕。

此时，除租界之外的上海已经被日军占领，首都南京也已被攻陷，中国的东北和华北都在日本的掌控之中。1938
年 1 月 16 日，德国驻华大使陶德曼宣告，受委托进行的中
日间的和平调停失败。同一天，日本首相近卫文麿发表第一
次声明，宣布"尔后不以国民政府为谈判对象"，并召回了
日本驻华大使（两国间互派的使节级别刚刚在 1935 年 5 月
从公使级升格为大使级）。两天后的 1 月 18 日，中国召回
了驻日大使。虽然双方都没有宣战，但中日间正式的官方渠
道由此中断。但双方依然试图通过各种渠道进行接触，以达
到停战甚至和平的目的，这样水面下的接触、交涉的"和平
工作"，差不多一直持续到了 1940 年 3 月。上海，则是其
主要的舞台之一。

　　为何会有所谓中日间"和平工作"的发生和展开？

　　在日本方面，是企图以较小的牺牲和损失来占领、掌
握、操控中国的领土和资源，以获得最大利益。在"七七"
卢沟桥事变发生之前，日本已经通过武力占领、炮制伪满洲
国的方式掌控了中国整个东北地区，之后逐渐南下，通过
策划所谓的"东蒙自治""冀东防共自治政府"来蚕食中国
的华北地区，进一步扩张在中国的势力和利益。"七七"事
变的发生和之后局势的变化，是进入昭和时代以来日本推行
的对华政策及战略的必然结果，这一政策和战略在日本攻陷
了除租界之外的上海和首都南京之后，又得到了进一步的升
级；对中国，至少是大部分中国的控制，已经固化为当时日
本的既定国策。但同时，日本又试图以最小的代价、最小的

牺牲，即减少甚至停止战争的行为，亦即所谓"和平"的方式，来达到这一目的。同时必须看到，在国家主义的狂潮甚嚣尘上之际，日本仍然有一些对中国怀有情愫、真心希望和平、竭力在中日之间停止战争的人士，后来这些人成了"和平工作"中不可或缺的角色。

在中国方面，诚如蒋介石在"七七"事变爆发后的 7 月 17 日于第二次庐山谈话会上所言："我们希望和平，而不求苟安；准备应战，而决不求战。"在表示了坚决的抗战态度之后，他又重申："在和平根本绝望之前一秒钟，我们还是希望和平的，希望用和平的外交方法求得卢事的解决。"[1] 维护国家的主权独立和领土完整，是当时中国上层核心领袖和民间舆论的基本态度。同时，政府的核心（国民政府军界的中上层军官，不少是日本陆军士官学校的毕业生）也认为，以当时中国的实际国力和军事实力，似乎还难以战胜日本。日本在进入明治时代后不久的 1870 年代，即仿效欧洲陆军改造旧式军队，1874 年设立培养现代下级军官的陆军士官学校，1882 年设立培养现代中级军官的陆军大学校，1888 年设立海军大学校，1888 年废除了旧式陆军的镇台制而改为师团制，全面导入欧洲的现代军队元素。同时，现代教育制度的建立和学校的普及，也极大地提升了军队官兵的基本

---

[1] 韩信夫、姜克夫主编：《中华民国大事记》第 4 册，中国文史出版社 1997 年版，第 99 页。

素养，再加上现代武器装备的配置，实际战斗力上已经远胜于当时的中国军队。在"七七"事变爆发前的 1936 年，日本陆军就计划将可动员的兵力扩展到 17 个常设师团和 12 个特设师团、可动员的总兵力 148 万人[1]。直至 1945 年 8 月日本宣布投降时，日军在中国领土（包括台湾和香港）上尚有陆军 118.38 万人，海军 13.16 万人，总共 131.54 万人[2]。1937 年日军占领了华北、攻陷了上海和南京，翌年攻陷了武汉和广州以及几乎所有的中国沿海地区。面对日军的凌厉攻势，中国方面也试图通过和谈达成一个和平的协议，来力争中国的主权和领土的最大化。因此才有了自 1937 年 10 月开始至 1940 年为止的所谓"和平工作"（包括蒋介石一方的代表与日方在香港的几次谈判）。

1937 年"八一三"淞沪抗战爆发的时候，中国方面想趁日本援军尚未到来之际，投入抗战以来最大的兵力，力图将日军逐出上海。时任副参谋总长白崇禧叙述："我军力若每一集团军以三军计算，共十八个军，若海军以三师计算，共五十四个师。敌人之兵力至九月底共集聚二十万人。"[3] 面对日军的进犯，中国军队进行了顽强的抵抗和壮烈的浴血奋

---

[1] ［日］长野耕治等：《关于日军在人员战力上的建设》（「日本軍の人の戦力整備について」），《防卫研究所纪要》，第 17 卷第 2 号（2015 年 2 月），第 154—155 页。

[2] 《东京新闻》2010 年 8 月 8 日，引自"大图解系列"《思考战争结束的日子》（『終戦の日を考える』）。

[3] 《白崇禧口述自传》上，中国大百科全书出版社 2009 年版，第 79 页。

战。然而中国军队虽然在人员数量上占据了绝对优势，但日军在空军和海军的配合下，很快扭转了劣势，转守为攻。进入 10 月以后，日军攻势凌厉，中国军队节节败退。11 月初，比利时首都布鲁塞尔正在举行九国公约会议，蒋介石考虑到上海的国际地位，寄希望于欧洲国家的干涉。不意此时欧洲正遇希特勒德国强势崛起，墨索里尼的意大利也在一旁兴风作浪，时局不稳，欧洲大国无暇顾及东亚的事务，让蒋介石甚为失望。

日本虽然在战场上逐渐取得了优势，但 10 月份的时候，还没有把战事过分扩大的计划。10 月 21 日，广田弘毅外相向德国驻日大使狄克逊表示，可请德国来担任中日战争停战的调停国。请德国而不是英国或法国，是因为日本在上一年的 11 月已与德国签署了共同防共协定，成了事实上的同盟国。"七七"事变发生后，德国方面屡次通过其驻日大使馆劝诫日本尽早停战。而国民政府自 1920 年代末以来，在经济和军事上与德国也有较为密切的合作，聘请了德国军事顾问帮助训练军队，同时购买了不少德国的武器装备，也会接受德国的调停。大约在 10 月下旬，日本参谋本部第二部的马奈木敬信中佐与德国驻日大使馆武官欧根·奥托少将一起来到了上海，在上海会见了德国驻华大使陶德曼，转告了日本的停战意图。马奈木早年在担任日本驻德大使馆副武官的时候，就与陶德曼比较熟。稍早的时候，他获知淞沪抗战期间陶德曼不时到上海战场来考察战况，便与参谋次长多田骏中将和参谋本部作战部长石原莞尔中将商议，委托陶德曼在中日之间进行停战斡旋，在得到了允准后，与奥托一起来到了上海。

11 月 2 日，广田外相向狄克逊大使出示了日本方面对于停战的具体条件：（1）建立"内蒙古自治政权"（在国际法上具有与外蒙古相同的地位）；（2）在华北设定非武装地带（自伪满洲国边界至平津以南），国民政府可在华北任意行政（但希望其行政首脑是亲日人士）；（3）在上海设定比之前更广泛的非武装地带；（4）停止抗日政策；（5）共同与共产主义进行斗争；（6）降低关税；（7）尊重外国人的权利。在接到了德国政府的训令（一说，来自狄克逊大使的联系）之后，在 11 月 5 日，陶德曼将日本方面的和平条件转告了蒋介石[1]。蒋介石回答，倘若日本不准备恢复到事变发生之前的状态，无法接受日方的提案。那时蒋介石还在期望九国公约会议能通过一项对日本制裁的决议。但结果是没有。

在攻陷了上海之后，日本继续扩大战争，向南京一路进发，中国军队全线溃退。12 月 2 日，蒋介石在南京会见了陶德曼，表示日本之前的和平条件若没有变更的话，可请德国以此为基础在中日间进行调停。日本暂时不予回复。12

---

[1] 据日本国际政治学会等编：《走向太平洋战争的道路：开战外交史》（『太平洋戦争への道　開戦外交史』）第四卷"日中战争"（下）第一编第二章，朝日新闻社 1963 年版。

月 13 日，日本攻占了中国首都南京。此时，日本全国上下狂热情绪高涨，新设立的大本营政府联络会议，对于停战制定了更加严苛、无理的 11 项新条件，包括正式承认伪满洲国、设定华北五省（当时还有察哈尔省）为非武装地带、日军在华北五省及内蒙古和华中的一部分地区在必要期间的驻军等，限定中国在 1938 年 1 月 15 日之前作出回复。这极其严重地侵犯了中国的主权和领土完整，尤其承认伪满洲国是中国政府无法突破的底线，但此时战事对中国极为不利，只能对日本的要求采取拖延政策，直到 1938 年 1 月 14 日，才口头表示，日本的条件过于广泛，希望有更加详细的说明。日本对此勃然大怒，15 日决定中止停战交涉，并发表了"尔后不以国民政府为谈判对象"的第一次近卫声明。

但中日朝野间，依然还有相当大的势力希望尽早结束中日间的战争。

这里再回到这一章的开首部分。先叙述一下在汇中饭店出场的两个人物及其背后的高宗武。

长得清瘦精悍的高宗武，1905 年出生于浙江乐清（属温州），大约在 1923 年 18 岁的时候赴日留学（具体年份众说纷纭，据他自己所言，留日 8 年），之前的教育背景不详，后考入九州帝国大学法学部，主攻政治学，据有关资料记载，他之后有东京帝国大学的"学士入学"经历。所谓学士入学，就是在另一所大学已获得或将要获得学士学位的人，预先登记进入本大学入学。他自己在回忆录中说："我在日本学习八年，日语说得跟日本人一样。我的时运不错，1931 年从东京帝国大学法学部毕业后回国。"[1] 之后究竟是否有在东京帝大毕业，不详。

高宗武戴着一副眼镜，经常是一袭西服，看上去文质彬彬，实际上头脑敏锐，精明能干，善于辞令。回国后，本来打算在 1932 年春末去广州中山大学任教，此时日本发生了少壮派军人策动的"五一五事件"，高根据他对日本政治的观察和了解，立即撰写了一篇短文投给了南京的《中央日报》。其犀利得当的分析，引起报社高层的关注，在文章发表的编后语中示意他来报社一谈，拟聘他为专职撰稿人。于是他就按照约定每周为报社撰写两篇专栏文章和两篇社论，月酬 150 元，另在南京中央政治学校任教，每月也可得 150 元。月入 300 元，大约与鲁迅每月的稿酬相当，也是当时一个资深大学教授的月酬。不久，有外交部背景的《外交评论》创刊，他又为该刊写稿。他的对日见解引起了蒋介石和行政院院长（即内阁总理）兼外交部长汪精卫的注意。他于 1932 年夏加入以蒋介石为委员长的军事委员会，同时进入外交部，归在汪精卫的麾下。高回忆说：

---

[1] 高宗武著，陶恒生译：《高宗武回忆录》，中国大百科全书出版社 2009 年版，第 1 页。这本回忆录用英文撰写于 1944 年 8 月的美国。

1932 年春天，我第一次见到汪。他写了张字条召见我。他要见我是为了我在南京《外交评论》上发表的一篇有关日本国内状况的文章。

我们单独谈了两个半小时。跟其他人一样，我对他的魅力和美貌（像戏台上的英雄或童话中的王子）、活泼的脸部表情、沉静的仪态以及从而显示出的思想深度、生动感人的语气，为之印象深刻。[1]

1934 年春，高宗武被任命为外交部亚洲司副司长，这一年他 29 岁，因其处理中日纠纷的干练，翌年 5 月晋升为司长。据下文详述的日本人西义显的说法，高在外交部的快速晋升，主要是由于时任外交部常务次长唐有壬（1894—1935）的赏识和提拔[2]。这个说法，应该是高自己告诉西义显的，但他自己的回忆录中并未提及此事。唐有壬是反清志士唐有才的儿子，19 岁时赴日留学，毕业于庆应大学理财科，归国后任北京大学经济学教授，后进入中国银行担任高管，与新文化界的人士也相交甚好，他是下文要叙述的吴震修的私淑弟子。后与汪精卫相契，经汪的引荐，进入国民党中央高层，担任过国民党中央政治会议秘书长和中央执行

---

[1] 高宗武著，陶恒生译：《高宗武回忆录》，中国大百科全书出版社 2009 年版，第 26 页。

[2] 《悲剧的证人——日华和平工作秘史》（『悲劇の証人 日華平和工作秘史』），文献社 1962 年版，第 74 页。

委员，1934 年 2 月出任外交部常务次长（即常务副部长）。1935 年 12 月 25 日，在上海甘世东路甘邨寓所后门口，被国民党系统的激进组织中华青年抗日锄奸团刺杀。

"七七"事变爆发后，中日之间进入全面的战争。此时在国民政府和知识界的中上层，弥漫着一种悲观的气氛和论调，认为以当时中国的实力，难以与日本作正面的对抗。以当时国民党中宣部代理部长周佛海在南京西流湾 8 号的住宅为中心，形成了所谓的"低调俱乐部"，高宗武也是成员之一。周佛海在 1937 年 12 月 11 日（其时已自南京迁至武汉）的日记中写道："闻德国调解失败，焦灼万端。命运已定，无法挽回矣！未知吾辈死在何处也。……旋与（高）宗武、（梅）思平、（陶）希圣一同午饭。饭后讨论时局，谈四小时。群觉束手无策，闷苦不堪言状。"[1]陶德曼调停失败后，中日间的官方外交已经中断，高宗武认为他在亚洲司司长一职已无法有所作为。

在一次与（蒋）委员长的谈话中，我向他报告我在外交部的工作不再有需要，我提议，鉴于目前政府对于日本人在幕后到底在想什么、做什么一点都不知道，我应该到香港和上海去。在那里，我可以从战前的日本朋友和旧知那里取得

---

[1] 蔡德金编注：《周佛海日记全编》上编，中国文联出版社 2004 年版，第 102 页。

有价值的情报。委员长同意了。[1]

于是高离开汉口转去香港,办了一个日本问题研究所,做一些对日政策的研究,主要是收集相关情报,伺机而动。蒋专门由侍从室拨出若干经费给他。高认为,还是应该通过各种渠道与日本方面直接接触,以寻求中日冲突的和平解决。他应该是受到最高层的准许或默许,于是在1938年1月中旬委派了亚洲司主管日本事务的第一科科长董道宁来到上海与西义显接触。

董道宁,有关他的确凿资料很少,目前可以确知的是,他1902年出生于宁波,不久随家人至横滨,在日本接受教育,毕业于京都帝国大学。西义显对他的评述是:

生于浙江宁波,长于横滨,在东京念中学,在名古屋念高中,在京都念大学,日语说得比日本人都好,是我很早就认识的亲密朋友,彼此之间无需任何客套话,直截了当,干脆爽快,常常也会争吵。也有高宗武因病休养的缘故,有一段时间,他成了亚洲司的代理司长,有时候几乎是每天跑到日本大使馆来,向日方提出一连串的抗议。他在感情上差不多可说是半个日本人了,作为这样一个生不逢时的实际参与

[1] 高宗武著,陶恒生译:《高宗武回忆录》,中国大百科全书出版社2009年版,第36页。

者，他内心饱尝了人世间的不如意。而且，他与上司高宗武之间的关系也未必很好。高宗武是一个胆略纵横、三十岁的少壮派，相对而言，他要比高年长十岁了吧，是中国人中罕见的具有主观决断的正义派，因而对于看上去对自己很有自信，却未必是能付诸实践的万无一失的妥当办法的方案，常常在各种场合上，与高宗武的大胆轻率的做法形成对立。在外交上提出抗议时的态度看上去好像很强势，实际上他是一个性格温和的善良的人。[1]

董道宁回国后，先进入国民政府考试院，后转入外交部，担任亚洲司第一科科长，主管对日事务。

西义显，生卒年前文已有标示。有关他的生平，确切的资料不多，只知道出生于福岛县的一个藩士家庭。他的兄长西义一是日本陆军大将，曾任东京警备司令兼东部防卫司令和陆军教育总监，官位显赫。西自己毕业于早稻田大学政治学科，曾短暂地在母校担任过中学教员，1930年加入"满铁"。有关西义显与"和平工作"的关联，他自己在1962年出版的《悲剧的证人——日华和平工作秘史》中，有十分详尽的记述。作为一个亲身经历者，他的这本书具有较高的史料价值，且他的历史观，总体而言还是比较正的，他始终

---

[1] 《悲剧的证人——日华和平工作秘史》(『悲劇の証人 日華平和工作秘史』)，文献社1962年版，第92页。

使用"侵略"这一词语来表述日本对中国的军事行动。

西义显之后被派往"满铁"上海事务所，受上海事务所所长石井成一的强烈推荐，1935 年 3 月，他担任了"满铁"南京事务所所长，以后又得到了同年 8 月担任"满铁"总裁的松冈洋右（1880—1946）的赏识。据西义显自述，在南京期间，他与时任中国银行南京分行经理的吴震修（1883—1966）成了莫逆之交，并对他的思想怀有深切景仰之情。出生于无锡的吴震修，上海南洋公学毕业后赴日本留学，毕业于陆军士官学校，归国后投入军界和商界。1920年担任中国银行总文书，支持蒋介石的北伐。南京国民政府建立后，1928 年蒋介石任命他为上海市政府秘书长，并短期代理过市长，不久仍回到银行界。1930 年代以后，出任中国银行南京分行经理，住在南京市江苏路 43 号中国银行南京分行经理的公馆内。淞沪会战爆发后，据西义显的叙述，他为了躲避日本方面的拉拢，隐居在上海愚园路上 R 氏的住所（一说他住在法租界富民路弟弟的家里），其间儿子遽然病逝，妻子精神失常，吴一时万念俱灰，终日居家闭门读经。1941 年，日本方面请他出任汪伪政府的"上海市市长"，遭婉拒。新中国成立后，吴受聘担任中国保险公司总经理。此是后话。

当时西义显住在距南京吴公馆有一点路的宁海路上的"满铁"公馆内。因某个机缘与吴认识后，就加入了吴的朋友圈，时常一起座谈人生与局势，逐渐，西义显就完全被吴深邃的洞察力和深刻的思想所折服。1936 年 5 月，经吴的建议和帮助，西义显住进了吴公馆旁边的一座原为国民党大佬胡汉民宅邸的房子（南京市江苏路 47 号），于是彼此地理上的距离更近，几乎朝夕相处。因与吴的深交，西义显自然就认识了吴的私淑弟子、外交部常务次长唐有壬，时相往来，并由吴震修和唐有壬而认识了高宗武。大概是通过高宗武，他后来也认识了董道宁。

　　高宗武，当时年龄只有 32 岁，身材矮小瘦弱，且当时正在患病，但他倾注了满腔热忱，为了防止中日两个民族全面冲突的危机而付出了所有的精力。他与我，与其说是直接认识的朋友，不如说是通过吴震修而一同成了吴门弟子。我喜欢他方刚的血气和稚气，也欣赏他的野心和雄心。我并不在意他性格上的若干缺陷。他是一个会说大话的人。[1]

　　据西义显的记述，1937 年 7 月 31 日，蒋介石、汪精卫召见高宗武，就当前的中日局面进行了长谈（但高的回忆录中无此记载）。那天下午，吴震修紧急派人将西义显叫到了自己的公馆，高在座，两人希望西义显通过松冈洋右说服当时的首相近卫文麿，尽力阻止可能导致东亚毁灭的危机。西欣然接受了这一使命，紧急安排了事务所的善后事务和家人

---

[1] 《悲剧的证人——日华和平工作秘史》，文献社 1962 年版，第 75 页。

的安置，连夜乘坐驶往上海的卧铺车，然后再坐轮船前往大连。但恰逢台风袭来，海上的航程受到了耽搁，抵达大连时已是 8 月 9 日的下午。再坐火车，来到了松冈洋右所住的"奉天"大和旅馆。但松冈却是对他一顿棒喝，意为既然中方对你如此信赖，你与其转达他人的意愿，不如自己去实践。接着给他写了一通很长的致内阁书记官长（相当于国务院秘书长，但实际权力似乎更大）风见章的介绍函，并拨给他一笔经费，叫他南京事务所的具体事务就不必再管了，专门担当起中日间的协调事务吧。8 月 13 日，西义显从"奉天"飞到东京，向近卫首相和风见书记官长诉说了他想要说的话，之后再飞回上海，安顿了南京事务所的善后工作。此时淞沪会战已经爆发，上海烽火连天，一般的飞机早已停飞，他也许是坐的特别军用飞机吧。之后，他又返回日本。1938 年 1 月 3 日，他又来到上海，之前听说日本人想要吴震修出任日本炮制的由王克敏担任"行政委员长"的伪中华民国临时政府的"财政部长"，他内心甚为焦忧，力图阻止。他想方设法找到了吴在愚园路的住处，吴也见了他，但此时吴仿佛换了一个人，面色灰白，精神颓丧，表示今天的见面是最后一次了，他今后绝不再过问政治；中日间的事，也只能听凭命运安排了。而在这之前，南京发生了日军对中国军民的大屠杀事件。

日本民族犯下的残暴行为，虽然切断了我与吴震修的因缘，但我自己既然已经确立了命运的惯性，变幻的风云不可能改变我的行动轨迹。我要奋力穿过并越过日本民族残暴行为的现象，努力实现命运本身对自己的安排。我在内心再次下定了决心，我作为一个与犯下了暴行的日本民族血缘相连的男人，有责任向中国民族以及吴震修赎罪，坚决去完成成为连接日华两个民族桥梁的艰难任务。[1]

　　接着，就出现了本章开始的那一幕。西义显对董道宁表示，你既然已经来到了上海，不如再跨出一步，到日本去，直接与日本当局的有关人物沟通；你的命运，不允许你的脚步只是停留在上海[2]。据本书第四章专门论述的松本重治的叙述，西义显当即打电话给了松本，告知董道宁来访，请他一同说服董去日本。

　　对于与西义显之间的关系，松本这样写道：

　　在我于昭和七年（1932 年）7 月底抵达上海上任的几个月后，由当时"满铁"上海事务所所长石井一成的强力推荐，他到南京去担任了重新恢复业务的"满铁"南京事务所的所长，与吴震修等一波真切担忧日中关系的人结成了好朋友。他经常在思考东亚的大局，因而，几乎所有的心思和精

---

[1] 《悲剧的证人——日华和平工作秘史》，文献社 1962 年版，第 87 页。

[2] 《悲剧的证人——日华和平工作秘史》，文献社 1962 年版，第 97 页。

力都集中在了如何改善日中关系这一点上，他是一个国士型的热血汉子。我与他之间，在上海和南京的不断交往中，自然就结成了特别的信赖关系。[1]

松本之前与高宗武、董道宁也都相识。据西义显的叙述，松本与高认识很早："松本重治与高宗武的交往是很密切的。在董道宁接到了高宗武的指示来到上海的时候，作为联系的对象，应该也向他提到了松本和我。高认为，倘若他出来为和平奔走，松本也必然会一起出来参与，他们的关系就是如此之密切。松本在芝加哥大学留学的时候，他的一个同学后来做了九州大学的教授，高宗武受这个教授的熏陶，经这个教授介绍认识了松本，两人由此开始了交往。即便没有高宗武的这层关系，倘若想要实质性地开展对日外交，也不可不考虑松本这个人。"[2] 这时，松本已从日本驻华大使川越茂那里获知董来到了上海，对于西的告知，并不意外。西请他立即到汇中饭店来。于是，松本马上赶到了汇中饭店。松本急切地问了董一连串的问题，董回答说：

"我是奉了高（宗武）的指令，来到上海的。希望（川越）大使提供帮助，日本能在德国大使陶德曼的和平斡旋上

---

[1] 《上海时代》，中央公论社 1977 年版，第 683 页。

[2] 《悲剧的证人——日华和平工作秘史》，文献社 1962 年版，第 125—126 页。

放宽条件。中国方面，希望首先能够实现停战，似乎对于和平条件并没有太僵硬的限定。但是东京方面在攻陷了南京之后，冲昏了头脑，提出了很严苛的条件，很遗憾，陶德曼的调停似乎已经流产了。昨天日本政府内阁发表了'尔后不以国民政府为谈判对象'的声明，表现出了高压的态势。"说着，脸上显出了十分遗憾的神情。……（在西义显向我说明了董决心赴日一事之后）我对董君说："首先，我对董君你的勇气很佩服；其次，你的这次访日，对于两国而言具有重大的意义。放任这样的隔绝状态持续，对于日中两国不利。当我知晓了日军在南京的暴行之后，作为一个日本人，我感到无比的羞愧，对于你这位中国人，我都找不到合适的道歉的话。如果战争长期拖延下去，日本将会日益堕落。我衷心希望尽早实现停战，你的访日，也许是拯救日本的第一步。"[1]

松本向董和西表示，这个时候，外务省已经起不了多大作用了，不如直接与军方联系。松本认为，他自己认识的陆军参谋本部第八课（通称谋略课）课长影佐祯昭（1893—1948）大佐，是一个合适的人选。影佐与松本有一点点亲缘，影佐的岳母是松本妻子的乳母，影佐后来在上海的日本大使馆供职时，两人的住所相距颇近，时相往还，彼此颇为

---

[1]《上海时代》，中央公论社1977年版，第682页。

了解。西则在 1937 年 8 月回上海的船上，已经认识了其时新任参谋本部第二课（通称中国课）课长的影佐祯昭。于是，董和西都接受了他的建议，西着手与影佐联系。西在回忆录中认为，选择影佐，并不完全是出于松本的建议，而是他自己作出的判断。他在"满铁"上海事务所供职时，与在上海的日本大使馆任武官辅佐官的影佐也有不浅的交往。

在"和平工作"上的纵横捭阖

于是,1938年年初正式开始的"和平工作",就这样拉开了帷幕。

影佐祯昭,是之后在"和平工作"中出场的一个极为重要的人物。他1893年出生于今天的广岛县福山市柳津町,小学毕业后来到了姐姐居住的大阪市,中学毕业后考入陆军士官学校(第26期),1914年以优等成绩毕业。1917年又从陆军炮工学校高等科(第23期)以优等成绩毕业。1923年从陆军大学校(第35期)以优等成绩毕业,在参谋本部供职,授大尉军衔。1925年4月至1928年3月,在东京帝国大学政治科学习,在陆军中被认为是颇有学问学识的人。

据其自述,他"有志于日中合作的愿望,始于大正十年(1921年),但这一希望一直没有机会实现,直到昭和四年(1929年)4月开始,才得到机会,有两年时间在华北各地进行中国问题的研究,自己在大陆的现场,开始了中国的研究"。[1] 两年后返回日本，任参谋本部部员，作为炮兵少佐，在中国课下的中国班供职。1932 年 1 月被派往日本在天津的中国驻屯军司令部，同年 6 月调任参谋本部。这一年的 8 月，被派往欧洲，在日本驻国际联盟的机构供职。1933 年 2 月，影佐被调任回国，随即作为参谋本部的一员被派往天津。就在这一年的 3 月，日本拒绝认可国际联盟"九一八"事变后的有关中国东北问题的决议，悍然退出了国际联盟。1933 年 6 月底，影佐被调回参谋本部，担任中国班班长。1934 年 8 月，从参谋本部转任在上海的日本大使馆武官铃木美通中将的辅佐官（即副武官），因此与兼任中国国民政府外交部长的汪精卫和外交部常务次长唐有壬常有交往，这一时期，也加深了与常来大使馆获取新闻的联合新闻社上海支局长松本重治的关系。1935 年初春的某日，蒋介石在南京会见日本公使有吉明和武官铃木美通，就中日问题彼此交换了意见，影佐也陪同在侧，外交部次长唐有壬担任了译员。铃木要求在各方面纠正反日政策，而蒋介石则指责日本对中国的侵略，双方发生了争执。影佐在一旁帮着说了几句不悦耳的话，唐没有把它翻译出来，在一旁的黄郛（绍兴人，早年留学日本，曾任上海特别市市长和外交部长）替他做了翻译。[2]1935 年 7 月，他被免去大使馆的武官辅佐官

[1]　[日]影佐祯昭:《曾走路我记》(意为我曾经走过的路)，油印本，1944 年，第 1 页。

[2]　[日]影佐祯昭:《曾走路我记》，油印本，1944 年，第 11—12 页。

职位，返回日本担任陆军省军务局军事课的课员。1937年影佐晋升为大佐，任参谋本部第七课（中国课）课长。同年11月，参谋本部第二部（情报部）内新设第八课（谋略课），影佐出任了首任课长。[1]

关于影佐的《曾走路我记》，这里稍作说明。1942年，东条英机首相认为"影佐对于中国过于宽大"，对他表示不满，将他调离现职，转任在伪满洲国的第7炮兵司令官，1943年又将他调任驻扎在南太平洋上巴布亚新几内亚东部新不列颠岛东北部的城市拉包尔（Rabaul）的第38师团的师团长。1944年下半年，日本在太平洋地区全线溃退，影佐估计日本已经胜利无望，自己也未必能平安归返日本，便口述记录了自己一生的自传，这便是《曾走路我记》，主要记述了与中国相关的岁月。在艰难的战争条件下，此书只是油印了若干本，少部分后来被带回日本。后被收录在1966年7月由美铃书房（みすず书房）出版的《现代史资料13·日中战争5》（臼井胜美编）内，1980年又收录在人间影佐祯昭出版世话人会编的《人间影佐祯昭》（非卖品）中。最早在新不列颠岛上的油印本，目前全日本公家机关仅有两本留存，分别被保存在东洋文库和东京大学法学部内。我托在东京大学大

---

[1] 以上的履历，均根据他的自传《曾走路我记》及浅田百合子著《日中的桥梁——影佐祯昭的生涯》（『日中の架け橋——影佐祯昭の生涯』）（东京新风社2003年版）。日本的维基百科中，对影佐的经历叙述有些语焉不详，中国的百度百科则错讹甚多。

学院留学的学生将东大的这一份全本拍摄下来发给我，本书中所用的《曾走路我记》，即源于这一油印本，因当时条件简陋，有些字迹出现漫漶。需要指出的是，这是战争期间当事人所撰写的有关战争的回忆录，这在相关的回忆录或回忆文字中是非常罕见的。这一类回忆录绝大部分是在战后写成出版的，多是对过去这场战争一定程度上的否定和批判，写作者多少会粉饰自己对战争的认知，但《曾走路我记》是战争期间的记录，明显留存着这一时期日本人对于这场战争实际认知的印痕，因而真实度或许更高一些。

这里要说明的一点是，在战前日本军部乃至行政体制的运作体系中，课长虽然不是很高的官职，有时候却可以直接与最高层互动，具体的建议和实施的方案往往都是出自课长之手。据松本重治和同时代人物的回忆，影佐祯昭早期是一个对华强硬派，对中国的抗日政策极为反感，事实上，参谋本部的中国课往往是一个对华强硬的策源地。之后，他的主要上司是参谋本部作战部长石原莞尔（1889—1949）中将。石原是"九一八"事变的主要策动者之一，对中国人民负有重大的罪责。后来石原的对华态度发生较大的变化，他认为日本的主要敌人是苏联，为此倾向对中国采取适当的怀柔政策，反对在中国扩大战线。"七七"事变爆发时，他是向中国派兵、扩大战场的强烈反对者之一，而且他对中国民族主义力量的崛起，也有相当的认识。影佐受他的影响甚大，由此，对华态度也发生了很大的变化，试图以非战争的手段扩大日本在中国的影响力。石原因为坚决反对对华战争的扩大化，受到军部主流的排挤，被贬到关东军任副参谋长。石原一走，影佐差不多就是军内"和平派"的主要人物之一了。董道宁1938年2月秘密访日时，影佐正处于这样的地位和立场。

于是，西义显决定自己先去说服影佐来接待董道宁。1月19日，他一个人坐船抵达长崎，再转往东京，在1月下旬的某日早上，用他自己的话来说，就仿佛堂吉诃德一般，突然出现了影佐在横滨鹤见的家里，在相当简朴的客厅里，与影佐展开了长时间的对话。西认为，影佐在上海大使馆做副武官的时候，还是一个"传统陆军的对华强硬政策的代表选手"，后来就有了较大的转变和成长，"他因为具有俊敏的资性，所以在军阀军人中是一个不同寻常的存在，他开始摈弃愤激的情绪来客观地看待中国民族主义的崛起，这样的认识在不断加深。这一识见，在一般的军阀中是异色的"。[1] 西对影佐又开展了一番说服工作，希望他借董道宁的访日，在中日之间开辟出一条"和平"的道路。影佐应允与各个渠道的人士去沟通。

当时中日两国正处于交战状态，董道宁不可能一个人贸然进入日本。西义显就请他认识的与中国关系密切的伊藤芳男陪同董访日。伊藤芳男（1906—1950），具体生平不详，松本重治对他有一段比较详细的描述：

---

[1]《悲剧的证人——日华和平工作秘史》，文献社1962年版，第102页。

一开始，他是拿了我的老友细野军治的介绍函来见我的，以后就彼此认识了。他从福岛高等商业学校毕业后，又去伦敦学院留学，之后就在地中海南岸和南非各国游历，是一个浪漫的人，心中总是怀抱着远大的梦想。昭和九年（1934 年）开始在伪满洲国"外交部"挂了一个职，昭和十年成了中外兴信所（实际上是伪满洲国"外交部"的上海事务所）的所长，奔走在上海、南京、北京、东京之间。一开始，精力都放在伪满洲国上，不久与西君交往密切之后，就开始留意中国民族主义大势的意义，与西君一起，为了日中关系的改善，成了相互的盟友，共同为此挺身而出。[1]

高宗武在回忆录中，对伊藤芳男也有若干文字，他对伊藤的印象和评价均不佳。

伊藤毕业于伦敦大学，说得一口流利的英语。他的卖相可不怎么好——瘦小，一张长而黑、架着眼镜的脸——他起初对我特别殷勤，尊我为老大，常常九十度鞠躬，他甚至对我的仆人也很有礼貌。不过，我听说他就是最想要干掉我的那个人。他和影佐中将曾计划用一名漂亮而有传染病的日本女郎来害我死于感染，以除掉我这个日本国家政策的"绊

---

[1] 《上海时代》，中央公论社 1977 年版，第 683 页。

脚石"。[1]

此时伊藤正在日本的热海。对接下去的一段过程，松本也有细致的描述：

从 1 月底开始，西君在东京开展了董道宁访日的准备工作，并去了伊藤君在热海的住处（他当时在日本），表示董君从上海到东京来，一定要有人陪伴，拜托他去上海接董君一下。2 月初，伊藤君出现在了上海，按照西君的希望，与我一起详细拟定了一个董君访日的计划。主要是在汇中饭店，董君也参与，三个人进行了好几次的商议。首先是，西君在东京的工作取得成功之后，由影佐大佐去说服参谋次长多田骏。在董君的访日准备完成之前，董君先逗留在上海，这也是因为需要一段时间来躲避蒋介石的特务队的监视。[2]

据西义显的记述，等日本方面准备妥当后，董道宁与伊藤一起从上海坐船东行，2 月 15 日抵达长崎，再坐火车向东，17 日下午在横滨下了车（怕东京太引人注意），西将董带到新大饭店（New Grand Hotel，原文为日文片假名）

---

[1]　［日］高宗武著，陶恒生译：《高宗武回忆录》，中国大百科全书出版社 2009 年版，第 76 页。

[2]　［日］高宗武著，陶恒生译：《高宗武回忆录》，中国大百科全书出版社 2009 年版，第 76 页。

会见了影佐。这一记述，在日期上与董道宁的报告相差了10天左右[1]。董的报告是当时记录的，西的回忆录是后来撰写的（也许他也有当年的笔记），似乎董记述的日期更接近事实本身。

董道宁后来移居东京筑地的小松旅馆，3月5日访问了参谋本部，由影佐的引荐，与参谋次长多田骏中将、参谋本部情报部长本间雅晴少将进行了会谈，内容似乎只是一些大的框架性的话题。在此前后，董道宁与影佐进行了六次左右的会谈，具体谈到了几项停战的条件。影佐在《曾走路我记》中写道："我自己首先被孤身进入敌国土地的董氏的热情和勇气所感动。"[2] 董提出的以和平的方式结束中日之间军事冲突的主张，"不仅深深触动了自己的琴弦，他的热情和至诚，实在让我非常感动"。[3] 包括近卫首相在内的日本最高层，也知晓了董道宁的访日一事。

据松本的记载，在董道宁等还在日本的时候，高宗武来到了上海。3月5日，他打电话给松本，约他到法租界国富门路（Route Kaufmann，今安亭路，日文原文只有片假名）的一处寓所去谈话。"高君自己打开了大门，把我引到

---

[1]　引自董道宁的报告，该报告收录在《近代中国》第137期（2006年6月）的邵铭煌辑注《直蹈虎穴秘档——解读战时董道宁潜访日本刺探报告》。

[2]　［日］影佐祯昭：《曾走路我记》，油印本，1944年，第17—18页。

[3]　［日］影佐祯昭：《曾走路我记》，油印本，1944年，第18页。

里面去，里面并无客厅，哪里都没有暖气，连仆佣也没有一个。"[1] 高急切地询问松本：1月16日日本政府的声明，难道是日本的真心话吗？倘若如此，两国之间便没有政治解决（即谈判途径）的办法了。高的使命，还是想通过他熟识的有一定背景的日本人，来打听各种有效的信息，寻求和平解决中日冲突的方法。松本提请他注意这份声明还是留了一个空间："期待能够真正足以与帝国合作的新兴'中国'政权的成立发展，与此来调整两国间的关系，为建设更生新'中国'而提供帮助。"[2] 然后对高宗武说：

　　"宗武，我只是一介新闻记者而已，你知道，我不是政府和军部的代言人。光从常识来考虑，就知道战争不是好事。尤其是这次日中战争，不是好事。日本的国民，都沉浸在什么'占领哪里哪里''攻陷哪里哪里'的狂热中，但很多的中国国民，都遭到了悲惨的战祸。"[3]

　　他希望高宗武在上海再逗留一段日子，等待董道宁带来的好消息。

　　3月10日，董和西、伊藤三人离开了日本，应"满铁"

---

[1] 《上海时代》，中央公论社1977年版，第684页。

[2] 《上海时代》，中央公论社1977年版，第685页。

[3] 《上海时代》，中央公论社1977年版，第687页。

总裁松冈洋右的邀请，先去了大连，双方进行了会谈，然后在 3 月 15 日返回了上海。

董道宁这次赴日访问并未获得实质性的结果，唯有影佐以陆军士官学校同学的名义，给张群（时任行政院副院长、国防最高委员会秘书长）、何应钦（时任军政部长）两位学长写了一封信，托他带给两位。大意为，条件上的交易这样的方法，无法根本解决"七七"事变后的日中困难局面，日本和中国都必须赤诚相待……。[1] 位居课长地位的影佐，大概也只能说一番这样的空话了。

董道宁与伊藤回到上海的翌日，即 3 月 16 日，两人再加上高宗武和松本重治，对今后的事宜进行了商议。后来这些从事"和平工作"的核心人员，根据先后加入的时间，分别定称呼为一郎（西义显）、二郎（董道宁）、三郎（伊藤芳男）、四郎（高宗武）、五郎（松本重治）、六郎（影佐祯昭），意为彼此同舟共济，犹如兄弟，商定在香港继续商议此事。1938 年 3 月 26 日，西自长崎坐船抵达香港，翌日，除影佐之外的五人集聚在香港浅水湾大酒店带有阳台的 10 号房间，互相交换信息，期待以影佐信函为切口，推动今后"和平工作"的具体实施。会谈后，伊藤飞回东京，松本回上海，西留在香港，高宗武和董道宁则于 4 月 2 日飞回汉口。周佛海 4 月 3 日的日记中，对此有很短的记录："听宗

---

[1] 董道宁报告书。

武谈报告赴沪、港接洽情形。"[1] 具体内容没有展开。对于影佐信函的处置，虽有日本人记录中的转述，但是否可靠，难以确证，高宗武自己的回忆录中没有提及此事。但周佛海日记中有若干零星的记录。4月4日："八时半偕（陶）希圣过江，稍息后赴宗武处，详谈外交情形及办法。……与宗武乘车沿江东下至郊外散步。"两个人应该谈了不少话。4月5日："赴宗武处吃饭，听其报告本晨晋谒委座情形。"大概这一天，高宗武自己把影佐的信函呈给了蒋介石。

之后，高宗武就从武汉飞到了香港。周佛海4月13日日记："宗武明日赴港，负有秘密使命也。"这一秘密使命，大概就是他飞抵香港后，向西义显口头转达了蒋介石读到影佐信函后的回复。

西义显自己对蒋介石回复的评价是："从蒋介石方面，通过高宗武，仍然给予了日本民族一个改正他们重大失策的绝好机会。其表示的意思和内容，与之前（中国驻日本大使）蒋作宾所传达的条件几乎是一样的。尽管日本军阀已犯下了种种罪孽，仍然出于中日和平、东亚重建的目的，而以宽大的条件伸出了大手。"[2]

对于影佐信函的送达和蒋介石读后的态度，松本重治有一个完整的记述，他的这一记述内容，完全来自高宗武本人

---

[1] 蔡德金编注：《周佛海日记全编》上编，中国文联出版社2004年版，第108页。

[2] 《悲剧的证人——日华和平工作秘史》，文献社1962年版，第172页。

的叙述，姑且全文译述如下：

从高君那里听来的关于影佐信函的始末和中国方面对于近卫内阁改造的反响，这里把它整理如下。

关于影佐信函，经过说服，高君从董君那里接受了信函之后的所有的处理任务。他首先把信函给周佛海看了，两人商量的结果，决定给汪精卫看。看了信函的汪，认识到了这封信函的重要性，通过蒋介石的第一侍从室主任陈布雷，将信函送给了蒋。但是，蒋介石只是读了信函，没有发表任何评论，只是禁止接受信函的两位将军给予回复。

对此，周佛海感到，书写了致送给敌将信函的影佐大佐，具有不同寻常的气魄和决心，推测到日本的陆军中存在着尽早和平解决目前状态的气氛，经与高君商议，得出的结论是，不可断绝与东京之间的联系。因此，今年（1938 年）4 月中旬，高君来到了香港，与西君见面，把自己的理解直接告诉了西君。高的理解是，如果按照蒋介石所坚持的条件，那么蒋是考虑与日本进行和平谈判的。高君请西君把这些前后经过和自己的理解，作为对影佐信函的回复，转达给影佐。西君接受了此任务后，飞到了东京。[1]

---

[1] ［日］松本重治：《近卫时代——一个媒体人的回想》(『近衛時代　ジャーナリストの回想』)（上），中央公论社 1986 年版，第 26 页。

　　松本的记述看起来比较可靠，松本这个人本身也比较严谨可靠，他的记叙，整个过程清晰明了，也符合事物的发展逻辑。

　　西义显通过有关渠道将这些信息传达给了日本有关方面。但日本完全没有停止对中国的继续侵犯。1938年5月，日军策动徐州会战，击溃了中国守军，占领了江苏和安徽的中北部，同时频繁轰炸广东，在军事上占据了优势地位。5月和6月期间，西仍在香港，依然试图努力寻求和平的途径。6月中旬，高宗武第三次从武汉飞到香港。其时由于日军作恶多端，一般中国人对于日本十分厌恶，西不大敢与高宗武公开会谈，两人之间，往往通过在香港的外交部日苏科科长周隆庠传递信息，有时会借一两个隐蔽的地方直接交换意见。西认为，接下去的一步，就只有高自己去一趟日本了。为达此目的，西请松本专门从上海来了一次香港，具体商议此事。

　　松本的意见是，日本应该从中国撤兵，至少日本应该发表一个撤兵的声明，以使中国国内的和平力量可以有一个转圜的空间，但日本目前正处于乘胜追击的优势，在此情况下要日本撤兵亦非易事，日本的撤兵恐怕要与蒋介石的下野连在一起考虑。但高坚决反对蒋的下野，认为蒋若下野，没有人可以替代他，汪精卫不行。他提出了一个想法：由日本首先发表撤军的声明，然后汪精卫下野，以在野的立场对日本的撤兵声明表示响应，同时造成厌战的气氛，带动一部分地方上的杂牌军的响应，以逼使坚持抗战的蒋介石下野，然后汪精卫再上台，重新担任行政院院长，再让蒋介石复位，继续担任军事委员会委员长，由蒋汪两驾马车共同推动"和平运动"（这显然只是高宗武理想化的书生之见）。对此，松本也表示了同意[1]。

为达到这一目的，高宗武决定去一次日本。他这样曾经担任过外交部亚洲司司长的人，在两国交战时期前往敌国与对方最高层交往，自然是一件很扎眼的事，蒋介石不会贸然授权，甚至，他都不同意高再频频进出香港了。因此，高的东渡实际上是背着蒋的一次冒险旅行，他背后的支持者是周佛海。西义显写道："后来，据周佛海说，使高宗武下定这个决心的，是周佛海。周佛海说，这件事他自己对蒋介石负责，鼓励高宗武决然东行。当然，最重要的是，高宗武自己怀抱着一个信念，那就是实现中日和平这一夙愿，这是比蒋介石或其他任何因素都重要的最高的大义。"[2]

据松本重治的记述，高宗武在去日本之前，与他在香港进行了四次会谈。高在谈判中，非常坚持日本从中国撤军，即便一时不能全面撤军，也要有一个撤军的详细安排，包括撤军的区域范围、日期等。[3]

---

[1] ［日］松本重治：《近卫时代——一个媒体人的回想》（上），中央公论社 1986 年版，第 30 页。

[2] 《悲剧的证人——日华和平工作秘史》，文献社 1962 年版，第 172 页。

[3] 《上海时代》，中央公论社 1977 年版，第 705—710 页。

　　高宗武去日本一事，实际上是日本方面劝诱的结果，虽然也得到了周佛海的怂恿和支持。直到临行前夕，他还曾经犹豫甚至起了放弃的念头。6月22日，他先是从香港出发前往上海，伊藤为他自己和高分别预订了"日本皇后号"的舱位，轮船于7月3日凌晨两点或是三点起航，因此乘客都必须在前一天晚上十二点之前登船完毕。7月2日晚上十点左右，高宗武来到了松本在汉弥尔登大楼的公寓，精神有些颓唐。他对松本说："我考虑了很多，要不，就取消日本之行吧。"高宗武的担忧是，他怕被别人认作汉奸，更重要的是，他的日本之行并未得到蒋介石的允准，怕之后的局面很难收拾。松本听后很吃惊，说伊藤正在船上等你，西君和影佐也做了很多准备。我当然尊重你的想法，但事已至此，再退却不是一个良策，听说蒋介石那边，周佛海也为你做了担保。你现在的行为，是谋求中日间的和平，绝不是背叛蒋介石和中国。这时，去码头必须经过外白渡桥，桥上一直有日本哨兵站岗，最后，为了高宗武的安全，松本用自己供职的同盟通信社的专用汽车，送高到了码头。[1]

　　7月5日，高宗武和伊藤抵达横滨。据高宗武自己的报告书，先是在东京九段的偕行社（陆军军官的俱乐部）住了一晚，后发现有熟人，便提出更换住处，转移到了住友

---

[1]　《上海时代》，中央公论社1977年版，第711—712页。

银行所有的宿舍[1]。高在日本期间,与松冈洋右、影佐祯昭(这年6月他已从参谋本部第八课长调任陆军省军务课长)、参谋次长多田骏、参谋本部中国班长今井武夫(1898—1982)、陆军大臣板垣征四郎、首相近卫文麿等进行了会谈,并且与近卫身边的亲近人士犬养健(1896—1960)、西园寺公一(1906—1993)也有交谈。西义显和伊藤芳男参加了高与松冈洋右的会谈。松本重治也到了现场。据今井武夫的回忆,他在卢沟桥事变一周年的前一天,即7月6日,去高的住所访问了他,与他进行了会谈[2]。高宗武差不多见了日本相关的所有高层人士。

有关高的访日,西义显的记述有较大的不一样,他当时应影佐祯昭的要求撰写了《高宗武君来日本的经纬》一文,因此他后来在回忆录中的记述应该还是比较可靠的,这里译述如下,以作参考:

高宗武在横滨登陆的景象,与仅仅半年前董道宁在长崎上岸的情形大相径庭。高宗武完全没有想到受到了许多人的"欢迎"。大批的便衣宪兵和警察排成了严严密密的人墙。鉴

---

[1] 高访日的起讫日期和下榻的旅馆,有多种记录,存在着相当大的差异。这里采用高的报告书,具体见邵铭煌校注《高宗武战时私访日本探知秘档——东渡日记、会谈纪录、个人观感》,载《近代中国》第129期,1999年。

[2] [日]今井武夫:《日中和平工作:回想与证言(1937—1947)》(『日中和平工作 回想と証言1937—1947』),美铃书房2009年版,第62页。

于高宗武的（秘密）使命，这样的欢迎队伍实际上造成了很大的不便。这恐怕是有违上司命令本意的操作吧。在这样的事情上也显出了日本官宪组织犹如化石一般的死板的做法。

这且不说。高宗武乘坐的汽车沿着滨西国道疾驰。不一会儿，汽车进入了木挽町的"花蝶"。在这里，高宗武受到了店里上了年纪的女老板铃木米及其侍从的热情接待，开始了心情放松的东京之旅，可专心于他与日本朝野进行折冲的重大使命。[1]

松本重治也记录了当时的情形：

（我在上海码头）送走了高宗武之后，为了不比他晚到，我也必须在 7 月 5 日到达东京。4 日，我乘坐了飞机，再从福冈坐火车，在 5 日下午的四点半到达了东京车站。伊藤（芳男）君到车站来接我，说："高宗武已在一个小时之前从横滨抵达了筑地的'花蝶'，我们一起去吧。"在出租车上，我问："'花蝶'是个怎样的地方？"伊藤君回答说："那是一个陆军一直在用的料亭，也便于布置警卫。是影佐定好的。"到了"花蝶"后，高君以及西君等也在。不一会儿，影佐大佐也来了，一起吃了晚饭。[2]

---

[1] 《悲剧的证人——日华和平工作秘史》，文献社 1962 年版，第 190—191 页。

[2] 《上海时代》，中央公论社 1977 年版，第 713 页。

西义显和松本都是在场的当事人，他们的记述比较一致。

关于高宗武与日方会谈的结果，高的报告书与日本方面的记述有较大的差异。日本方面要求蒋介石下野，由汪精卫取而代之，组成一个亲日的政权；高对此据理反驳，谓蒋介石下野绝非良策，希望日本对中国采取平等的态度，首先从中国撤军（高为了躲避私自访日的责任，报告书中很可能有一些编造或夸大其词的说法）。从日后的实际行动来看，高很可能接受了日本方面的部分意见[1]。

7月9日，高与伊藤一同离开日本回到香港，但是，松本的记载是，7月21日，高在伊藤的陪伴下，离开日本从横滨坐船前往上海。[2] 从如下的事实来看，松本的记述恐怕有误。高宗武的这次赴日，并未得到蒋介石的事先允准，他不敢回武汉，便撰写了报告书送至武汉。周佛海7月22日日记："宗武派周隆庠送其报告呈委座；召其来谈，并约希圣来谈。派人送报告布布雷。对方坚持委座下野，令人失望。"由此看来，报告是先送到周佛海这里，由周交给陈布雷，再呈给蒋介石。周佛海后来又与周隆庠约谈了几次。7月26日："过江后又与隆庠谈半小时，嘱其明日赴港，转告一切。"

日本方面坚持要蒋介石下野，是因为日本当局认定与蒋

---

[1]　高在自己的回忆录中，对这一部分只字未提。

[2]　《上海时代》，中央公论社1977年版，第715页。

介石政府已经无法展开实质性的"和平谈判"。随着战局越来越有利于日本，日本方面对中国的狂妄野心，注定它要坚决突破中国方面坚持的底线。事实上，就在高宗武等人在东京努力寻求和平停战的 1938 年 7 月 8 日，当时日本实际的最高权力机构"五相会议"，即由内阁总理大臣（首相）、陆军大臣（陆相）、海军大臣（海相）、大藏大臣（藏相，即财政大臣）、外交大臣（外相）五个核心内阁成员组成的机构，就已经制定了对中国的基本谋略。主要的内容是，如果中国方面不屈服，就随着作战的进展，在"政治、经济、外交、思想等"各个领域加强谋略，在努力"培育亲日反共各种势力"的同时，"从内部摧毁抗日的各种势力"，"营造和平的气氛"，设法造成中国"财政经济基础的破产"和国民政府的"分裂崩溃"，至少要使重庆政府"沦为一个局部地区的政权"[1]。

所谓努力"培育亲日反共各种势力"，这时，日本其实已经先后在北平和南京扶植了两个小的傀儡政权伪中华民国临时政府（首脑王克敏，抗战胜利后以汉奸罪被捕，1945年年底在狱中服毒自杀）和伪中华民国"维新政府"（首脑梁鸿志，抗战胜利后以汉奸罪被捕，1946 年 6 月被处决），但权威性都很低，行政能力也很弱。由于蒋介石抗战意志比

---

[1]　［日］户部良一:《日中和平工作（1937—1941）》，吉川弘文馆 2024 年版，第 84 页。

较坚定，日本便想方设法力图让蒋下台，由国民党内相对
具有领袖地位而亲日的人来取而代之。日本觉得汪精卫是比
较理想的人选。汪一开始虽然对日持软弱的态度，认为中国
不具备与日本坚决抵抗的实力，主张以和平方式来结束这
场战争，但最初他尚无出来组建一个由日本扶植的傀儡政
权的打算。在武汉和重庆期间与汪交往比较密切的陶希圣
（1899—1988）的一段文字可以为此佐证：

　　高秘密往东京一行，探悉近卫内阁与参谋本部的意向，
回到香港，即派周隆庠携带报告到汉口，将报告交给周佛
海。周将报告送给汪。汪看了这个报告，特别是其中说到日
本参谋本部希望汪出面言和的一段，大为吃惊。他立即将原
件转给蒋委员长。他对我说："我单独对日言和，是不可能
的事。我绝不瞒过蒋先生。"[1]

　　但是，高宗武带来的日本方面的由蒋介石之外的人来组
建一个新政权的旨意，刺激了国民党内周佛海等一批几乎没
有抗战意志、对抗战前途悲观叹息的人。这一批人，主要是
南京时代的"低调俱乐部"和武汉时代"艺文研究会"的核
心成员，诸如陶希圣、梅思平（1896—1946）等。这两个
人在下文中还会频频登场，这里稍作叙述。

---

[1]　陶希圣：《潮流与点滴》，中国大百科全书出版社 2009 年版，第 158 页。

陶希圣，湖北省新洲县人。1922 年从北京大学法科毕业后，先在安庆的安徽省立法政专门学校任教（其时与郁达夫是同事）。1924 年至上海商务印书馆担任编辑，同时在上海的几所大学兼课。1927 年年初至国民党的中央政治军事学校武汉分校担任中校教官和政治部宣传处处长。1929 年后，在上海的复旦大学、暨南大学等多所大学任教。1931 年起，担任中央大学教授，主讲中国政治思想史、法律思想史等课，同时著文出书。这一年暑假被聘为北京大学教授，渐成社会名流。1937 年 1 月起，开始参与实际政治。"七七"事变后，被蒋介石邀请到庐山，参加谈话会，几次成为蒋介石的座上宾，后来成为国民参政会参政员。庐山谈话会后，从牯岭来到南京，"寄居西流湾周佛海公馆"[1]。陶对中日战局态度悲观，自然就成了"低调俱乐部"的成员。周佛海 1937 年 9 月 29 日日记："（陶）希圣谒汪（精卫）回，对时局极抱悲观。"[2]11 月 13 日日记："偕希圣赴富贵山与（陈）布雷谈，知（陶德曼）调解绝望，军事溃败，拟行迁都，心乱如麻。"[3]陶与汪精卫的私交也不错，"由南京到武汉，我是经常与汪精卫晤谈之一人。他在南京住陵园新村，

[1] 陶希圣：《潮流与点滴》，中国大百科全书出版社 2009 年版，第 146 页。

[2] 蔡德金编注：《周佛海日记全编》上编，中国文联出版社 2004 年版，第 76 页。

[3] 蔡德金编注：《周佛海日记全编》上编，中国文联出版社 2004 年版，第 92 页。

汉口住中央银行分行二楼。每天或至多隔两天，我总要去见他。艺文研究会设立之后，遇事都去请示。他是这个会的工作的热心指导者"。[1] 陶虽然受到蒋介石的赏识，但与汪精卫在政见上更为投合，当日本方面希望在国民政府内由主和的大佬来另立政权，陶就站到汪的阵营去了。

梅思平，浙江省永嘉县人。与陶希圣一样，他也是北京大学法科政治系毕业的（1923年），也曾在商务印书馆做过编辑，对中国社会问题发表了不少有影响的观点。后来投身于政治实践，在国民党内CC系的支持下，1933年出任江宁县县长，在地方政治的改良上进行摸索。1936年，梅思平任江苏省第十区行政督察专员，兼保安司令。1937年5月，改任国民党中央法制专门委员会委员、军事委员会第二部专员、大本营第二部秘书。"七七"事变后，梅思平也出席了蒋介石主持的庐山谈话会。在抗战上，主张一面抵抗一面交涉，最终寻求以和平的方式解决中日冲突。在CC系的脉络上，他与周佛海有诸多因缘，自然也成了"低调俱乐部"的一员。 1938年3月，受周的指派，至香港开办"蔚蓝书店"，实际上是高宗武创建的以收集和分析日本情报为目的的日本问题研究所的门面机构，梅后来参与了在香港开展的所谓"和平工作"。

---

[1] 陶希圣：《潮流与点滴》，中国大百科全书出版社2009年版，第156—157页。

1938 年夏末秋初，就逐渐形成了一个以周佛海为核心，陶希圣、高宗武、梅思平等人为主要成员的团体，计划抬出汪精卫，与日本方面的"和平派"相呼应，建立另一个政治力量。即："从以汪精卫为首的内部开始运作，由周佛海制定整合的计划，由高宗武负责对日本的联络和协调，制定了这样的分工。"[1]

关于此后的情形，松本回忆说：

大约是 8 月 10 日的事吧，突然，高君给我打来了电话。"我是从杨树浦的医院给你打电话的，想见一下。"我立即赶到那里去看望他。问了他的情况，说是回到上海后一直有咳血，已经在绝对安静中休养两个星期了，还必须再静养几天。我们一起吃了医院里的饭，我竭力勉励他要振作起来。过了两三天，我又去医院看望他，他已经好了很多。他说打算再过一两天坐船去香港。在与他的交谈中，他说起 6 月在香港的时候，自己应该在蒋和汪两人之间如何行动，真是费了一番苦心。我了解到，他现在依然为同样的问题所苦恼。与此相关，他对于日本军部，也存有一些怀疑。在分手之前，高君要我 8 月下旬务必要到香港来。

我在 8 月 25 日坐"白山丸"从上海出发，27 日早上抵达香港。在香港酒店住下之后，去看了高君。他的身体已经

---

[1] 《悲剧的证人——日华和平工作秘史》，文献社 1962 年版，第 186 页。

好了不少，处于睡一会儿躺一会儿的状态。一起吃了稀饭，谈话间，高君对我说："松本，我的健康状况现在已无法允许我东奔西走了，经与周佛海商量，今后由梅思平来代替我，有关和平运动的各项方案，请与他好好商议吧。"他的话很突然，我一时有些不知所措："与一个完全陌生的人，我没法进行对话。"高君回答说："梅君与周已经相处了半年以上，也是一个一直在考虑和平问题的人。周是以他的观察鉴定的结果向我推荐的，就委屈你一下，与他开展谈判吧。"[1]

于是，从 8 月 29 日开始，松本与梅思平之间进行了五次会谈。原本以为两三次就可以了，因为彼此语言不通，需要周隆庠担任译员，结果就拖成了五次。松本表示："和平运动是否能够成功，取决于日本能否撤军，而能否撤军，取决于蒋介石能否下野。"但梅思平认为，要蒋介石下野是不可能的。事实上，高宗武在之前与日本的几次会谈中，也一直坚持要求日本撤军。松本与梅的会谈结果，后来主要体现在 11 月 20 日的《日华协议记录》中，但为了获得日本当局的认可，在表述上更偏向日本一面。日本方面，决定抬出汪精卫，策动他脱离重庆，拉拢他成为亲日政权的首领。

就在松本与梅展开会谈的时候，在香港其实还有另外几条线的和平谈判，即神尾茂与代表蒋介石的《大公报》社长

---

[1] 《上海时代》，中央公论社 1977 年版，第 715—716 页。

张季鸾、日本驻香港总领事中村与孔祥熙的秘书乔辅三之间的谈判。这几条线的所谓"和平工作"，最终都没有任何正面或负面的结果，这里就不展开了。

回到上海的松本，在处理了同盟通信社的事务后，原本想去一次东京，向有关方面报告与梅思平等的会谈结果，结果却病倒了，被诊断为得了伤寒症，几度高烧，但仍然在病榻上向从东京赶到上海的西和伊藤详细讲述了会谈的经过和结果，请他们转告东京方面。之后几乎一直处于昏迷状态。此后，松本就退出了谈判的第一线。12 月 20 日，松本收到了同盟通信社总务局的调令，召他回日本，他就此结束了在上海将近八年的生涯。

松本退出谈判一线后，由西义显和伊藤芳男来接替此事。10 月 15 日，参谋本部第二部中国课中国班班长今井武夫中佐来到上海，从西等人那里听取了松本与梅思平的会谈经过和结果，并迅速推进日本方面的策动工作。

重光堂：一纸不光彩的协议在此签署

梅思平也将与松本之间的谈判结果带回重庆，经周佛海等人的策动，怂恿汪精卫脱离重庆，另外组建一支政治力量，与日方遥相呼应。汪对此的态度有些矛盾。一方面，他不相信中国有实力能够打败日本。1938 年，日本接连攻陷武汉、广州和长沙，并占领了中国所有的沿海地区，他觉得中国无法与日本武力抵抗，他心里无法与蒋介石的抗战路线发生共鸣。1938 年 10 月 21 日，他对英国路透社发表谈话说："如日本提出议和条件，不妨害中国国家之生存，吾人可以接受之，为讨论之基础，否则无调停余地。"汪精卫已对武力抗日的方针感到失望，试图以议和的方式来谋求日本的停战。而且在国民党内，自从蒋介石强势崛起，在孙中山去世时曾担任过国民党中央政治会议主席、短时期内曾身居国民党最高领袖地位的他，在北伐之后，他的权力一直在被边缘化。如今，他虽然还担任着国民党的副总裁、国防最高会议副主席以及国民参政会议长，但蒋介石掌握着几乎所有最高的权力，是所有重大问题的最终决策者，对此，汪的内心是很憋屈的，内心还是暗暗忖度有朝一日能够重享被前呼后拥的领袖感觉。另一方面，事逢重大关头，真的要他痛下决心，公开与侵略中国的日本人合作、分裂国民党中央，他的内心还是有些犹豫。

梅思平在香港与松本重治进行了五次会谈、达成了协议草案后，于 10 月 21 日从香港回到了重庆，经与周佛海秘密商议，对汪精卫第一次报告了他们与日本方面进行联络的详细经过，鼓动汪精卫出来组建一个与日本合作的新政权。周佛海的日记中有这样的记述：

1938 年 10 月 24 日 [1]

三时起，思平、希圣来，谈各项重要问题 [2]。

10 月 25 日

三时谒汪先生，对于情势有所报告及陈述。

10 月 26 日

孝炎、思平先后来谈。旋谒汪先生，略谈。汪因事先出，与汪夫人（陈璧君）谈一小时，……二时赴艺文会，与思平、希圣商谈各项问题。

[1] 这一天周佛海匆匆忙忙坐飞机从武汉来到重庆，10 月 27 日，武汉陷落。——引者注

[2] 应该就是梅思平向周佛海报告与松本会谈的结果。——引者注

10 月 29 日

一般人心理几全部望和，余亦谓然。惟日本既不能取消1 月 16 号声明；而蒋先生又不能、且不可下野，和将从何谈起？[1]

汪精卫一直是一个悲观论者，觉得在日军步步紧逼、中国国势羸弱又缺乏强力外援的境况下，坚持武力抵抗难有胜算。经周佛海等人的鼓动，及其妻子陈璧君的怂恿，加上高宗武、梅思平等人传来的与日本媾和的消息和条件，不觉内心动摇。于是便指示高宗武、梅思平等继续与日本人谈判。

日本方面参加后续在上海谈判的，主要是今井武夫和影佐祯昭。

这里，话题重新转到影佐祯昭，并对上文稍有提及的今井武夫展开进一步的叙述，这是在上海重光堂内展开谈判的日方关键人物。

1945 年 8 月日本战败之后，中国政府曾向日本方面要求引渡影佐祯昭，将他带到中国作为战犯来审判，后来由于影佐身患严重的肺结核难以行动而未果，两年多后，他在日本病逝。

参加重光堂会谈并决定重光堂协议的日方另一个重要人

---

[1] 蔡德金编注：《周佛海日记全编》上编，中国文联出版社 2004 年版，第 186—188 页。

物，是今井武夫。今井出生于长野县上水内町朝阳村（今属长野市）的一个自耕农家庭，幼年丧母，由比他大近14岁的姐姐养大。中学毕业后，曾一度入伍，1916年进入陆军士官学校，1918年毕业，任富山步兵第69连队（团）的少尉见习士官。1921年至1922年，被派往西伯利亚与苏联红军作战，晋升中尉。1925年考入陆军大学校，1928年毕业（第40期）。1931年3月，担任参谋本部中国班班员，军衔大尉。不过，今井本人是在朝鲜最北端的驻军地突然接到这一调令的，他对自己会被调到中国班去感到很意外，因为他在陆军士官学校和陆军大学念的外语主要是俄语和英语，之前对中国也很少有接触。他当时流着眼泪对将要临产的妻子说："为什么要把我这样的乡巴佬分配到像'伏魔殿'这样的中国班去呢？"[1] 从此，他的人生便开始与中国发生密切的关系。顺便说一下，陆军参谋本部的中国班隶属于第二部（情报）第五课（中国课），中国课下，有中国班和地志班两个班，中国班主要是收集分析动态的政治形势方面的情报，地志班收集静态的有关经济地理设施的情报，另外还管一个负责密码制作和解读的密码班。今井之所以对自己的调任感到惊讶和不快，是因为他之前的经历与中国几乎没有什么关系，且中国班的成员历来都是一些性格怪异、态度强硬

---

[1]　［日］今井贞夫：《幻灭的日中和平工作——军人今井武夫的生涯》（『幻の日中平和工作　軍人今井武夫の生涯』），中央公论社2007年版，第36页。

的人，他对调令是有些抗拒的，所以他称中国班为"伏魔殿"（坏人恶事的集聚地）。这一年的年底开始至 1933 年 10 月，今井任中国班的研究员，在中国各地做研究调查，并晋升为步兵少佐。他先是待在北平，住北京饭店，与分配到天津的日本驻屯军司令部的影佐祯昭交往较多。在北平期间，他曾面会过原来北京政府的总理段祺瑞，段赠给他一幅自己的手书，题赠"今井大尉"，这幅手书至今仍然留在今井的家人那里。1932 年 9 月，他来到上海，先是住在武定路 97 号田代公馆，后来迁入一个英国人的家里，跟他学英文。在上海，他去看了在"一·二八"淞沪抗战中受到战火破坏的江湾跑马场（遗址在今天的江湾武川路一带）、日资企业丰田纺织厂，之后又去了苏州、南京、杭州、澳门、武汉、岳阳，这些实地考察加深了他对中国的直观了解。6 月底短暂回国后，7 月又被派往"奉天"（沈阳）特务机关，机关长是土肥原贤二少将，他是策动溥仪出任伪满洲国皇帝最重要的主干。1933 年 1 月，今井回到了日本的参谋本部。

1935 年 12 月，他被正式派往北平，担任在北平的日本大使馆武官辅佐官（通称北京武官），晋升为中佐。在一个寒冷的冬日，失去了长子的今井带着所有家人（妻子、长女和次子）来到了北平。此时，由日本人扶植的伪政权"冀东防共自治委员会"已经成立。当时北平大使馆的武官已经移往上海，武官辅佐几乎代替了他的职位，直接受参谋本部指挥。当时的武官室，借用了正阳门外前门车站附近的原肃亲王善耆的宅邸，很阔绰，配有司机的专用汽车和洋车各一辆。尽管中日关系日益变得险恶，但他与当时派驻在北平的第二十九军军长宋哲元将军和副军长兼北平市市长秦德纯，公私间均有交往。宋哲元的女儿举行婚礼时，今井夫妇受到了邀请。他在北平的生活看上去似乎比较舒适悠闲，夏天还去北戴河避暑。但实际上他在密切观察华北的局势，向参谋总长闲院宫载仁元帅提交了一份很长的秘密报告，得出的结论是，"日本不可能使华北独立"，"南京政府的本质是反共"，"不可采取无视南京政府的态度"，"为了消除中国的抗日意识，日本应以大乘的态度（意为不拘泥个人的好恶、以长远宏大的眼光）帮助南京政府完成统一事业"。他的观点被部分日本人认为是对中国过于软弱、过于宽大。

"七七"事变爆发时，今井一家正在北平，由于战局开启和战火的危险，他的家人几乎闭户不出，直到8月8日才解禁。

1937年10月，今井回到日本的参谋本部，12月任参谋本部第二部（情报）中国课中国班班长，1939年3月升任中国课课长，陆军大佐。[1]

今井参与上海重光堂会谈时，职务是参谋本部第二部

---

[1]　以上内容，主要根据今井武夫三子今井贞夫的《今井武夫相关文书整理　现状和今后》中的《今井武夫　略历年表》，2013年发表于第13届"日中战争史研究会"，今井贞夫著《幻灭的日中和平工作——军人今井武夫的生涯》，中央公论社2007年版。

（情报）中国课中国班班长，翌年升任中国课课长。

关于当年的这段历史，今井本人在 1964 年出版了《七七事变的回忆》(《支那事变の回想》)，不久有中文译本《今井武夫回忆录》(译者署名"翻译组")在内部发行。1978 年，上海译文出版社将这一译本公开出版。今井去世后，家里留下了战争时代的各种文献五千余件（包括日记、两百余封家信、大量的照片、对原回忆录的各种补充笔记）。今井贞夫对留在家里的各种文献进行了长期的整理研究，后于 2007 年撰写出版了《幻灭的日中和平工作——军人今井武夫的生涯》。这本传记可贵的地方，是使用或依据了大量尚未公开的今井的日记和信函，并在对原回忆录进行了大量的增补充实之后，于 2009 年出版了原回忆录的增补本《日中和平工作：回想与证言（1937—1947）》(美铃书房)，收录了生前相关的访谈录和重要文献，篇幅大量增加。今井在撰写回忆录时，具体日期都依据他自己的日记，因而具有很强的可靠性，接近第一手资料。

周佛海、汪精卫等人反对武力抗战、投向日本人的整个具体过程，至少在初期，鲜有正式的文字记录（事后有些回忆或供述的文章出现），但周佛海留下的日记记录了其若干心路历程和行动的蛛丝马迹。这里稍稍摘录几段。

1938 年 11 月 13 日

谈近况，均为悲观。

11 月 14 日

长沙已撤退，衡阳殆亦不久矣！以前满谓衡阳可支持相当时间，今竟俨成崩溃，局势严重万分。

11 月 18 日

今已一年矣，局势愈坏，疆土日蹙，其真将亡国耶？[1]

周佛海内心盘算，日本人坚持唯有蒋介石下野才可谈停战，否则"不以国民政府为谈判对象"，然而蒋介石的人望正随着抗战的深入而日益升高，坚持以蒋介石为领袖差不多是与日本和谈的底线，那么，唯有与蒋介石重庆政府分道扬镳，推举汪精卫出来另外组成政权，才能与日本单独媾和。于是，他指示高宗武和梅思平经香港前往上海，与影佐祯昭和今井武夫商议敲定最后的书面协议，来获得日本方面的正式保证。于是，就有了最后的"重光堂协议"的签署和汪精卫、周佛海等人的秘密出逃。

1938 年 11 月 6 日，在东京的今井武夫接到了来自香港的电报，说梅思平和时任外交部情报司日苏科科长的周隆庠将先后到达上海。于是他在 11 月 9 日，与西义显和伊藤芳男一起再次来到上海。周先到上海，梅 11 月 2 日从重庆出发，9 日抵达香港，坐法国轮船 12 日抵达上海。翌日 13

---

[1] 蔡德金编注：《周佛海日记全编》上编，中国文联出版社 2004 年版，第 188—197 页。

日，高宗武坐意大利轮船来到上海。他们之所以各自单独行动，目的是避人耳目，不引起外界的注意。

会谈的地点安排在虹口公园（日本人称新公园）北面东体育会路 7 号的一处西洋式的大房子内。这处空房子因在淞沪抗战的战火中遭到了部分的损坏，一直无人居住，空关在那里。在会谈开始前的几天，在上海的日本当局对这所大房子进行了粗粗的修缮，又从附近的饭店里租来了足够七八个人用的家具桌椅等。在会谈结束之后，土肥原贤二叫人对其进行了修缮改造，作为他在上海的住所，并命名为"重光堂"。后来人们就把在此进行的会谈以及达成的协议俗称为"重光堂会谈"和"重光堂协议"。我曾骑着自行车，根据木之内诚编著的《上海历史地图》上所标示的位置去寻访，都无法得到当年的踪迹，应该后来是被彻底拆除了。

从 11 月 12 日晚上到 14 日晚上，日方与汪精卫一方的代表梅思平以及稍晚到的高宗武，在周隆庠的翻译下，就梅所带来的最后和谈方案所提出的和平基本条件，进行了整整三天的连续谈判。与日方一起在座的，还有参议院议员犬养健（1896—1960），他是 1932 年"五一五"事件中被刺杀的首相犬养毅的儿子，1930 年 34 岁时就当选为参议院议员，后来出任他父亲即内阁总理大臣的秘书官，年轻时还出版过《南国》等四本小说集，战后担任了吉田茂内阁的法务大臣。在高宗武 7 月访日时，两人就结成了朋友。这次他不是日方正式的谈判代表，也不是协议的签署者，只是一个列席者。今井的回忆录比较详细地记述了当时会谈的情况。

这些基本条件，特别是日中两国的《协议记录草案》，是之前在香港由日中双方的同志经研讨之后，已经达成一致意见的内容，但我是读到这份记录草案后才第一次与中国方面展开直接会谈的，对之前的详细经纬并无仔细的了解，结果与梅展开了激烈的争论。双方都是基于各自的爱国情结，在会谈的过程中，不仅互相之间理解了对方的立场，并且由于各自的爱国情怀，我对对方顶真的态度感到敬佩和信赖，这为以后推动（和平）运动的进展带来了好结果。

与梅相反，高对这场谈判始终持批判的态度，甚至使人感到他的虚无的态度，有时候他会很轻易地赞同日本方面的主张，我倒反而对他的真意产生了怀疑。

我当时曾对影佐大佐和其他的同事这样说："这一运动因为有很认真的梅思平在，才得以放心地开展协商，万一如果只有高宗武的话，我大概一开始就会避免与此发生关系了。"

…………

梅思平先于高宗武最初一个人来到上海的那个晚上，我第一次带他去了六三亭花园的日本料亭，为他洗尘。结果他穿着鞋子在榻榻米上阔步行走，一屁股坐在了"床之间"上，让我们这些日本人大吃一惊。他说他是第一次与日本人

促膝交谈 [1]，而且日本料理也是初次体验。[2]

犬养健在他战后出版的回忆录《扬子江今天依然在流淌》(『揚子江は今も流れている 』) [3] 中描绘了当时的会谈气氛。

高宗武与往常一样，露出了一点浅浅的笑容，一边拍着梅思平的肩膀，一边对今井说：

"今井先生，中国代表的梅思平选手，能耐怎么样？你们激烈谈判了三天了。"

"哎呀，讨论得真是仔细呀，仔细！我觉得自己也算是一个在细节上很追究的人了，这次，一个比我更高明的人出现了。到底还是中国人多呀，大国呀。"

大家都大笑起来。[4]

作为一个日本现役军人、参谋本部主管对华事务的中级官员，在重光堂会谈中，今井武夫无疑要执行日本方面的指示，尽可能为日本争取在华的最大利益；同时作为一

---

[1] 其实之前在香港与松本重治会谈过很多次。——引译者注

[2] 《日中和平工作：回想与证言（1937—1947）》，美铃书房 2009 年版，第 70 页。

[3] 文艺春秋社 1960 年初版，本书使用的是中央公论社 1984 年版本。

[4] 《扬子江今天依然在流淌》，中央公论社 1984 年版，第 97 页。

个对中国比较有感觉的人，他在谈判上或许也表现出了一定的灵活性。在与汪精卫方面进行了三天的谈判之后，双方达成了严重损害中华民族利益的"重光堂协议"（具体分为《日华协议记录》《日华协议记录谅解事项》《日华秘密协议记录》），内容比较繁杂，最主要的有如下几点：（1）缔结防共协定；（2）中国政府承认伪满洲国；（3）保障日本"居留民"在华的居住、经营自由，日本考虑废除在华的治外法权、返还租界；（4）经济合作（兴办中日合资企业）；（5）中国补偿在华日本人因事变造成的损失，日本不要求战争赔偿；（6）除内蒙古以外，在和平条约缔结之后日本开始撤军，在治安恢复后的两年之内完全撤军，之前的驻军地区经由双方会商之后决定。在《谅解事项》中，记载了为了所谓的防共（日本方面有针对苏联的目的），日本可在中国的内蒙古及平津地区驻军，驻军期限与日华防共协定有效期相同，以及日本当为因事变而产生的大量中国难民的救济提供帮助。

这里的承认伪满洲国，是蒋介石政府不肯退让的一条底线，但在"重光堂协议"中，汪精卫方面却作出了使中国人不可接受的让步。日本在内蒙古至平津地区一带长期驻军，也严重侵害了中国的领土完整和主权独立。而汪精卫方面最在意或最坚持的是日本的撤军，这一要求在协议中得到了体现。双方在重光堂会谈中，还详细拟定了汪精卫脱离重庆、尔后与日本合作的日程计划；作为日本方面的呼应，要发表一个声明，阐明基于"重光堂协议"的对华新政策。

今井等人带着"重光堂协议"的草案，于 11 月 15 日飞回日本，向陆军大臣板垣征四郎、次官东条，参谋次长多田报告了重光堂会谈的结果。今井在当天日记中写道："总之，决定以此作为最后的谋略来进行，命令我进行实行纲要的研究，回家后，就工作的现状起草一份报告。"[1]17 日，军务课长影佐、军事课长田中新一、作战课长稻田正纯等汇聚在一起，对日华协议案以及声明案进行审议。会上，有人质问今井："你是不是被中国人骗啦？"今井坚定地回答说："绝无这样的事情。即便真是这样的话，我个人也绝不后悔。"话音落下后，在座的人一时间都沉默不语。最后，田中课长说了一句："（万一有问题）到时候我们大家一起承担责任吧。"于是就决定在陆军中推行这一"和平工作"。当天下午两点开始，陆军大臣板垣、参谋次长多田及相关人员举行会议讨论，下午六点将之前的草案定为成案，并决定由今井和影佐于翌日再次飞往上海，做最后的成案签署。[2]

11 月 18 日清晨，作为参谋本部代表的今井和陆军省代表军务课长影佐，以及犬养健、西义显和伊藤芳男，一同在

[1]《幻灭的日中和平工作——军人今井武夫的生涯》，中央公论社 2007 年版，第 188 页。

[2]《幻灭的日中和平工作——军人今井武夫的生涯》，中央公论社 2007 年版，第 189 页。

羽田机场坐上飞往上海的飞机。19 日，上述诸人在重光堂进行了杂谈，下榻在苏州河畔的东和洋行 [1]。20 日，再次在重光堂举行会谈，日方参加者是影佐、今井、西、伊藤、犬养，汪精卫方面的参加者是高宗武和梅思平，周隆庠担任翻译，在就之前的草案进行了确认后，签署了正式的协议。21 日，今井和影佐等回到了东京。[2]

上海"重光堂协议"正式签署后，梅思平等经由香港悄悄回到了重庆，首先向周佛海报告，再一起到汪精卫的公馆，向他详细汇报。从周佛海当时的日记中，可了解到在这一关键的时刻，汪精卫又举棋不定了。或者是由于他的胆怯和懦弱，或者是由于他内心的良知尚未完全泯灭，他表现出了游移不定：

1938 年 11 月 26 日

（梅）思平由港来，略谈，即偕赴汪公馆，报告与宗武赴沪接洽经过，并携来双方签字条件及近卫宣言草稿，商至十二时始散。饭后午睡。三时起。四时复至汪公馆，汪忽对过去决定一概推翻，云须商量。余等以冷淡出之，不出任何

---

[1] 这一记述似乎有误。东和洋行位于今天北苏州路与河南路交界处，1935 年这里已建起了河滨大楼，1938 年 11 月，东和洋行应该已被拆除了。

[2] 《幻灭的日中和平工作——军人今井武夫的生涯》，中央公论社 2007 年版，第 189—190 页。

意见。……与思平谈及汪之性情，咸甚认为无一定主张，容易变更，故十余年屡遭失败也。

11 月 27 日

与思平谈时局，并推测将来趋势。……五时偕思平赴汪宅。汪先生忽变态度，提出难题甚多。余立即提议前议作罢，一切谈判告一结束。汪又转圜，谓签字部分可以同意，其余留待将来再商，于是照此复电。经数次会谈，益发现汪先生无担当，无果断，作事反复，且易冲动。唯此事体大，亦难怪其左思右想，前顾后盼也。余为此事，亦再四考虑，心力交瘁矣。

11 月 29 日

九时仍偕思平赴汪公馆，适（陈）公博应召自成都飞来。再将各项文件研究后，决定可同意，并电港通知。十二时返寓。下午四时仍赴汪公馆，与公博等会商，决定汪八日赴成都，十一日赴昆明；余先赴昆明等候。

12 月 1 日

梦中为电话惊醒，汪先生约谈。南京伪组织[1] 所召全国代表大会发表宣言，汪先生阅之，甚为愤怒，约商应付。当进言可不理会。最近觉汪之短处，一在犹豫，一在冲动，而其长处则在颇能纳言。

---

[1] 指梁鸿志的伪中华民国"维新政府"。——引者注

12 月 4 日

八时接汪先生电话，召见，出示香港来电。[1]

从周佛海的日记可知，汪精卫等人的出逃重庆乃至最后与日本人合作，最初的计划策定和操作，周佛海是始作俑者，高宗武、梅思平是最积极的合作者。但开始时，高和梅一直坚持蒋介石不下野，至少强烈要求日本保证撤军，到后来则是步步退让。汪精卫等人在日本人的诱惑下，最后终于在歧路上越滑越远，决定逃离重庆，经昆明再飞往已是法国殖民地的越南河内，伺机与日本方面相呼应，再做下一步的举动。

日本方面，今井武夫等将"重光堂协议"带回，向最高层报告。汪精卫方面指望自己在逃离重庆后，日本政府能发表一个与此相应的新的声明。然而当今井等把"重光堂协议"带回日本后，遭到了诸多强硬派的强烈反对，主要是针对撤军这一条。尤其是刚刚调到参谋本部担任要职的留永少将嚣张地表示：一个战胜国竟然要对一个战败国承诺撤军，哪有这样耻辱的事？这样做，对不起在前线浴血奋战的将士！[2] 在朝野狂热的舆论背景下，今井带回去的协议，在关键内容，尤其是撤兵问题上，遭到了鹰派的抵制。

---

[1] 蔡德金编注：《周佛海日记全编》上编，中国文联出版社 2004 年版，第 201—204 页。

[2]《扬子江今天依然在流淌》，中央公论社 1984 年版，第 102 页。

按原定计划，汪精卫等人将在 1938 年 12 月 8 日逃离重庆，再转往越南河内，然后日本首相近卫文麿在 11 日发表对应的声明。不料蒋介石突然从前线返回重庆，汪等人张皇失措，不敢轻举妄动，日本的声明也就临时搁置。直到 20 日，日本确定汪精卫等人已逃到河内之后，才在 12 月 22 日发表了所谓"近卫第三次声明"。这一声明代表了日本最高层的旨意，居高临下、盛气凌人，在相当程度上背离了"重光堂协议"；日本方面的要求都说得很明白，而对汪精卫一方非常在意的撤军问题只字未提，只是说了一些空洞的话语，表示："日本固然会尊重中国的主权，且为了完成中国的独立，进而对于废除治外法权以及归还租界也将予以积极的考虑。"试想，如果中国的土地上还驻扎着大量的日军，废除治外法权和归还租界之类的话语还有丝毫的意义吗？在重光堂会谈中应允撤军的今井武夫等人，即使不是故意哄骗、敷衍塞责，至少也可看出，在当时的中国战场上占据优胜地位的日本，"和平派"也显得有些势单力孤，并无能力左右日本最高层的决策。起草《日华新关系调整方针》的参谋本部战争指导班长堀场一雄少佐（在日本被认为是"昭和陆军的良心"）曾表示，他制作这份调整方针的目的之一，是预先警戒因"战绩以及（日军）牺牲的加大而生发的越来越强烈的欲望"[1]。堀场少佐的头脑还有点清醒，但这些

---

[1] ［日］堀场一雄：《七七事变战争指导史》，时事通信社 1962 年版，第 154 页。

人最终还是未能阻遏日本朝野的狂妄和蛮横，近卫的第三次声明，再次表现出了日本高层背信弃义的流氓姿态。

汪精卫与夫人陈璧君以及周佛海、陶希圣等人，12月19日从昆明出逃至河内。同行的陶希圣叙述说：

> 汪夫妇寄居在朱培德夫人的寓所，其他人寄寓都城饭店，旋即转往河内附近的山中，名为"丹岛"的避暑地。……汪的心神不定，日夜沉思，忽一日跌在地板上，将一腿跌伤。12月22日，日本内阁总理近卫文麿的声明发表。汪在卧榻中起草声明，响应近卫声明，主张议和。由（陈）公博将稿带到香港，我亦同行。公博到港后，持稿与顾孟余先生商议，顾先生痛责公博和我，说我们应该阻止此行。他坚决反对其发表。公博电汪得复，仍然发表。这就是所谓的"艳电"。[1]

文中提到的顾孟余，早年毕业于柏林大学，回国后曾在北京大学担任德语教授，后出任经济系主任。1926年当选国民党中央执行委员，翌年任中央执委会常委、宣传部长，之后与汪精卫等一起组成党内反蒋的"改组同志会"（一般称"改组派"），历任铁道部长、交通部长等要职。抗战前期，居住在香港。他虽然长期反蒋，但深明大义，关键时刻

---

[1]　陶希圣：《潮流与点滴》，中国大百科全书出版社2009年版，第159页。

头脑清醒，后来与汪精卫等决裂，返回重庆，与抗日的蒋介石站在一起。

另一个当事人高宗武回忆说：

汪和一批人到达河内两三天后，由于河内的电讯设备简陋，汪夫人和三个人[1]带着一篇准备发表的电报稿到了香港。电报正文发给国民党党部和中华民国政府，副本发给香港、上海和重庆的报纸。汪亲笔起草这份电报稿，严格交代不可增删一个字。

由于我不在河内，没有参与电报拟稿，但我非常不喜欢这篇电稿。电文中完全没有要求日本做出任何承诺。譬如说，汪应该要求近卫就战后日军撤兵的模糊承诺，给予具有确切撤兵日期的承诺。[2]

高宗武有点记错了，近卫的声明中，连模糊的撤兵承诺也没有。照理，看到近卫第三次声明的内容后，汪精卫等人应该对此感到愤懑和抗议才是，但他反而乖乖地听从日本人的操纵，于12月29日在河内发送《致中央党部蒋总裁暨中央执、监委员诸同志》的电文（即"艳电"），当月31日

---

[1] 指周佛海、陶希圣、陈公博。——引者注

[2] 高宗武著，陶恒生译：《高宗武回忆录》，中国大百科全书出版社2009年版，第37页。

由在香港的陈公博、周佛海、陶希圣三人通过林柏生发表于《南华日报》上。电文说:"唯欲按照中日平等之原则,以谋经济提携之实现,则对此主张应在原则上予以赞同,并应本此原则,以商订各种具体方案。"要求重庆政府"应依此(指近卫第三次声明)为根据,与日本政府交换诚意,以期恢复和平"。[1]此事在全世界引起了震惊。从此,汪精卫等人就走上了一条严重损害国家利益的不归路。

---

[1] 韩信夫、姜克夫编:《中华民国大事记》第4册,中国文史出版社1997年版,第370页。

汪精卫集团的歧路和高宗武、陶希圣的倒戈

面对汪精卫等人的叛逃，重庆的蒋介石政府软硬兼施：一方面发文声讨，造成舆论对汪的不义行径的批判和压力，并派人到香港用斧头击杀在皇后大道上行走的林柏生（后出任汪伪政府宣传部长），在1939年1月1日的国民党中常委会议上，罢免了汪的所有公职，开除党籍。另一方面设法对汪加以挽救，至少希望汪等人不要在歧路上越行越远，做出对国家民族更为有害的行径。蒋派了与汪私交颇好、在汪的内阁中担任过铁道部总务司司长的谷正鼎前往河内，劝说汪可通过写文章对国事发表主张，有病需要去法国疗养，可预先致送五十万元旅费，以后继续筹措汇寄，但不要去上海、南京，不要另搞组织，以免为日本利用，造成严重后

果[1]，但被汪拒绝。蒋介石一怒之下，派遣军统特务陈恭澍等人秘密潜入河内，1939年3月21日凌晨行刺住在高朗街寓所的汪精卫，不料误杀曾任国民党中央政治会议副秘书长和最高国防会议秘书主任、法国里昂大学文学博士、跟随汪多年的曾仲鸣。汪精卫大恸，也更坚定了他与蒋介石切割的决心。

从此以后，汪等人与侵略中国的日本来往，就是赤裸裸的投敌行为了。

汪精卫等人去了河内之后的动静，日本方面主要是通过1938年12月开始担任日本驻香港总领事的田尻爱义来获得的，而田尻的消息主要来自在香港的高宗武。就在汪精卫发表"艳电"的时候，高宗武（应该是代表汪精卫、周佛海等人）向田尻提出，希望日本每月向他们提供三百万港币的工作资金。1939年1月中旬，高宗武在写给日本总领事田尻的信函中，还提出了一个要求，希望日方对重庆政府进一步采取军事行动，以促使原先答应应援汪但后来按兵不动的诸如云南的龙云和两广的张发奎等举兵响应。此事在1月14日田尻发给有田外相的电文中有记载。如果事情属实，那高

---

[1]　罗君强：《汪伪全台傀儡戏的演出》，引自文斐编：《我所知道的汪伪政权》，中国文史出版社2005年版，第17页。作者罗君强，曾任国民党军事委员会办公厅秘书处长、蒋介石侍从室秘书，后与出逃的汪精卫等合流，担任汪伪政府的伪司法行政部长、伪安徽省省长、伪上海市政府秘书长。抗战胜利后以汉奸罪被捕入狱，1970年死于上海提篮桥监狱，对汪精卫等人的行径知晓甚详。

宗武的这一要求就是十分严重的汉奸行为了，但高后来对此事矢口否认[1]。

1939年2月1日，高宗武从香港前往河内，与汪精卫进行了多日的会晤，拟定了一个与日方的合作纲要。2月21日，高宗武与周隆庠一起，在西义显和伊藤芳男的陪伴下抵达长崎，受到了犬养健的迎接。2月23日，他们自长崎来到了东京西南的箱根的富士屋旅馆，在这里与影佐祯昭和今井武夫展开了会谈。之所以安排在僻静的箱根旅馆，是为了避免高与其他人接触。

高宗武等的这次访日，在高自己的回忆录、犬养健的回忆录及日本方面的档案中，都留下了比较详细的记录，但彼此之间，有较大的差异。1944年高宗武在美国用英文撰写的回忆录回避了很多关键的内容，只是挑选了他愿意记录的部分。我这里将几种说法引述或译述出来。先是高宗武的回忆：

（艳电发表）几天之后汪叫我去河内。从去年6月离开汉口之后我就没见过他。此时的汪，一条腿上了石膏。原来他走路不小心跌倒，造成轻微骨折。他显得非常忧郁。

汪说他想去日本了解日本人的"真正态度"。我说我们

---

[1] ［日］户部一良：《日中和平工作（1937—1941）》，吉川弘文馆2024年版，第123页。

目前除了等待日本下一步之外，什么都不要做。在我和他相处的两星期中，汪曾多次问我："我能相信日本人吗？"每一次我都回答："他们说的东西只有四成可信。"

汪坚持叫我去一趟东京，我无法拒绝。他当外交部长时，我是他的部属；过去数年来我一直是他的日本事务顾问；他待我极好。再者，我是他的七位亲信中唯一能够做这件事的人，我深知我绝不会为国家带来更多的困难。

汪要我带几封信给日本领导人物。他在信中说，过去日本经常食言，逼使中国人决定为国家的生存而奋起反抗。然而，如果日本真的想要改变政策，为何两国不能找出一条出路？

…………

我离开河内时，汪答应在看到我的报告之前，他不会有所行动。[1]

高宗武在自己的回忆录中，没有说到这次日本之行是在西义显和伊藤芳男的陪伴下前往的，更没有说到犬养健到长崎来接他。只是说他到了长崎后，立即去会见了他的温州同乡黄群，住进一个山里的温泉旅馆，用温州话进行了彻夜的长谈（以防被人偷听），最后的结论是："无论发生何事，不

---

[1]　高宗武著，陶恒生译：《高宗武回忆录》，中国大百科全书出版社 2009 年版，第 37—38 页。

能容许汪被日本人操纵利用，在东京，我只听而不做任何承诺。"[1] 但是，犬养健在回忆录[2]中却是如此叙述的：

高乘坐的轮船"长崎丸"准时——早上七点进入了港口。一般的船客都排成一列纵队，接受战时的检查，我穿过嘈杂的人群，在长崎县外事课长的陪同下，相隔四个月之后，与在船舱里休息的高见了面。这次除伊藤芳男之外，周隆庠也一起来了[3]。朝阳穿过船舱的百叶门照射进来，在高的脸上映出了横条状的明暗，而且港内的海水不断地跃动反射，高蹙着眉头用杂志挡住光线。他看上去好像有话要对我说。

我们安顿下来可以慢慢说话，是在当天下午坐上了飞机之后。这架飞机是为了高宗武而在福冈的雁巢机场专门准备着的。与上一次相比，日本政府对高的待遇也有了很大的区别，更加隆重了。我与高在机舱内并排坐下后，问道：

"你这次来，最重要的事情是什么？"

"哦，是来实地测量一下平沼内阁[4]。影佐已经很快告诉

---

[1] 高宗武著，陶恒生译：《高宗武回忆录》，中国大百科全书出版社2009年版，第39页。

[2] 据犬养自述，他当年留下了相当多的札记，此书是根据札记写成的。

[3] 周隆庠是否同行，似乎在别的文献中没有见到，也许犬养的记忆有误。——引译者注

[4] 近卫内阁已在1939年1月集体辞职，近卫自己在新内阁中担任了一个无所任大臣。——引译者注

了我，说是即便内阁更换了，对华方针也没有变化。现在去东京，主要是想实地去观察一下新内阁的热忱。说实话，汪先生也只是相信近卫，听到他的内阁总辞职的消息后，似乎很沮丧。"[1]

犬养健在回忆录中记录了高对他说的比较重要的一段话：

"实际上，我这次旅行，有一件很重要的事情想要与你们商量。"高在一阵沉默之后再次开口说，"详细的内容到了东京再说，简而言之，汪先生的和平声明在广东广西方面的人中间，引发了好感。虽说如此，真正敢于鼓起勇气站出来响应的人，还一个都没有。原本说好要作出响应的，结果却有很多人没有出来响应。对此，我想是否可以通过日本的什么军事行动，来刺激他们一下，激发出他们的勇气。当然，这纯粹是军事问题了，影佐的角色很重要，不知是否可行？"[2]

也就是说，高希望日本方面对中国进一步采取军事行动，以促使龙云、张发奎等人举事。他这一意思，之前也曾

---

[1] 《扬子江今天依然在流淌》，中央公论社 1984 年版，第 111—112 页。

[2] 《扬子江今天依然在流淌》，中央公论社 1984 年版，第 114 页。

对日本驻香港总领事田尻说过，真的是十足的汉奸行径。西义显的回忆录中对高宗武的这次访日叙述不多，但也有这样的记述：

> 1939年2月，为了挽救"高宗武路线"，高宗武来到了东京，请求日军发动牵制作战，但是这个建议没有被接受，没人真心来跟他合作干，他很失望，当月下旬，回到了香港。[1]

这样的话题，在高的回忆录中只字未提。日本方面后来对此回应说，发动军事行动关系统帅权的问题，明治宪法规定，陆海军最高元帅是天皇，因此此事必须上奏天皇，得到天皇的允准后才可操作，以此为由，拒绝了高宗武或者是高所代表的汪精卫等人的意愿。其实这只是日方的搪塞之词，关东军发动"九一八"事变、进攻东北军，就没有得到天皇的允准，后来虽然酿成了一个"统帅权干犯"的严重问题，最后也是不了了之。

高宗武这次的访日，在相关的当事人回忆中，都没有确切的日期。犬养健提到在2月上旬接到了高的联系，要他在长崎港接他。西的回忆，说到2月下旬高自日本回去了。对于高的这次访日，今井在回忆录中只有寥寥数语的记录，但

---

[1] 《悲剧的证人——日华和平工作秘史》，文献社1962年版，第241页。

有一个明确的日期："2月26日，在东京迎接高宗武与周隆庠，在箱根的富士屋旅馆听取了汪精卫一派同志的内情，商议了今后的进展要领。"[1] 今井一直存有当时的日记，这一日期是可靠的。综合各种文献，可推断高是在2月21日去日本的。今井这里说的"商议了今后的进展要领"，应该包含了日方帮助汪精卫等人从河内逃出前往上海的计划。

高宗武在回忆录中，对自己的这次访日花了很大的篇幅记述。在日本期间，他会见了板垣、多田、首相平沼骐一郎[2]、前首相近卫文麿、松冈洋右等几乎当时与中国相关的所有最高领导人，回忆录中对此都有相当详尽的记录。我想，高在撰写这部回忆录时，或许是有当时的札记或笔记吧，不然时隔五年，很难有如此细节性的记录。限于篇幅，这里就不一一引述了。

蒋介石派人在河内击杀汪精卫的行为，促使汪进一步投向日本人。日本决定策动一个将汪精卫从河内移往上海的计划。

据影佐的记述，该计划是由板垣陆军大臣发出动议的，具体的人员，除影佐之外，由陆军省、海军省、外务省、兴亚院及民间人士组成，具体由影佐负责。海军省的联系人是须贺彦次郎少将，外务省和兴亚院派出的是外务书记官兼兴

---

[1]　［日］今井武夫：《日中和平工作：回想与证言（1937—1947）》，美铃书房2009年版，第83页。

[2]　高在谈到平沼时，用了一个日期是3月，不知确否。

亚院事务官矢野征记，民间人士是参议院议员犬养健。在出
发之前，影佐向五相会议的五名大臣报告了这一计划并接受
了指示。他们一行在 4 月 6 日从福冈县的三池港出发，乘
坐山下汽船公司的"北光丸"，往南行驶，4 月 14 日抵达河
内。同行者有犬养，矢野和伊藤芳男则乘坐飞机先行到达河
内，全员都换穿便服。已在河内的日本领事馆驻在武官门松
少佐和同盟通信社的特派员大屋久寿雄等人，事先已与汪精
卫等取得了联系。抵达河内的翌日，即 4 月 15 日，影佐与
矢野、犬养一起访问了汪精卫。影佐在听取了汪的叙述后，
问道：今后你有何打算，准备在哪里实施你的和平信念？汪
回答说："实际上我已意识到了滞留在河内的危险以及无意
义，试图逃离河内，就在这一当口，贵国政府派出了各位来
帮助我脱离河内，对此我表示衷心的感谢。今后，我待在河
内已经没有意义了。"今后要去的地方，汪在比较了香港、
广州和上海之后，还是觉得上海最为适宜。于是影佐决定选
择上海。[1]

　　犬养对当时的见面有非常周详的描述。

　　为避人耳目，汪精卫等决定租借一艘法国的小船，影
佐等乘坐"北光丸"一路同行。4 月 20 日晚上从海防出发，
最后在广东的汕头由小船换乘"北光丸"，汇聚以后，向上
海驶去。犬养健在《扬子江今天依然在流淌》中，对这次自

---

[1] ［日］影佐祯昭：《曾走路我记》，油印本，1944 年，第 29—31 页。

河内至上海的航行，作了详尽、生动、有趣的描述，限于篇幅，无法多加译述，这里摘录一条犬养健记录的汪精卫在船上的言论：

> "这次的运动，正如我多次说过的一样，就是为了实现全面的和平，没有任何其他的意思。因此，只要能实现和平，以后中国的政权由谁来掌握，这不是一个问题。所以，将来如果有幸，重庆政府与我的运动能合成一体的话，我的目的就算完全达到了，我会立即辞职。这一点，我现在就要把我的心境清晰地表明出来。"[1]

这样的话，汪在其他场合似乎也说过几次。汪在政治上、特别是有关国家利益的大是大非上，完全是一个短视的糊涂蛋。

5月6日，"北光丸"驶近长江口，因遇到江面浓雾，8日才开进黄浦江。为避免新闻界的采访或惊动有关方面，当天汪没有上岸，而是在船上过了一晚，翌日才登上码头。从这一天开始，汪精卫一拨人就在上海汇聚，正式形成了一个所谓汪精卫集团，直到1940年3月汪伪政府在南京挂牌为止，上海就成了他们的主要活动据点。

5月31日，汪精卫及周佛海、梅思平、高宗武等十一

---

[1] 《扬子江今天依然在流淌》，中央公论社1984年版，第102页。

名核心成员就迫不及待地去日本访问，影佐和犬养等陪同前往。汪等在日本期间，日本的五相会议通过了《建立新中央政府的方针》，对今后新建立的汪伪政府作出了若干规定，这也就决定了这一所谓的"新政府"从一开始就染上了傀儡政权的色彩。汪等在日本会见了首相等日方最高层的官员，但并未获得日方应如何尊重中国主权、何时撤军等任何具体的承诺。他们于 6 月 18 日离开了日本。

据随周佛海等一起从香港来到上海的罗君强的记述，汪精卫等从东京回上海后，"日方在虹口东体育会路旁边很空旷的地区，找到一所两层楼洋房，略加修理，让汪精卫居住。因为外围都是日军，没有居民，既便于保护，又便于监视"。[1]

据民国二三十年代上海滩上的著名报人（1930 年即担任《中央日报》的采访主任）、后来被周佛海拉入汪伪政权的金雄白（1904—1985，笔名朱子家）的叙述，1939 年 6 月中旬的时候，周佛海等还居住在虹口江湾路，不过已将极司菲尔路（今万航渡路）76 号纳入他们的活动据点。中旬的某日下午，周佛海从虹口赶过来，在 76 号约他晤谈：

汽车到了门口，门外静静地什么声息也没有，铁门紧紧地关闭着，我仰头一望，恍然发觉这原是前山东省主席陈雪

---

[1] 罗君强：《汪伪全台傀儡戏的演出》，引自文斐编：《我所知道的汪伪政权》，中国文史出版社 2005 年版，第 21 页。

暄（调元）的别墅。房屋建造得并不华丽精致，但所占据的地位却相当广大。就在抗战前两三年，陈雪暄曾在那里为他的母亲祝寿，那时宾客如云，连天的盛大堂会，为上海稀有的场面，我曾经为那里的贺客之一。不料几年之后，陈雪暄死了，他那清幽的别墅，竟然成了一幕历史悲剧的孕育之处。[1]

76 号后来成了丁默邨、李士群等人把持的汪伪政权在上海的特工总部。

周佛海希望金出来为将要成立的汪伪政权办报，金在犹豫了一段时间后，答应了。一个月以后，周佛海约见他的地点已在愚园路的 1136 弄 59 号了。那一区域的房子都成了这波人的天下，金雄白自己也搬到了这里来住。对当时具体的情形，他有非常详细的记叙：

汪氏夫妇所居愚园路 1136 弄口的一所大宅[2]，原是前交通部长王伯群的私邸，当王氏出任上海大夏大学校长时，与该校的校花保志宁由师生恋爱而结婚，于是鸠工兴建此美轮美奂的大厦，作为藏娇的金屋。国军西撤以后，一直空关着。在汪氏迁入前，更在花园四周装置了瞭望亭，墙垣上加

[1]　朱子家：《汪政权的开场与收场》第一册，春秋杂志社印行，1959 年，第 5—6 页。

[2]　今已成为长宁区少年宫。

筑了铁丝网，利用为在沪发纵指挥与安身立命之处。

　　1136弄是一条长长的里弄，只有一个面向愚园路的出口，很幽静，也很隐僻，里弄另有十余宅独立的小花园洋房，事前，把原有的居户全部迁走了。就由周佛海、褚民谊、梅思平、陈春圃、罗君强等一批人分宅而居，有百来名武装警卫，严密地日夜保护着，没有所发的临时证件，或者预先通知的特定宾客，完全无法进入弄内。当时参加新政权筹备工作比较重要的人物，只有极少数不住在这里面，除了岑德广、林柏生等以外，就是陶希圣与高宗武。[1]

　　上文中提到的褚民谊（1884—1946），浙江吴兴人。1903年东渡日本留学。1909年加入同盟会，参加辛亥革命。1912年赴欧洲留学。1920年与吴稚辉等在法国创办中法大学，任副校长。1924年获得法国斯特拉斯堡大学医学博士学位，回国后任广东大学医学院院长。1932年任行政院秘书长。1939年后跟随汪精卫，在汪伪政府担任行政院副院长兼外交部长。1946年以汉奸罪被判处死刑。陈春圃（1900—1966），广东兴会人。1920年起即追随汪精卫。1925年留学苏联，后又去美国。1932年任国民政府侨务委员会常委。汪伪政府成立后，先后任伪行政院秘书长、伪国

---

[1]　朱子家：《汪政权的开场与收场》第一册，春秋杂志社印行，1959年，第33页。

民党中央党部组织部长、广东省长。抗战胜利后以通敌罪被判处无期徒刑，死于提篮桥监狱。

林柏生（1902—1946），前文已出现过，广东信宜人，考入岭南大学学习，后追随汪精卫。1925年被国民党派往莫斯科中山大学学习，后奉汪精卫指示，1930年在香港创办南华通讯社，翌年创办《南华日报》。1933年任国民政府立法委员。汪伪政府成立后，长期担任中央宣传部长。1946年以汉奸罪被处决。

岑德广（1897—?），广西西林人。清末两广总督岑春煊的三公子，留学日本和英国，曾任外交部特派广西交涉员，后加入汪精卫派，任汪伪政府委员。

汪精卫集团集聚上海后，以愚园路1136弄和极司菲尔路76号为大本营，开始筹建伪政府。其主要的经费来源是用作庚子赔款的关税结余，长期存在汇丰银行。日军占据了中国的主要地区后，这笔款项转存入日本的横滨正金银行，由影佐祯昭提议，启用这笔关税结余用作汪伪集团的活动经费，每月支取200万—300万元法币。这就让汪精卫等人感到，他们是在用中国人自己的钱，而不是日本提供的经费。

这里再叙述一下很久没有出现的陶希圣。汪一行在5月坐船来到上海的时候，陶希圣与陈公博依然留在香港。陈公博几乎没有参与这一时期的汪伪活动。陶希圣在回忆录《潮流与点滴》中，对这一段他的经历，有诸多讹误，不知是记忆错误，还是有意减弱自己的污色。他写道，汪精卫从河内潜赴广州（事实上根本没有）：

> 约在 5 月间，汪精卫派人到九龙邀我们二人到广州。公博和我初到广州，即被接至爱群酒店。公博先往东山汪公馆。数小时之后，始有人来接我到东山。……我们小住数日后，仍返九龙。汪夫妇由广州转往上海[1]。他们到上海后，屡次派人到九龙催我前往，陈璧君一度亲来九龙面催。
>
> 7 月间，我乘日本邮船往上海。汪与周、梅诸人均住虹口。我到上海后，即被接至虹口。虹口是日本军区，随处有日军警戒。两三日后，汪夫妇及一班人均由虹口转往沪西极司菲尔路 76 号，参加所谓的"全国代表大会"。
>
> ⋯⋯⋯⋯⋯⋯
>
> 汪夫妇和周、梅与我均移居沪西愚园路。愚园路那条巷子的巷口之内，即是日本宪兵队办事处。再向内走，左首是汪公馆，右首是陈春圃住宅，巷底有三幢房屋，由佛海、思平与我分住。[2]

这一段记叙，上半部分虚实混同，至少，汪精卫离开河内后并未去过广州，而是在汕头换乘轮船直接去了上海。下

---

[1]　与事实完全不符。——引者注

[2]　陶希圣：《潮流与点滴》，中国大百科全书出版社 2009 年版，第 161—162 页。

半部分与金雄白的记述大抵一致。

1939 年 9 月 1 日（一说 8 月 28 日），汪精卫集团在极司菲尔路 76 号举行了所谓的国民党第六次代表大会，蒋介石的重庆方面当然对此是不予承认的，称为"伪"。由这次伪六大，汪精卫拼凑了他的伪政权的主要人马、搭建了伪政权的基本框架。周佛海为"财政委员"（伪政权成立后拟任"财政部长"），高宗武被安排为"外交委员"（以后拟任"外交部长"），陶希圣为"宣传委员"（以后拟任"宣传部长"），上文提及的金雄白，之前连国民党员也不是，竟也被安排为伪国民党中央委员。说实话，汪拼凑的伪国民党中央以及以后伪政府的班子，大多为背景更复杂的社会混杂人员，他们借机来向汪讨一口饭吃，从中获得利益，真正出于政治信念的社会精英很少。到了这个时候，汪已经身不由己，让日本人和身边的政客裹挟着，在歧路上越走越偏了。

当时，为了扶植汪伪政府的建立，日本方面于 1939 年 6 月在上海设了一个"梅机关"，任命影佐祯昭为机关长，专门负责日本与汪集团的联络工作。据影佐的记述，梅机关设在上海的北四川路[1]。影佐自己给这个机关或这座房子起了一个听起来不错的名字，曰"梅华堂"，其主要任务就是

---

[1] 《曾走路我记》，第 51 页。查木之内诚编的《上海历史导览地图》，位于今天海伦西路路口的四川北路东侧，建筑现已不存。主要成员除影佐之外，一开始有来自陆军、海军、外务省的人员共 8 人，后来增加到 30 余人，包括所谓的民间人士犬养健、前《上海日报》社社长波多博等（《曾走路我记》，第 51 页）。

对汪伪政权的筹办给予充分的支持和监控。对于梅机关，当年实际参与的犬养健有详细的叙述：

梅机关是一个有点奇怪的机构。影佐很不喜欢将梅机关与社会上一般认为的特务机关混为一谈，他自己给这个工作场所起名叫梅华堂，后来一般也就把它叫作梅华堂了。之所以说梅华堂有点奇怪，是因为作为代表者的影佐的指挥命令所及的范围，只局限于同样从陆军中选拔出来的矢萩中佐等四个人。其他的人员，有来自海军的须贺少将和扇少佐，他们拿海军省的薪水，任免权掌握在海军的手里。来自外务省、新近转到兴亚院被排到梅华堂的矢野书记官和清水书记官也是一样，他们的身份关系都属于兴亚院。然而我呢，不属于上述机构，但这次必须要给予我处理公文的权利，于是就在兴亚院挂了一个名头，有关我的经费，一开始是风见章（内阁）书记官长那边支付的，加上近卫（原首相）的关照，将一些宋版和元版的古籍还有古墨、古笔由住友家族来收购，从中获得了一笔钱，以此来支撑我的生计。

总之，这虽是一个没有法规约束的各方会合起来的团体，然而梅华堂的基础，就是大家坚定的友情结成的。大家都团结一心来辅弼影佐。当遭遇外部的困难时，梅华堂成员的友情就越发坚固了。自然，以前梅华堂也从来没有出现过内部纠葛。影佐非常感谢每一个成员，把它看作他一生很得意而愉快的经历。梅华堂处于汪精卫一派与日本政府之间，每天处理着与和平运动相关的一切工作。[1]

实质上,梅机关越是"精诚团结",对于中国,就越有害。

当时,在北平和南京,先后已有日本人扶植的伪临时政府和伪维新政府。在日本人的协调下,9月18日,汪带了一批人前往南京,与伪临时政府的首领王克敏、伪维新政府的首领梁鸿志等会谈,协商合并和区域分管的权限,并未达成一致的意见。

商议的结果是,伪中华民国"维新政府"取消,并入汪伪政府;北平的伪临时政府虽然取消名义,改为"华北政务委员会",但它原先控制的地盘不变,行政实际独立。华北的事务,汪精卫集团不可插手。

据陶希圣所述,1939年11月,汪日双方在虹口六三园[2]举行了为期一周的谈判,日方的参加者是影佐、谷荻、犬养,汪方有周佛海、陶希圣、梅思平、周隆庠(担当翻译)。据高宗武自述,南京归来后,他拒绝参加与日本人的任何会谈。

---

[1] 《扬子江今天依然在流淌》,中央公论社1984年版,第202—203页。

[2] 位于今天鲁迅公园西南方向的西江湾路上一家日本人经营的带有花园的料亭,今已不存。

开会时在一座亭榭式的房子里，坐在榻榻米上。

日方在会场上，分送所谓"日支新关系调整要纲"的打字油印本。会议连续开了一星期之久，都是由日方说明"要纲"每一件每一条的意思，和日方的目的。

这一"要纲"无异于一个大蓝图之内的小蓝图，大蓝图是德、意、苏、日四国瓜分世界，以及苏、日两国对分中国。小蓝图是日本把中国的东北、华北、华中、华南和海南岛划分为五种"地带"，也可以说是五层。最深的一层是"满洲国"，第二层是"蒙疆自治政府"，第三层是华北，第四层是华中，第五层是华南。而海南岛是台湾一样的日本的军事基地。[1]

汪精卫本人没有参加六三园的会谈。居住在愚园路时，陶希圣每天在汪公馆吃早饭。早餐后，陈璧君叫陶逐条逐句向她解释日本人拟定的要纲。

次日清晨，早餐之后，璧君再约我谈话。她告知我说："昨天我把你的解释转告汪先生。我说得不完全，也不详细。我一面说，汪先生一面流泪。他听完之后，对我说，日本如能征服中国，就来征服好了。他们征服中国不了，要我签一个字在他们的计划上面。这种文件说不上什么卖身契。中国

---

[1] 陶希圣：《潮流与点滴》，中国大百科全书出版社 2009 年版，第 164 页。

不是我卖得了的。我若签字，就不过是我的卖身契罢。"

汪夫妇秘密商量。璧君主张叫叶蓬把部队带到广州，在广州求生存。汪自己主张由愚园路搬到法租界福履理路住宅。发表声明，停止一切活动。然后转往法国。

…………

影佐祯昭立刻知道这些消息，马上到愚园路来见汪。汪表示迁居并发表声明的意思。汪说一句，影佐在日记本上抄一句。他抄到最后一段话，两行眼泪直落到日记本上。汪说完了，影佐说道："我协助汪先生迁居，故请法租界巡捕房布防。我立刻回东京，报告近卫公；请求其出面干涉。"[1]

汪之后召集"行政会议"，说到了影佐的眼泪，低声说："看来影佐还是有诚意的。"翌日，影佐真的飞回东京去了[2]，于是汪的迁居、发表声明之类的话题也就搁置起来了。几天后，影佐飞回了上海。

对此，高宗武的回忆是这样的：

11月5日，汪召开"行政会议"。除了上述三人[3]之外，汪和我都参加了。汪显然被条件的内容吓坏了。

---

[1]　陶希圣：《潮流与点滴》，中国大百科全书出版社 2009 年版，第 165 页。

[2]　陶希圣：《潮流与点滴》，中国大百科全书出版社 2009 年版，第 166 页。

[3]　指周佛海、陶希圣、梅思平。——引者注

他一面摇头一面叹息说："这些条款意味着我们国家独立的终结。看来那些坚持抗战的人是对的，而我们错了。"

犬养私下告诉我，在日本参谋本部起草的许多草案之中，这份草案算是最合理的。这份"最合理"的草案包括"新中国中央政府"承认"满洲国"，"新政府"各部会聘请日本顾问，"铲除共产党"，"环境许可时尽快撤兵"，日本在长江流域和华南海岸有驻军和停泊战舰之权，日本在华北和外蒙（应该是内蒙古吧？——引者）有特别经济特权，"中国"实施"适当"的海关制度。这些以及许多其他条款，意味着日本只有一个目的：奴役中国。

⋯⋯⋯⋯⋯⋯

汪接着问我们该如何处理这份文件。我回答说："唯一的做法就是把文件退回，告诉日本人我们不能考虑它。不仅如此，我们还要告诉他们，我们现在已经完全了解他们的不诚实，所有近卫、平沼、头山满、板垣等人所说的，不论是私人的或官方的，全都是谎言，我们已经放弃了所谓的和平运动。"

只有汪夫人赞成我的建议。其他人都没有说话。[1]

由于汪方的强烈反应，日方也不得不答应对要纲重新

---

[1] 高宗武著，陶恒生译：《高宗武回忆录》，中国大百科全书出版社2009年版，第73—74页。

进行谈判。据金雄白的叙述:"地点就在愚园路 1136 弄 60号,即我与罗君强的寓所所在地。当时双方出席代表,日方为影佐、犬养健,其余似为晴气 [1]、谷、萩。而汪方初为周佛海、梅思平、陶希圣及高宗武四人。……会谈的会场,就是我居住地方的一间大会客室,一切会场布置等等,都由我指挥部署。"[2] 后来陶希圣将家人全都从香港接到了上海,另外在环龙路(今南昌路)租了一处房屋,陶也就从愚园路的住宅搬到了新的寓所,但仍然每天到愚园路去参加谈判。这一期间的谈判,高宗武基本上都借故缺席,陶也抱消极态度,常常称病请假。主要的原因,是他们逐渐意识到,日方正一步步设置陷阱,以和平作诱饵,将汪集团引向与日方完全"合作"、听从日方指示、成为日方的一个傀儡政权而已。连当时参与谈判的日本代表犬养健也认为:"由兴亚院制作的这份对于汪精卫的方案,加上了过于严苛的和平条件。"[3]到了 12 月中旬以后,陶已在悄悄地做逃离上海的准备。

根据高宗武的自述,他似乎比陶觉醒更早。9 月 18 日高随汪去南京会晤"临时"和"维新"两个伪政权的首脑时,王克敏对高的一番话,让他触动很大。王以自己的亲身经历,告知他扶植自己的日本人的阴险、恶毒,一开始说的

---

[1] 据其他相关文献考证,晴气并未参加。

[2] 朱子家:《汪政权的开场与收场》第一册,春秋杂志社印行,1959 年,第 50 页。

[3] 《扬子江今天依然在流淌》,中央公论社 1984 年版,第 199 页。

不干涉内政，到后来完全是空话。落到这一境地，就身不由己了，只是傀儡，由人摆布而已，所有的协议都可以不算数的。

汪精卫的南京之行徒劳无功。离开南京时，汪告诉我，他宁愿死在南京监牢里也不愿再跟日本人和傀儡们打交道。他大骂日本人"小日本"以泄心头之忿。

令汪反感的部分原因，来自9月20日，汪离开南京前夕，日本华中司令部司令山田乙三中将为他举行的宴会上。山田现在是关东军总司令。

这次宴会只有中国人和日本人出席。又矮又瘦的主人山田，有一张没有笑容的脸和凹颧骨，他机械式地用"精诚合作""汪精卫的和平""中日友谊"等宣传老套话。那些现在的傀儡和部分将来的傀儡围绕着他，极尽谄媚之能事。

晚餐进行中，我开始感觉昏眩。渐渐地，昏眩越来越厉害，我差点要昏倒。坐在对面的周佛海悄悄扶我上楼倒在床上。

……（我的昏倒）我相信那是山田身上的酒气和傀儡们的谄媚丑态造成的。……即使不想当傀儡的我，感觉都那么坏，那么像汪精卫那样极端敏感和情绪化的人，怎么能受得了？

当天傍晚，我请陶希圣和梅思平来我的房间。他们来后，我来劝他们用尽一切方法阻止所谓"中国政府"的成立。陶一口答应,梅则不愿表态。[1]

看到了日本人在六三花园向中方公布的要纲,高宗武彻底醒悟:当年自己发起参与的"和平运动",至此已经完全变味了。当初自己追求的是中日对等的和平,关键是日本的撤军,也许汪精卫最初也有这样的愿望,但这个时候几乎都由日本一家在操纵和决定,这样的"和平运动"已经完全没有意义;汪精卫等人以及以后要成立的所谓"政府",只是日本人手中的一个工具而已。他决心与"和平运动"决裂。他作出了一个大胆的决定,设法将日本人提出的这份没有公开的密约偷盗出来,有朝一日予以公布揭露。于是就有了高陶反戈出逃事件的发生。

对于这一过程,高宗武在他的回忆录中有详细的记述,他几乎运用了悬疑小说的笔调,写出了这一有些惊险的过程以及自己的机警、果敢。这份密约一直放在汪精卫那里,严禁携至室外,高一直无法下手。有一次机会来了,当时日本人觉得这份密约的中文译本言辞过于严厉,希望能根据日文修饰得柔和一些,于是就将这一事务交给了高。但高只能在汪公馆里修改润色。终于有了一次机会。

---

[1] 高宗武著,陶恒生译:《高宗武回忆录》,中国大百科全书出版社2009年版,第72—73页。

一天，一位突然从东京来上海的日本国会议员打电话到汪府找我。由于他是位重要人物，汪乃邀请他来汪府与正在修改中译稿的我见面。我们谈了两个小时后，日本人说他要回旅馆。我自然得要礼貌地送他。汪看见我们出门，却没有看见我口袋里的文件。

我从旅馆会客室里拨电话给汪说，刚才匆忙间不小心把文件带了出来，可否马上派人来取回。要不然，我于一小时之内送回来。如我所希望的，汪说没关系。不急。

我到旅馆门口告诉送我们来的司机有事耽搁，要他等一会儿。然后从旅馆后门出去，叫了一部出租车直奔回家。我不懂拍照，可我太太懂，她把全部文件拍了下来。没有她的帮忙，事情绝对办不好。

文件拍照完毕，我坐出租车赶到一位朋友家，把底片交给他。要他冲洗后为我绝密保存。然后我回到旅馆后门，借故进入国会议员房间随便问问，知道没人从汪府来电找我。于是从旅馆正门出去，上车吩咐司机开快点。

……这是 11 月中旬的事。[1]

然而，据当时具体布置谈判会场的金雄白的记述，这份文件似乎也没有那么神秘。他说：

---

[1] 高宗武著，陶恒生译：《高宗武回忆录》，中国大百科全书出版社 2009年版，第 75 页。

当时会议一开始，影佐即以事前油印好的草案一大叠，在会场分发，非但正式参加者之高、陶，自然应得一份，即散会以后，多余的仍留在会谈桌上，并未携去。因为日方明知这不过是一张估价单，凭天索价，汪方势必着地还钱，内心上就对之并不重视。又因会场与后面的小会客室，仅有一重丝绒的门帘为隔，声浪可以清楚地传入。我在小会客室中静听，佛海首先大声表示日方条件如此苛刻，则一切将无从谈起。影佐的答复则是汪方可以另提对案。中间又夹杂了犬养健调停的话，第一天的会谈，就匆匆散会。不料高陶竟挟之以为邀功之具，可哂也！[1]

金的说法与高的记述有较大的差异。我的理解是，一开始的讨论稿，大概也不算太机密，既然是供讨论，印发多份是情理中的事；后来的定稿，是双方讨论或讨价还价的结果，大抵已经定下来，就不会是人手一份。汪精卫和日方都不愿意这份定稿泄露出去，一般会妥加保存。金只是半个当事人，他对于会场以及谈判情形的记述，应该是确切的，但对最后的会谈结果，他毕竟还是局外人，他的说法可作为一种参考。至于高所叙述的种种细节，也是孤证，旁人难以加

[1] 朱子家：《汪政权的开场与收场》第一册，春秋杂志社印行，1959年，第50页。

以证实，不过从逻辑上来看，应该没有什么破绽，只是要在一个小时之内，完成从旅馆到家里、拍摄、送往朋友家里、再返回旅馆的一连串动作，从当时的交通条件来看，似乎在时间上是非常急迫的。真相，大概也只有当事人自己清楚了。但文件是由高带到香港的，这一点确切无疑。

据高的自述，他对汪以及他周边的人，以及他能面对的日本人，都公开表示他反对堕落到了目前这个程度的所谓"和平运动"。12月中旬，高要求汪邀请陈公博、陶希圣和高自己去他家中谈话。晚饭后几人上楼密谈，高对汪提出三点忠告，第一，立即离开上海，前往安全的地方，然后公布日本人的要纲，揭露日本人的阴谋和野心；第二，立即迁居至法租界，发函给日本人，声明中止迄今为止的所谓"和平运动"；第三是下策，继续留在原处，但拒绝与日本人作进一步的沟通。但汪没有给予明确的回复[1]。

1939年12月30日，汪精卫及周佛海、梅思平在密约上签了字。陈公博已离开上海，没有签字；陶希圣称病在家没有签；高宗武也没有签字。对于文件最后签署的场面，犬养健有这样的叙述：

12月30日，也是薄暮降临的时分，在谁也不会回过头

---

[1] 高宗武著，陶恒生译：《高宗武回忆录》，中国大百科全书出版社 2009 年版，第 78—79 页。

来看一眼的幽暗的角落的墙面上，装饰着日本风的松枝，孤独地垂在那里。参加者有影佐、须贺、矢野、我，还有中方的周佛海、梅思平、林柏生、周隆庠。在署名结束后，举行了一个形式性的祝酒干杯，高宗武和陶希圣[1] 都称病请假，其身影没有在现场出现。与过去所有的成果结束会相比，这是一个谈笑很少的、寂静的场面。[2]

签约的当天晚上（陶的记述是 1940 年元旦，相差两天），高去看望陶，两人决定离开上海。

1940 年元旦，为恪守礼数，高去了汪府投了拜年的名片，但中午汪打电话约他去谈话。高为自己将要与汪诀别，感到很痛苦，他不能把这一消息告知汪。

我实在很痛苦。我记得 1937 年我们从南京撤退时，汪很担心我弄不到江轮房舱，那时所有电话线都不通了。汪亲自去负责撤退的张群家里找他，愿意把自己的房舱让给我，事后他从未向我提起这件事。我是听别人说的。我也想起汪曾经为我和沈小姐证婚，和头一个请我们吃饭的事。我知道我的离开会给予他多么沉重的打击。我从来没有这么伤

---

[1] 在犬养的书中，高、陶的姓名被改成了康绍武、庄知正，日文的发音与原名相近。——引译者注

[2] 《扬子江今天依然在流淌》，中央公论社 1984 年版，第 199 页。

心过。[1]

1月2日，高从朋友那里取回代管的密约的照片。3日上午10点，高离家直奔"柯立芝总统号"轮船前往香港，翌日与船上的陶希圣会合，幸好没有被日本当局和汪集团的其他人发现。离开上海前，高留了一封信给一位朋友，托他在1月5日船到达香港后交给汪精卫。抵达之后，高和陶联名给汪发去一封电报，劝谏汪悬崖勒马。

陶希圣的回忆录，对此事的记述是这样的：

（民国）二十九年（1940年）元旦，为避免汪、周诸人的怀疑，我抱病到愚园路拜年。……元旦拜年之后，陈璧君主张我补签密约。汪说道："他面色不好，改日再补签。"这是一个生死关头。倘使我被邀补签而不肯下笔，那就是我的生命断送的时候。

这天自愚园路回到法租界，仍然卧病在床。高宗武兄来拜年并问病。我对他说："他们有阴谋不利于你，你怎么样？"宗武说："走了吧！"我们决定乘四日开船往港的胡佛总统号。

四日上午，我乘车到南京路国泰饭店前门。下车之后，

---

[1] 高宗武著，陶恒生译：《高宗武回忆录》，中国大百科全书出版社2009年版，第81页。

进入大厦,从后门叫街车到黄浦码头,直上轮船。[1]

除决定的时间和轮船名有异外,陶的记述大抵与高的相同。等到他们的家人也在 1 月 20 日设法从上海逃至香港后,两人才在 21 日将密约公布发表在香港的报纸上,22日,密约又在重庆和上海租界发表,震动了当时的中国。其实他俩以及后来家人的逃离,都得到了杜月笙暗中的周密协助和安排,在他们两人的回忆录中对此几乎都没有提及。在周佛海的日记中,对此事有如下的记述:

1940 年 1 月 5 日

晚,赴汪先生处便饭。汪先生因宗武及陶希圣不告而别,颇为愤慨,当劝慰之。希圣为人阴险,较高尤甚,亦未可恕也。……并约(丁)默邨、思平商希圣、宗武逃亡后善后处置问题。

1 月 22 日

午饭后接上海无线电,高、陶两败类在港将条件全部发表,愤慨之至。……晚与思平谈高、陶之事,愤极之余,彻夜未眠。拟回沪发表长篇声明,说明内容及吾辈态度,以正

---

[1] 陶希圣:《潮流与点滴》,中国大百科全书出版社 2009 年版,第 169—170 页。

国人视听。高、陶两动物，今后誓当杀之。[1]

高宗武将密约偷带出来拍成照片，之后高、陶两人与汪伪集团决裂，自上海逃往香港，最后将密约公开发表，给了当时的汪伪集团和日本当局以严重打击，也算是将功赎罪、悬崖勒马。之后，蒋介石对两人的罪过不再予以计较，指示陶留在香港，继续为国家服务。对于高，则给了他一笔经费，嘱其化名高其昌，不要留在国内，去国外生活。1940年3月，高持重庆国民政府国防最高委员会秘书厅参事官护照，与夫人沈惟瑜离开香港，经欧洲于5月抵达美国。初在驻美大使胡适身边做助手，后脱离政界，以经商为生，一直活到了1994年。陶则在日本人攻陷了香港之后，历经艰难，逃到了重庆，为蒋介石所重用，为他撰写了著名的《中国之命运》等。1943年10月，任《中央日报》总主笔。1947年，任国民党中央宣传部副部长、蒋的私人秘书。1949年，随蒋去了台湾。晚年在台湾政治大学东亚研究所任教授，有《中国政治思想史》等著作多种。1988年病逝。

至于汪伪集团，后来在日本人的扶植下，于1940年3月30日在南京挂出了伪政府的招牌，初时颇有些热闹，终究只是日本的傀儡。所谓的"和平运动"，在经历了迂回曲

---

[1] 蔡德金编注：《周佛海日记全编》上编，中国文联出版社2004年版，第224—235页。

折之后，越来越变味，最终也破灭了。汪本人在1944年11月10日病逝于名古屋帝国大学附属医院。周佛海因汉奸罪入狱，被判无期徒刑，1948年2月病死于监狱。后来加入汪伪政府的陈公博，在汪死后，成了伪政府的第一号人物，1946年被枪决。梅思平等的结局，前文已有述及，不再赘述。

从上海汇中饭店启幕的这一场"和平工作"，或是"和平运动"，一开始就只是一些中国人一厢情愿的虚幻的梦想而已。日本人的对华扩张战略，因近代日本对中国的错误认知，从明治中期起就已大致策定，经历了甲午战争和日俄战争之后，步步逼近，以后一系列事件的发生，都有其必然的内在逻辑。这一势头，个人或小团体的力量根本无法扭转。最后日本通过了一系列的战争，用武力占据了中国几乎所有的沿海地区和从东北到华南的核心地区，你不是用"铁拳"（遗憾的是当年的中国还不具有非常强硬的铁拳）把它赶出去，而只是用"肉声"来要求它撤兵、还中国的主权独立和领土完整，双方力量的对峙，根本就不是在一个水平线上，一方不得不被另一方所操弄。这样的"和平运动"，恐怕从一开始，就已注定了它最终归于泡影，也是必然的结局。

图书在版编目(CIP)数据

他们的上海记忆 / 徐静波著. -- 上海 ： 上海人民
出版社，2025. -- ISBN 978-7-208-19656-8

Ⅰ. K295.1

中国国家版本馆 CIP 数据核字第 2025ZU3544 号

责任编辑　张晓玲　张晓婷
封面设计　陈绿竞

他们的上海记忆

徐静波　著

出　　版	上海人民出版社	
	（201101　上海市闵行区号景路 159 弄 C 座）	
发　　行	上海人民出版社发行中心	
印　　刷	苏州工业园区美柯乐制版印务有限责任公司	
开　　本	889×1194　1/32	
印　　张	12.25	
插　　页	6	
字　　数	229,000	
版　　次	2025 年 7 月第 1 版	
印　　次	2025 年 7 月第 1 次印刷	

ISBN 978 - 7 - 208 - 19656 - 8/K · 3513

定　　价　85.00 元